中国金融安全问题研究

（2018）

金融安全协同创新中心
西南财经大学中国金融研究中心 著

中国金融出版社

责任编辑：王效端　张菊香
责任校对：刘　明
责任印制：丁淮宾

图书在版编目（CIP）数据

中国金融安全问题研究.2018（Zhongguo Jinrong Anquan Wenti Yanjiu.2018）/金融安全协同创新中心，西南财经大学中国金融研究中心著.—北京：中国金融出版社，2018.8

ISBN 978 – 7 – 5049 – 9675 – 6

Ⅰ.①中…　Ⅱ.①金…②西…　Ⅲ.①金融风险—风险管理—研究—中国

Ⅳ.①F832.1

中国版本图书馆 CIP 数据核字（2018）第 165492 号

出版
发行　**中国金融出版社**

社址　北京市丰台区益泽路 2 号
市场开发部　（010）63266347，63805472，63439533（传真）
网上书店　http：//www.chinafph.com　（010）63286832，63365686（传真）
读者服务部　（010）66070833，62568380
邮编　100071
经销　新华书店
印刷　保利达印务有限公司
尺寸　185 毫米×260 毫米
印张　14
字数　300 千
版次　2018 年 8 月第 1 版
印次　2018 年 8 月第 1 次印刷
定价　45.00 元
ISBN 978 – 7 – 5049 – 9675 – 6
如出现印装错误本社负责调换　联系电话（010）63263947
编辑部邮箱：jiaocaiyibu@ 126.com

编　委　会

序

  金融安全是金融学研究的基本问题，也是现代国家安全的重要组成部分。2017 年 4 月 25 日，中共中央总书记习近平在主持中央政治局第四十次集体学习时强调，金融安全是国家安全的重要组成部分，是经济平稳健康发展的重要基础，维护金融安全是关系我国经济社会发展全局的一件带有战略性、根本性的大事。金融活，经济活；金融稳，经济稳。必须充分认识金融在经济发展和社会生活中的重要地位和作用，切实把维护金融安全作为治国理政的一件大事，扎扎实实把金融工作做好。

  自 2000 年成立并获批教育部人文社会科学重点研究基地以来，西南财经大学中国金融研究中心一直致力于金融安全领域的研究。经过长期的培育与探索，2012 年 8 月 25 日，由西南财经大学倡议并牵头，以西南财经大学中国金融研究中心为工作主体，联合中国人民大学、武汉大学、国家审计署、中国银行业监督管理委员会等发起成立了"金融安全协同创新中心"（以下简称为"中心"）。本着"深度融合、动态开放、优势互补、资源共享、持续发展"的建设原则，中心紧密结合国家金融安全领域的重大战略需求和学术前沿发展，提供高水平研究成果，推动高层次拔尖创新人才培养，提升国内金融学科实力，为中国金融业的科学发展及风险防范提供智力支持。

  自成立以来，中心在不断建设高水平人才队伍的基础上，搭建了五大研究平台，每年编制《中国金融安全报告》，完成了若干重大科研成果。其中，中心每年都会就中国金融安全领域的热点问题和重大事件进行课题招标，展开专题研究，以期对涉及我国金融安全的重大及热点问题保持及时、深度的跟踪与分析。相关课题结项后，中心将研究成果结集出版，形成系列专著，并统一命名为《中国金融安全问题研究》。

  值此《中国金融安全问题研究》(2018) 出版之际，是以为序，与读者共飨。

目　录

我国过度金融化对系统性风险的影响机制及防范措施

董青马　黎晓月　张嘉慧　蔡宇宁　杨　洋　刘华胜

【摘要】本报告从不同维度系统研究了我国过度金融化的表现、测度、成因及治理方法。本报告共分为四个部分：第一部分从总量与结构两个层次在对过度金融化进行界定的基础上，以我国商业银行为例，分析了我国金融过度化的表现及杠杆的演变规律；第二部分从利率市场化、宽松货币政策环境和分业监管套利的视角，研究了我国过度金融化的成因和制度根源；第三部分基于信贷结构失衡的角度，实证分析了过度金融化对实体经济的影响机制及后果；第四部分在基于全球去杠杆的经验总结基础上，提出了我国治理金融过度化的思路和政策建议。

一、我国过度金融化的现状及演变规律

2008 年以来，在经济刺激背景与金融业自身发展规律下，金融业相比其他行业更快发展，甚至出现过度金融化趋势。本章从三个层次研究了这个规律：一是金融业整体规模与发展趋势；二是金融业在资源配置中的结构性失衡；三是金融过度化的结构性特征，主要集中于银行业的杠杆特征。

（一）金融化的定义

1. 金融化的经济内涵。在现代市场经济的发展中，金融在经济发展中逐步处于核心地位。"金融化"和"经济金融化"的概念被提出，"金融化"概念的学术文献从上世纪 80 年代末开始出现。"金融化"（financialization）一词最早出现在 Sarcinelli 和 Mario 于 1988 年名为 *Liberalization and Integration of Financial Markets* 的论文中。他们认为"financialization"指跨国公司的发展以及资本在全球金融市场的流动所引发的资产泡沫膨胀的现象。许多学者对"金融化"进行了研究，但是学术界并未就"金融化"的定义达成广泛共识（丰雷，2010）。

从涉及金融化的定义的文献来看，广义的金融化主要包括四个方面：（1）金融技术和金融工具的不断创新。代表性的研究包括王益（1999）、Montgomerie（2006）、Langley（2008）、赵玉敏（2008）、Blackburn（2006）等。这类文献大多从金融技术不断发展、金融产品不断创新的视角，认为金融化是指通过金融技术将实体资产置换为金融资产的过程。王广谦（1996）认为金融化是一国国民经济中货币及非货币金融工具总值与经济产出总量之比值的提高过程及趋势。（2）非金融企业的金融化。一些研究认为公司管理中股东

权益的增强是导致的主要原因，并且将金融化定义为股东权益在企业经营和管理中的地位提升（Engelen，2002；Froud，2000；Aglietta，2000；Aglietta 和 Breton，2001；Roberts，2006）。Foster（2007）认为金融化并不仅仅局限于金融及金融市场的发展，而是金融化使非金融部门与资本市场的关系更加密切，金融的规制已经主导了非金融企业的经营和管理。（3）金融在经济社会中地位的提高。金融在经济社会中的地位不仅体现在对企业经营和管理的影响，而且也深入地影响到人们的日常生活。Sweezy（1995）认为金融化是金融在资本主义运行中地位不断提升，并且超越实体部门成为主导经济发展关键因素的过程，是以工业为主要内容的经济形态已经转变为以金融为主要内容的经济形态的过程。Epstein 和 Jayadev（2005）将金融化定义为金融动机、金融市场、金融参与者和金融机构在国内和国际经济运行中的地位不断提高的过程。（4）资本积累方式的转变。Boyer（2000）认为金融化是金融市场历史性的转变，是由福特主义积累方式向以金融为内容的资本积累方式转变的过程。Froud（2001，2002）认为，随着金融对经济发展主导能力的增强，经济发展中的资本积累方式也发生了转变（Stockhammer，2008）。同时，在居民的收入构成中，由金融资产形成的储蓄所带来的收入比重也越来越高（Krippner，2005；Montgomerie，2006）。

2. 金融化与金融杠杆。金融化与金融杠杆是同一个硬币的两个面，过度金融化在金融行业必然体现为金融杠杆的大幅度上升；金融杠杆的大幅度攀升也会导致金融业运行网络更为复杂，造成金融过度化问题的爆发。杠杆率一般是会计学中的词语，表示资产负债表中总资产与净资产（总资产 - 负债）的比率。杠杆率这一财务指标在会计中的作用是分析一个会计主体的负债风险，值越大，负债风险越大。金融学中的杠杆是指经济主体根据自由资金利用负债进行经济活动的一种行为或状态，通常用总资产与净资产之比来衡量。但根据研究视角、使用目的的不同，又产生了许多不尽相同的杠杆衡量指标，其中杠杆率被国内外学者、机构等广泛使用。

（1）杠杆率与杠杆倍数。徐传平（2016）对"杠杆率"和"杠杆倍数"这两个容易混淆的概念进行了区分，指出"杠杆倍数"是负债或者总资产对净资产的比例，而"杠杆率"则相反，是净资产占总资产的比率，即"杠杆倍数"的倒数。这一区分与巴塞尔协议对银行的杠杆率监管所定义的杠杆率较为吻合。巴塞尔协议Ⅲ（2010）定义商业银行的杠杆率为银行的核心资本对涵盖加权表内外资产的风险总额的比例。二者对杠杆率的定义都是以自由资产比总资产的角度，即杠杆水平（负债）越高，杠杆率越低。

（2）微观杠杆率与宏观杠杆率。中国人民银行工作论文《杠杆率结构、水平和金融稳定：理论与经验（2017）》从宏微观两个层面对杠杆率的内涵进行了界定。本文沿用该工作论文的定义并根据其他国内外文献对其进行补充。

从微观层面来看，杠杆率一般是指微观主体（公司）的总资产与净资产的比率，是基于公司资产负债表的财务指标，用于衡量公司的负债水平，在一定程度上反映了其债务风险和偿债能力。

$$微观杠杆率 = 总负债/总资产$$

从宏观层面来看，杠杆率一般是指宏观主体（国家、经济体或一国经济部门）的债务收入比，通常用总债务与 GDP 之比来衡量（李扬等，2015），用于反映宏观主体的债务风险和债务可持续性。一国国民经济部门又分为居民部门、非金融企业部门、金融部门、公共部门（包括中央银行、中央政府、地方政府）、对外部门（李扬等，2013）。

$$宏观杠杆率 = 总债务/GDP$$

经济效率是连接宏微观杠杆率的重要因素：

$$微观杠杆率 = 宏观杠杆率 \times 资产收益率（GDP/总资产，反映经济效率）$$

（3）账面杠杆率、价值杠杆率与监管杠杆率。账面杠杆（book leverage）是指一个公司的财务报表中净资产和总资产的账面价值（book value）之比，价值杠杆（enterprise value leverage）是指一个公司股权价值（market capitalization）与总资产价值（enterprise value）之比，而监管杠杆率是监管资本与表内外总资产之比。公司的账面总资产等于账面净资产加上负债，总资产价值等于股权价值加上债务价值，三者的计算公式分别如下所示：

$$账面杠杆率 = 账面净资产/账面总资产$$
$$价值杠杆率 = 公司股权价值/公司总资产价值$$
$$监管杠杆率 = 监管资本/表内外资产$$

账面杠杆率和价值杠杆率都是描述企业在某一时点上的负债情况，前者是以账面价值的角度，反映企业的资金规模和运用情况，更适合用于分析金融机构的信贷供给；后者是以市场估值的角度，反映企业的价值大小，适合分析企业的投融资决策。监管杠杆率考虑了资产风险的因素，实质是对财务杠杆率的分子分母进行了风险调整，以便监管。

（4）金融杠杆率和非金融杠杆率。该定义是以杠杆主体的不同进行区分的。金融杠杆率指的是金融部门或金融机构的杠杆率，非金融杠杆率是指非金融部门或非金融企业的杠杆率，前者衡量的是金融体系的负债情况，后者衡量的是实体经济的负债情况，二者具有关联关系。实体经济的加杠杆需要依靠金融的支持，而实体经济的高杠杆风险也会影响金融体系；反之，金融体系的杠杆行为会受宏观经济的影响，金融高杠杆带来的系统性风险也会溢出到实体经济。本文所研究的银行杠杆率则是金融杠杆率的一种。

综上所述，目前关于杠杆率的定义种类较多、概念不一，主要区别在于以下几点：首先是总资产和净资产在分子分母顺序的区别；其次是宏观杠杆率与微观杠杆率的区别；最后是用于计算的数据是财务数据还是市场数据。由于本文研究的是银行的杠杆率水平，为和杠杆率监管指标保持一致、反映各个银行负债经营情况对风险的影响，并考虑数据在样本区间的可得性，故本文定义并用于实证研究的杠杆率是指，"商业银行资产负债表中净资产（总资产减去负债）与总资产的比例"，即杠杆率越大，杠杆倍数越小，银行的负债风险越低。

可见，金融化是一个涵盖范围很广的概念，广义的金融化包括金融技术和金融工具的创新、股东权益对企业经营管理的影响、金融行业地位的提高，以及资本积累模式的转变等。而在探讨金融化与经济增长、福利、风险和危机的关系时，通常以金融资产的总量、金融业产值的总额等作为金融化的度量标准，因而狭义来看，金融化就是金融资产的增加和金融业本身的不断扩张，也就必然表现为金融杠杆的不断攀升和金融杠杆结构的复杂化。

（二）金融业规模与发展趋势

1. 金融资产增长速度过快。改革开放以来，我国的金融体系迅猛发展。截至 2017 年末，M_2 及金融业的增加值规模分别扩张到了 1992 年的 768.34 倍与 44 倍。此扩张的趋势凸显了深层次的结构性矛盾。

从表 1 - 1 中可以看出我国国民经济以及金融部门的发展速度对比状况。表 1 - 1 显示，我国国民生产总值从 1992 年的 27 194.50 亿元上升至 2017 年的 827 121.70 亿元，扩张了 30.4 倍。但是 GDP 的增长速度还是远远低于金融部门的发展速度。对比一下美国的情况：美国的 GDP 从 1992 年的 6.54 万亿美元增长至 2017 年的 19.38 万亿美元，国民经济扩张了 2.96 倍；美国的 M_2 从 1992 年末的 3.44 万亿美元上升至 2017 年的 13.9 万亿美元，货币供给扩张了 4.04 倍。

通过对比可以发现，我国的金融规模扩张速度远远超过国民经济的增长速度。而美国的金融规模与国民经济增速基本一致。对比可以看出我国金融发展速度过快。

表 1 - 1　　　　　　　　　我国国民经济及金融的发展情况　　　　　　　　单位：亿元

年份	GDP	M_2	金融业增加值
1992	27 194.50	25 402.20	1 481.50
1993	35 673.30	34 879.80	1 902.60
1994	48 637.40	46 923.50	2 556.50
1995	61 339.90	60 750.50	3 209.70
1996	71 813.70	823 282.20	3 698.30
1997	79 715.10	1 001 256.83	4 176.10
1998	85 195.50	1 158 473.50	4 314.30
1999	90 564.30	1 343 511.00	4 484.90
2000	100 280.10	1 559 898.22	4 836.20
2001	110 863.10	1 779 296.85	5 195.30

续表

年份	GDP	M_2	金融业增加值
2002	121 717.40	2 047 958.88	5 546.60
2003	137 422.10	2 458 079.51	6 034.70
2004	161 840.20	2 856 401.64	6 586.80
2005	187 319.00	3 318 063.63	7 469.50
2006	219 438.50	3 871 338.09	9 951.70
2007	270 232.30	4 550 691.64	15 173.70
2008	319 515.60	5 305 667.02	18 313.40
2009	349 081.30	6 717 810.68	21 798.10
2010	413 030.30	8 099 460.78	25 680.40
2011	489 300.50	9 364 857.44	30 678.90
2012	540 367.50	10 976 320.99	35 188.40
2013	595 244.40	12 602 585.34	41 191.00
2014	643 974.00	14 206 680.05	46 665.20
2015	689 052.00	15 894 136.73	57 872.60
2016	743 585.40	17 803 419.05	61 121.70
2017	827 121.70	19 517 474.45	65 748.90

数据来源：Wind 金融终端。

2. 私人信贷占 GDP 比例过快增长。从以私人信贷占 GDP 的比值作为衡量金融发展的指标来看，借鉴 Arcand 等（2012）在《金融发展过度了吗》中的门槛值，即当在经济正常运行情况下金融发展对经济增长产生负的效应的时候，"门槛值"为 80% 左右，在国际金融危机时，"门槛值"为 110%。

图 1 - 1 显示，整体上中国跟发达国家的私人信贷占 GDP 比重大体走势相同。1986 年之前，该比值高于英国低于美国，在 50 左右。1987—2015 年，中国低于世界发达国家水平。国际金融危机以后，英美等发达国家私人信贷占 GDP 比值下降，而中国反而呈现上升的趋势。这跟国际金融危机过后，我国面对经济的下行压力，采取了过度的扩张性货币政策（四万亿元投资）有关。

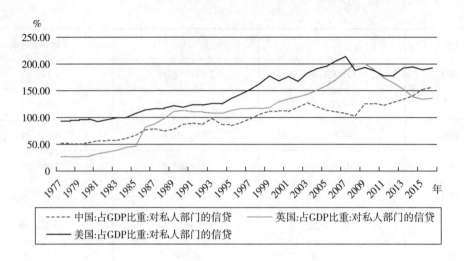

数据来源：Wind 金融终端。

图 1-1 各国对私人部门信贷占 GDP 的比重

根据 Arcand 等的指标，1998—2006 年，2010 年至今，我国的私人信贷占比均超过了"门槛值"，即金融的发展程度已经对经济的增长产生了负的作用。

3. 金融过度化的其他表现。2012 年至 2016 年，宽松的货币政策加上金融过度自由化放大了货币信用创造的能力，金融过度化与金融资金空转同时存在，表现为：第一，金融部门的过度扩张。中国金融资产扩张的速率和幅度令人侧目，以 M_2/GDP 为代表的货币化程度从 174% 跳涨到 203%，货币扩张速度较 GDP 扩张速度年均要高 5.8 个百分点；金融业占 GDP 的比例从 2012 年的 6% 上升至 8%，而制造业增加值的比例从 33% 下降至 30%；金融部门杠杆率也从 2012 年的 17.48% 上升到 2016 年的 27.28%。第二，以表外业务、同业业务、理财业务为核心的影子银行体系快速发展。采用广义口径测算中国影子银行的规模从 2010 年的 8 万亿元飙涨到 2016 年底的 96 万亿元，占 2016 年 GDP 的 1.28%。第三，非金融企业的金融化。表现为企业金融资产占总资产的比重越来越高，利润来源于金融业务或者类金融业务的比重也越来越高，一些大型私人企业通过并购获得各种金融服务牌照，2016 年 767 家上市公司 IPO 与再融资金额当中，有 45% 投资于各种理财、金融类的资产，较上年有较大幅度增长。

（三）金融资源配置的结构性失衡

1. 过多金融资源流向金融部门，对实体经济造成严重损害

（1）从金融部门与实体部门就业对比来看，Cecchetti 和 Kharroubi（2012）选择金融部门就业人口占总就业人口的比值来衡量金融部门是否发展过度，作者认为这是衡量人力资本是否错配的最好指标。实证研究得出，该比重超过 3.5% 时，对经济增长产生负的影响。但是由于各国五年内劳动力人均 GDP 增长率不同，该比值在 2.7%～3.9% 之间浮动。作者进一步研究了金融部门就业增长过快对经济的影响。选用金融就业人口占总就业人口的比重的增长值作为衡量金融部门发展速度的指标，考量其余生产力的关系。研究发现，

该比重的增长率超过 1.3% 时，对生产力产生负的影响。当金融部门急剧扩张，该比重增长为 1.6% 时，人均 GDP 将下降 0.5%。所以金融部门的过快增长会给其他部门带来较高的负外部性。

图 1-2 显示，尽管我国的金融就业占总就业人口的比值还不足 1%，但是从 2009 年开始，我国的金融就业占总就业的比值急剧上升，该比值的增长率超过了 1.3%，已经开始对生产力产生负的影响。

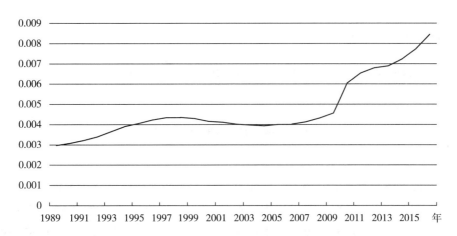

数据来源：Wind 金融终端。

图 1-2　金融就业占总就业人口比重

（2）从金融部门投入和产出来看，金融部门高额的工资利润，尤其是资产评估费用、从业人员的工资，相比其他行业，金融行业受到了过高的收益。1980 年左右，金融部门从业人员工资水平基本跟其他行业持平，但是截至 2016 年，金融行业的平均薪资水平比全国平均薪资水平至少高出了 70%。

Epstein 和 Crotty（2013）通过对比金融部门的收入和金融部门提供的服务研究了美国金融部门规模的问题。作者选取银行部门利润与银行总资产之比作为衡量银行部门收入和其提供服务的指标。

图 1-3 显示，2008 年国际金融危机爆发后的一年内银行部门的税后利润/银行总资产下降，2015 年有所下降，相比提供的服务，我国银行部门的收益确实有急剧上升的总体发展趋势。

金融部门超高利润率诱使实体经济资金流向金融部门，大量资金"脱实向虚"，并在金融部门内"空转"，资本市场的投资过度导致投机因素增强。以短期获益为目的的金融投机取代主营业务，成为企业获利的主要来源，企业进一步丧失发展和创新的动力。过度的金融创新衍生品使投机变得更为便利，金融市场惯有的投机因素和一部分金融衍生品的内向式衍生发展方式的结合，造成金融体系渐渐远离服务于实体经济的目的。大量金融投机造成实体经济中泡沫累积，金融信贷风险加大，最终引发经济危机。

2. 过多金融资源配置于房地产行业、产能过剩和政府融资平台领域，造成金融资源

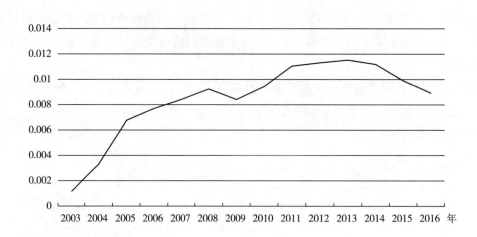

数据来源：Wind 金融终端。

图 1-3　银行部门利润/银行总资产

配置效率的低下与浪费

（1）选取 A 股所有上市公司，参考证监会行业分类标准按主营业务将公司按所属行业分类。为了避免新上市的公司对样本产生影响，剔除 2007 年之前上市的公司，一共 1 463 家企业。将企业资产负债表中长期借款与短期借款项目逐年相加，并将同行业的企业合并后，可以看到房地产、火力发电和钢铁三个行业的信贷规模远远大于其他行业。

（2）我国的金融资源大量配置于少数行业中。以房地产行业为代表的热门行业和重资产行业是信贷的主要获得者；近年的金融资源向热门行业的进一步倾斜未能对经济增长发挥明显的作用，甚至产生了不利影响。美国的过度金融化是机构的杠杆率过高；中国则是企业的杠杆率过高。如果说西方发达国家的过度金融化表现为总量的过剩和金融产品与交易的复杂性以及监管的相对缺失，那么我国的过度金融化则具有局部性和非平衡性的特征。一方面，金融资源大量流入少数热门行业，金融投资脱离实体经济，追求不可持续的高利润；另一方面，众多产业和部门尤其是广大中小企业又难以得到金融支持。

（四）金融过度化的结构性特征：以我国商业银行杠杆为例

1. 杠杆率的发展与现状。按照中国银行业监督管理委员会的分类标准，我国现阶段商业银行主要分为六大类，包括大型商业银行、股份制商业银行、城市商业银行、民营银行、农村商业银行和外资银行。从原银监会公布的银行业金融机构数据来看，可分为大型商业银行、股份制商业银行、城市商业银行、农村金融机构（包括农村商业银行、农村合作银行、农村信用社等），总资产分别占银行业金融机构总资产的比（2017 年数据）为 36.77%、17.81%、12.57%、13.00%。根据公布的总资产、总负债数据计算得到各类银行的杠杆率，即净资产（总资产 - 总负债）/总资产。结果如表 1-2 所示，其中银行业金融机构是整个银行业的总指标，包括了商业银行、政策性银行、邮政储蓄银行等其他类银行业金融机构。

表1-2　　　　　　　　　　我国银行业金融机构杠杆率情况　　　　　　　　单位：%

年份	银行业金融机构	大型商业银行	股份制商业银行	城市商业银行	农村金融机构
2003	3.85	4.07	3.43	3.41	
2004	4.03	4.24	3.42	3.42	
2005	4.44	4.50	3.58	4.06	
2006	5.10	5.63	3.85	4.69	
2007	5.76	5.62	4.67	5.64	
2008	6.07	6.15	5.05	6.46	
2009	5.63	5.45	4.78	6.32	
2010	6.18	6.21	5.49	6.14	
2011	6.36	6.29	5.87	6.65	
2012	6.49	6.58	5.59	6.54	
2013	6.72	6.77	5.91	6.57	6.96
2014	7.14	7.46	6.11	6.90	7.38
2015	7.63	7.83	6.28	6.83	7.47
2016	7.50	7.70	6.16	6.49	7.27
2017	7.74	7.81	6.80	6.90	7.39

（1）纵向比较。从图1-4我国银行业金融机构杠杆率的变化趋势来看，整个银行业的杠杆率在2008年之前呈现较快增长，2009年杠杆率有所下降，之后呈现缓慢增长的趋势，2016年杠杆率有所下降。大型商业银行、股份制商业银行、城市商业银行的杠杆率变化趋势基本与之相同。农村金融机构的数据是从2013年开始公布的，从2013年到2015年杠杆率逐年增加，2016年有所下降。

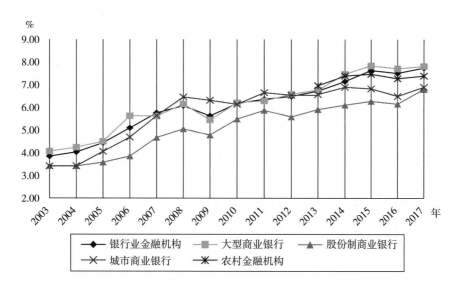

图1-4　我国银行业金融机构杠杆率变化趋势

由表 1 - 2 可知，2003 年至 2008 年，银行业金融机构的杠杆率从 3.85% 增长至 6.07%，平均年增长 9.56%；大型商业银行的杠杆率从 4.07% 增长至 6.15%，平均年增长 8.62%；股份制商业银行的杠杆率从 3.43% 增长至 5.05%，平均年增长 8.06%；城市商业银行的杠杆率从 3.41% 增长至 6.46%，平均年增长 13.60%。

2008 年至 2017 年，银行业金融机构的杠杆率从 6.07% 增长至 7.74%，平均年增长 2.73%；大型商业银行的杠杆率从 6.15% 增长至 7.81%，平均年增长 2.70%；股份制商业银行的杠杆率从 5.05% 增长至 6.80%，平均年增长 3.37%；城市商业银行的杠杆率从 6.46% 增长至 6.90%，平均年增长 0.73%。

根据上述分析可以发现，我国银行业金融机构的杠杆率从 2003 年至今整体呈现上升趋势，即银行的杠杆倍数是在下降的。从 2003 年到 2008 年杠杆率的增速加快，银行业金融机构去杠杆的速度较快；而 2008 年到 2009 年是加杠杆的过程，2009 年之后进入缓慢的去杠杆过程，直到 2016 年杠杆率再次下降，杠杆倍数增加。

（2）横向比较。从 2017 年的数据来看，目前我国银行业金融机构的杠杆率整体保持在 7.74%，杠杆倍数为 12.92 倍；大型商业银行的杠杆率为 7.81%，杠杆倍数为 12.80 倍；股份制商业银行的杠杆率为 6.80%，杠杆倍数为 14.71 倍；城市商业银行的杠杆率为 6.90%，杠杆倍数为 14.50 倍；农村金融机构的杠杆率为 7.39%，杠杆倍数为 13.51 倍。

根据以上数据可以发现，目前大型商业银行的杠杆率最高，杠杆倍数最低，而股份制商业银行的杠杆率最低，杠杆倍数最高，其次为城市商业银行和农村金融机构。之所以大型商业银行的杠杆率相比其他银行更高，是因为国有银行本身的资本量更大，作为重点监管的对象，需要不断扩充资本金来满足要求。

2. 金融加杠杆与去杠杆。金融体系本质最大的特点是杠杆经营，金融机构的杠杆率受宏观因素、自身特质以及监管的影响会不断变化。从图 1 - 4 可以发现，我国银行业金融机构杠杆率在 2009 年和 2016 年有明显的下降趋势，即金融的加杠杆过程。这是由 2008 年底我国的"四万亿"投资刺激计划和 2015 年货币政策的大幅宽松造成的。从 2017 年开始，中国金融去杠杆拉开序幕，目前金融去杠杆已经取得一定成效。为了更好地理解中国金融杠杆率的变化，本文对我国近十年来金融市场发展、创新与监管历史和逻辑进行梳理分析。

（1）2008—2011 年：银信合作、影子银行兴起。2008 年国际金融危机之前，中国金融体系主要以传统的银行存贷业务为主，社会融资规模 70% 以上均来自银行贷款，商业银行中四大国有银行的市场份额超过 50%。国际金融危机之后，为刺激经济，中国政府于 2008 年 11 月推出了"四万亿"刺激计划，2009 年社会融资规模由 2008 年的 6.98 万亿元迅速增长至 13.91 万亿元，增长率达到 99.28%。"四万亿投资"对经济增长的作用效果显著，加上当时宽松的货币政策，房地产市场快速发展，共同带动了实体经济庞大的融资需求。

2010 年，通货膨胀、房价飞涨和信贷风险的压力不断增加，央行货币政策趋紧，房地产企业和地方融资平台表内贷款受到限制。为满足社会融资需求，银信合作成为绕开监管的融资渠道，将银行的资金通过信托计划转入企业或政府平台。之后，原银监会发布了多份文件对银信合作业务进行了规范和监管，要求银行在 2011 年底之前将银行合作的表外资产转移至表内。一系列的监管又催生了同业创新，帮助银行突破存贷比和信贷额度的约束进行间接放贷，影子银行正是在商业银行进行监管套利中逐渐兴起的。

影子银行是银行为规避监管而诞生的。从银行的资产端来看，银行的信贷业务会受到贷款额度和行业投向的限制，而影子银行则可通过非银行金融机构将贷款贷给借贷者，一方面可以绕开监管，另一方面将贷款变为同业资产，节约了资本金，提升了利润。从负债端来看，传统的存款业务不能满足银行对资金的需求，银行一方面通过银行间市场做大同业负债，另一方面向居民推出理财产品来吸引资金。理财产品是表外负债，可以规避存款利率的上限限制。

影子银行的兴起实质上是实体经济利率市场化的产物，[①] 影子信贷规避了对贷款利率的限制，理财产品规避了对存款利率的限制，产生了在官方利率之外的市场利率。影子银行的发展加深了银行同非银行金融机构之间的合作，提升了银行的金融创新意识，为接下来金融加杠杆做了铺垫。

（2）2012—2013 年：同业创新、大资管时代与打击非标。2012 年，国内投资增速出现回落，欧债危机影响国际贸易萎缩，为保持经济增长，央行开始实施宽松的货币政策。与此同时，政府和监管机构开始积极推进金融创新和利率市场化。2012 年 10 月，证监会出台证券公司资管业务管理办法和实施细则，"银证信合作"模式成为新的融资方式。金融创新满足了实体融资的需求，同时也壮大了银行理财、券商资管和基金子公司，引来了大资管时代。而在这一扩张的过程中，通道业务成为最主要的贡献因素。同时，利率市场化压缩了银行借贷利差，迫使其扩张表外业务、开拓同业业务来弥补传统借贷业务的损失。银行资产负债表结构在同业创新过程中发生变化，同业业务带来了银行资产端的扩张，与实体经济融资相连，资金流向房地产和城投公司，经济结构恶化；支持同业资产的同业负债与货币市场相连，具有很强的同质性和期限错配。

2013 年，监管开始面向非标准化业务。为满足监管要求，银行理财通过增持债券来扩大分母降低非标比率。同年 6 月，银行间市场出现"钱荒"，之后紧缩的货币政策倒逼同业去杠杆，由于非标产品具有高收益、刚性兑付的优势，资金面受到负面冲击更多的还是债券市场。

（3）2014—2016 年：资金空转、脱实向虚、金融加杠杆。2014 年，中国经济仍面临下行的压力，实体融资需求疲软，通货紧缩问题严重。国际市场原油价格暴跌，欧债危机继续恶化，央行推出了宽松的货币政策。商业银行受利率市场化和实体经济下行影响，传统表内业务利润空间被压缩；同时，因违约风险的增加不愿放贷，从而造成了新增的流动

---

① 胡伟俊：《一文读懂中国去杠杆的来龙去脉》，财新网，2018 - 02 - 11。

性聚集在金融体系内部，难以流入实体经济，实体经济不断恶化，资产价格却持续上升。

针对上述困境，中央银行一方面通过政策性银行发放了面对实体经济的再贷款，另一方面通过降低存款准备金率来抵消资本外流对基础货币的冲击。结果造成央行在 2015 年资产负债表规模出现收缩，于是从 2016 年初停止降准，开始采用逆回购和中期借贷便利的中短期流动性工具，从而导致央行对商业银行的债权增加，资产负债表规模变大。

这样做的后果便是，商业银行在中央银行的存款准备金率远低于借款利率，盈利压力进一步增大。尤其对于中小银行而言，直接从央行借款的难度增加，只能依靠银行间市场融入资金，而 2013 年底推出的同业存单则成了商业银行主动负债的重要工具。从表 1 - 2 中也能发现 2016 年银行类金融机构的杠杆率有所下降，其中城商行和农村金融机构尤为明显。同业存单的存量也从 2013 年 12 月的 340 亿元上升至 2016 年 12 月的 62 761 亿元。商业银行为了维持收益和规模扩张，通过发行同业存单主动负债的方式进行加杠杆，扩大资产规模，并通过同业理财进行委外投资，将资金配置到股票、债券、私募等资本市场，压低债券市场的信用利差，抬高了股市的风险偏好，造成资金"脱实向虚"。

（4）2017 年至今：金融去杠杆。2017 年以来，金融监管部门陆续出台多个重要文件，旨在加强金融风险的防范，着手治理金融机构在同业、投资、理财等业务中存在的高杠杆、多嵌套等问题。商业银行的委外业务是过去几年影子银行扩张的主要渠道，金融机构的期限错配和加杠杆使得委外业务具有较高收益，从而促进了委外业务的快速扩张，最终导致资金在金融体系内部滞留、空转，背离了服务实体经济的初衷，金融风险加剧。

银行业理财登记托管中心发布的《中国银行业理财市场报告（2017 年）》显示，截至 2017 年底，银行业理财总规模为 29.54 万亿元，较 2016 年底小幅增长 4 900 亿元。整体规模从 2016 年下半年开始维持在 28 万亿~30 万亿元区间内，基本保持稳定，但同比增速不断下降，2017 年底增速已降至 1.69%。此外，同业理财的规模出现了大幅下降，是造成理财规模同比增速下滑的主要原因之一。截至 2017 年底，同业理财余额为 3.25 万亿元，占理财余额的比重为 11%，相比年初下降 3.4 万亿元，比重同比下降 11.88%。

从银行的角度看，国有大型银行理财规模由 2016 年的 9.43 万亿元上升至 9.97 万亿元；股份制商业银行理财规模则出现收缩，2017 年同比下降了 3 000 亿元至 11.95 万亿元。此外，城市商业银行理财规模增加了 3 200 亿元至 4.72 万亿元，农村商业银行理财规模则小幅收缩 700 亿元至 1.57 万亿元。国有大型银行的委外资金更多投向安全系数较高的资产，而中小银行更多投向收益率高的资产。综上比较来看，中小银行的委外规模占比更大，风险也相对更高。

根据中国银行业监督管理委员会 2018 年的工作计划，银行业的监管重点将放在两个方面，即限制资金在金融体系内部空转和防止资金流向违反宏观调控政策的领域。前者主要通过压缩同业投资、严格规范交叉金融产品、清理规范金融控股集团、整治违法违规业务等进行，后者以降低企业负债率、抑制居民杠杆率、遏制房地产泡沫、整顿地方政府隐性债务等方式进行。

（五）小结

首先，金融过度化整体表现为：第一，金融部门的过度扩张。中国金融资产扩张的速率和幅度令人侧目，以 M_2/GDP 为代表的货币化程度从 174% 跳涨到 203%，货币扩张速度较 GDP 扩张速度年均要高 5.8 个百分点；金融业占 GDP 的比例从 2012 年的 6% 上升至 8%，而制造业增加值的比例从 33% 下降至 30%；金融部门杠杆率也从 2012 年的 17.48% 上升到 2016 年的 27.28%。第二，以表外业务、同业业务、理财业务为核心的影子银行体系快速发展。采用广义口径测算，中国影子银行的规模从 2010 年的 8 万亿元飙涨到 2016 年底的 96 万亿元，占 2016 年 GDP 的 1.28%。第三，非金融企业的金融化。表现为企业金融资产占总资产的比重越来越高，利润来源于金融业务或者类金融业务的比重也越来越高，一些大型私人企业通过并购获得各种金融服务牌照，2016 年 767 家上市公司 IPO 与再融资金额当中，有 45% 投资于各种理财、金融类的资产，较上年有较大幅度增长。

其次，金融过度化存在着严重的结构性失衡，过多金融资源配置于房地产行业、产能过剩和政府融资平台领域，造成金融资源配置效率的低下与浪费。美国的过度金融化是机构的杠杆率过高；中国则是企业结构性的杠杆率过高。如果说西方发达国家的过度金融化表现为总量的过剩和金融产品与交易的复杂性以及监管的相对缺失，那么我国的过度金融化则具有局部性和非平衡性的特征。一方面，金融资源大量流入少数热门行业，金融投资脱离实体经济，追求不可持续的高利润；另一方面，众多产业和部门尤其是广大中小企业又难以得到金融支持。

最后，我国金融杠杆可以粗略分为四个阶段：2008—2011 年的银信合作、影子银行兴起；2012—2013 年的同业创新、大资管时代与打击非标；2014—2016 年的资金空转、脱实向虚与金融加杠杆；2017 年至今，金融去杠杆。

二、过度金融化的成因分析

本部分拟从制度根源上来解释过度金融化形成的原因：一是宽松货币政策与利率市场化为金融套利提供了稳定的外部环境；二是实体经济收益率低下，迫使金融资金通过各类创新手段进入房地产和政府融资平台项目，甚至在金融领域空转，进入债券、股票与大宗商品市场；三是地方政府信用的介入与地方政府金融控制能力的上升，进一步放大了过度金融的发展趋势；四是我国实质性的分业监管模式已经不能适应不断发展的复杂金融体系，为其提供了丰富的监管套利空间。

（一）利率市场化及宽松货币政策环境为金融过度发展提供了稳定套利空间

1. 利率市场化使存贷利差减小，增强了银行的竞争力，并为资金套利提供了稳定的外部环境

（1）利率市场化改革促进金融行业竞争的加剧。2013 年 7 月，中国人民银行宣布全面放开金融机构贷款利率管制，取消金融机构贷款利率 0.7 倍的下限，由金融机构根据商业原则自主确定贷款利率水平；取消票据贴现利率管制，改变贴现利率在再贴现利率基础上加点确定的方式，由金融机构自主确定；对农村信用社贷款利率不再设立上限。2015 年 10 月，中国人民银行发布降息降准消息的同时，宣布对商业银行和农村合作金融机构等

不再设置存款利率浮动上限，并抓紧完善利率的市场化形成和调控机制，加强人民银行对利率体系的调控和监督指导，提高货币政策传导效率。至此，我国利率管制已基本放开，利率市场化改革基本完成。

由于资本的逐利性和投资选择的增加，利率将逐渐上升并趋同，相同风险的资产将拥有相同的理财收益率。2015 年以前我国实行利率管制，各资产收益率不同，利率市场化后，市场将发挥资源配置的重要功能，金融机构间的竞争将加剧，大量的理财产品、金融产品则是借此进行套利，最终推动利率趋同。

利率市场化后将使存贷利差减小。存款利率将上行，而贷款利率则由于我国进入新常态后，经济处于下行调整阶段、地方政府债务、银行优质贷款客户竞争等因素维持小幅上升，因此存贷利差将逐渐变窄。

由于存贷款利差减少，商业银行间竞争将加剧。传统的存贷业务过度依赖利差盈利，利率市场化后，人们可以根据自己的风险偏好选择不同收益率的产品，为在日益激烈的竞争中保持优势，商业银行就必须要提升风险偏好，促使其拓展非利息业务，开拓同业创新、委外理财等业务。这样大量的高风险、高收益的理财产品就应运而生，资本过多流入金融业，且金融系统性风险增加，推动过度金融化的形成。

（2）利率走廊操作为金融套利提供了稳定外部环境。利率走廊指央行对商业银行的存贷款利率差值，在利率走廊系统下，央行只需对走廊的边界进行调整即可实现货币政策的调整，而不需要频繁地进行公开市场操作，从而降低货币政策操作成本，有助于提高货币政策透明度。利率走廊的实施有利于稳定商业银行预期，避免预期利率飙升而出现囤积流动性的倾向，从而达到稳定利率的作用。更为重要的是，只有明显降低短期利率的波动性，商业银行才有意愿使用某种短期利率作为定价的基础，才可能培育出未来的政策利率。中国目前仍处于数量型向价格型调控转变的过程中，通过利率走廊可以控制资金成本，维持套利空间。

2. 宽松货币政策环境大幅度降低了负债端成本。热钱涌入及量化宽松大幅增加货币供给。当 2007 年的美国次贷危机演变成国际金融危机并扩散到实体经济后，国际组织和各国政府开始担心全球实体经济的衰退，针对经济增速持续下滑之困境，各国相继实施了量化宽松政策，其调控目标是为锁定长期的低利率，因此是以短期借贷撬动长期杠杆。

国际性的量化宽松使得国外私人部门手中的剩余资金涌向公司债券，也对准了海外金融市场，中国资本市场成为国际游资的目标。

热钱的逐利性使其投资于高收益率的资产。国际金融危机后，各发达经济体都遭受重创，失业率上升，而中国从 2009 年经济开始强劲复苏，表现优于大多数国家，同时人民币开始不断提高增值，这使得热钱大量涌入期望套利，外商直接投资大幅扩大。

美国、欧洲、日本的经济衰退对我国的外部需求形成重要影响，造成出口下降，对我国的经济增长造成非常不利的影响。以应对这场席卷全球的金融海啸为目的，中国政府相

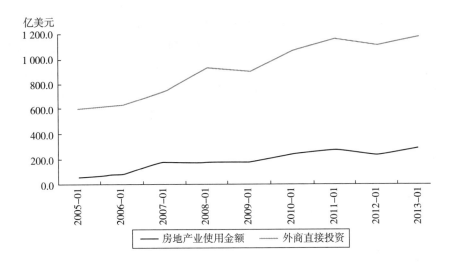

数据来源：中华人民共和国商务部。

图 2 - 1　国际金融危机后我国外商直接投资规模不断扩大

继出台了"调结构、稳增长"的一系列货币财政政策，于 2008 年 11 月 9 日宣布将推出总额高达 4 万亿元人民币的"一揽子经济刺激计划"，其主要内容是以大规模政府投资为核心的积极的财政政策和与此配套的适度宽松的货币政策，在这些政策的影响下，从 2009年第三季度开始，我国宏观经济出现了明显的复苏迹象。

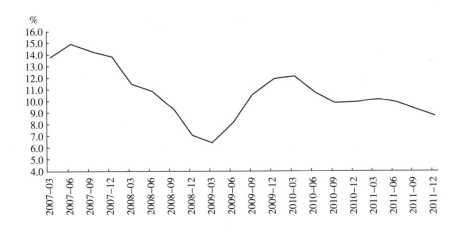

数据来源：Wind 资讯。

图 2 - 2　GDP 当季同比增速

2008 年下半年，仅仅不到半年的时间里，中国人民银行 4 次下调存款利率，5 次下调贷款利率。而 2008 年则 9 次调整存款准备金率，7 月前调增了 6 次，后几个月连续调低了3 次。在公开市场操作中，中国人民银行缩短了央票发行期限，减小发行力度，同时配合存贷款基准利率下调，还下调了央行票据发行利率和正回购利率，整体信贷额度也上升了不少。大量的企业债、公司债发行，政府融资平台吸纳大量资金。

2011 年 9 月以来外汇占款增长放缓或下降是基础货币增速降低的主要原因。2012 年我国资本账户出现小幅逆差，外汇占款增速放缓，长达近十年的流动性过剩局面开始逆转，中央银行停发用于对冲市场流动性的央行票据；2014 年 6 月以来，外汇占款作为基础货币投放主要渠道的格局发生了根本性变化；随着利率市场化深入推进，金融创新和金融脱媒使得传统上以数量型为主的货币调控有效性下降，这使得中央银行加强市场流动性管理并向以利率为主的价格型货币调控模式转型的必要性和迫切性明显上升。

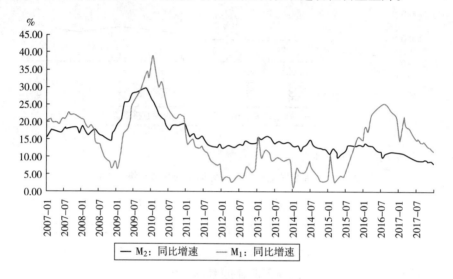

数据来源：Wind 资讯。

图 2 - 3 量化宽松政策实施后我国 M_2 增速迅猛

2015 年 10 月存贷款利率管制取消以后，央行采取包括降准和公开市场操作等方式向市场投放流动性，我国进入以建立健全与市场相适应的利率形成和调控机制为核心的深化改革新阶段。2017 年社会融资规模和 M_2 的增速分别为 12% 和 8.2%，预期 2018 年的增速持平，货币政策仍趋于中性。

利率管制的基本放开为货币政策调控方式由数量型为主向价格型为主转变，为提高宏观调控效率创造了条件。与此同时，我国现阶段的货币政策目标也发生了一定的变化。货币政策的目标由过去的稳增长和防通胀的"总量问题"，逐渐转向去杠杆和防风险的"结构问题"。

3. 宽松货币政策环境大幅推高了金融资产端收益率，造成了股市、债市及大宗商品牛市，促使金融资金在金融体系空转

（1）委外理财促进债市繁荣。由于我国利率市场化在 2015 年 10 月才刚开始全面放开，因此仍处于初期阶段。国内金融供给结构矛盾突出，融资体系不成熟，市场风险配置的功能不完善。截至 2017 年底，新增人民币信贷占社会融资总量的 71%；国内债券发行量中超过 65% 是商业银行持有；信托、委外资金很大部分来自商业银行等，这些种种融资活动活跃，使得银行体系流动性趋紧，进而推升金融体系整体利率水平。

以银行理财及委外为主的力量横扫债券市场，将期限利差、信用利差、流动性溢价降

到极低的水平。同时，货币基金规模在过去几年持续攀升，不少银行自营资金将货币基金作为投资及流动性管理工具，大量基金又投向一些银行发行的同业存单。中小银行发行同业存单后大肆购买同业理财，同业理财又通过委外等模式将资产管理压力转移给非银行机构，导致这些机构对债券需求大大增强。债市收益率持续走低，导致机构为了提高收益水平而大肆加杠杆。

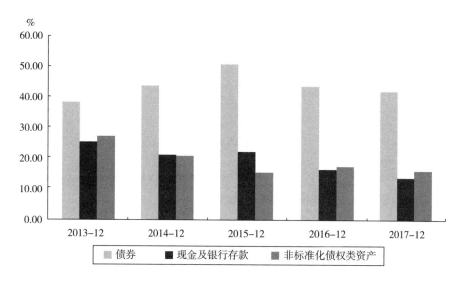

数据来源：Wind 资讯。

图 2 - 4　我国委外理财结构

委外投资的资金主要来自银行，个人和企业是资金的主要来源，由于委外理财相比于自营资金受到的监管更少，银行有动力进行表外理财业务的开展，债券和货币市场工具、非标投资、现金和银行存款，三者占据理财投资规模的90%，其中债券和货币市场工具占理财资产配置比重的40%～50%。

金融创新在满足实体融资需求、增强我国金融行业实力的同时，也出现了"虚胖"的现象。银行理财、券商资管和基金子公司等逐步崛起，推动了大资管或泛资管时代的到来。但推动规模扩张的因素当中，主动管理业务占比并不高，通道业务往往成为规模扩张的主要贡献因素，在某种程度上取代了银信渠道。

银行资产负债表在同业创新过程中结构发生了明显变化。票据和信托受益权买入返售等本质上是"影子贷款"业务，推动了银行资产端的扩张，导致贷款额度、存贷比限制被突破，与实体经济融资需求相连。但由此助长了城投、房地产等低效率部门膨胀，推高利率等要素成本对民营企业景气度产生了负面冲击，恶化了经济结构。与此同时，支撑同业资产的主要是同业负债，与货币市场相连，且同质性很强、链条拉长、期现错配更为明显。从而使得实体经济融资需求在货币市场得以迅速传导，同业业务创新导致超储超负荷使用。存款分布也出现明显变化，存款分流和同业创新派生存款都弱化了传统大行的优势。

这些业务导致债券市场不断发展，企业债券发行金额持续攀高。2011 年以前我国债券

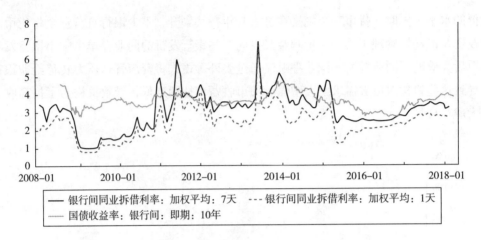

数据来源：CEIC 宏观经济数据库。

图 2-5 银行间同业拆借利率带动债市收益率走高

市场主要交易品种是国债，之后企业债券发行额开始超过国债发行额，并且规模也不断扩大，成交金额不断攀高，造成我国债市的繁荣景象。

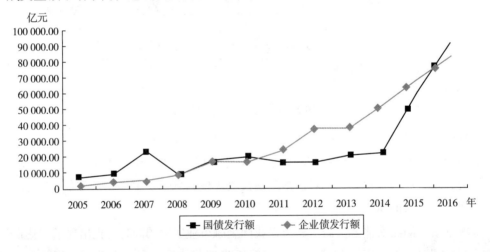

数据来源：国家统计局。

图 2-6 2005—2016 年国债和企业债发行情况

（2）股市过度繁荣。我国证券市场规模持续扩大，首先表现在上市公司数目逐渐增加，股票市价持续上涨，证券市场换手率不断提高。我国股票流通市值从 2008 年的 45 213 亿元增长到 2017 年的 449 105 亿元，增长幅度接近 10 倍。

（3）资本化积累造成房市泡沫。过去十余年的房地产货币化和大规模城市"再造"派生出大量的投融资和货币需求，通过土地入市、征地拆迁、不动产价格多轮上涨和资产变现滋生出大量社会财富和资产。在 2010 年后的多轮刺激和调控交替中，房地产市场并未做深度调整，反而是中介化、金融化的程度不断加深、渠道多元、方式翻新，贯穿土地、房地产开发、股市、债市、理财、信托、万能险、股权控制、境外投资、境内外套

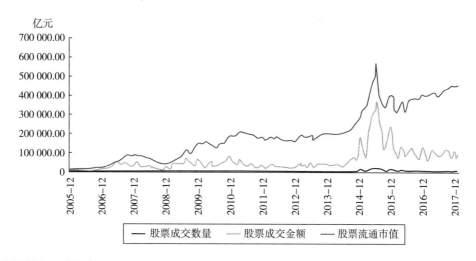

数据来源：国家统计局。

图 2 - 7　2005—2017 年中国股票市场和成交规模

利、互联网金融平台等多个方面，大大加深了金融体系与房地产的联系和互动。

我国房地产市场发展迅速，在国际金融危机后量化宽松环境下，商品房销售额经历了一个飞跃式发展，房价在 2015—2016 年又经历了一次高涨，使得我国房市资本化密集，同时也催生了房市泡沫。

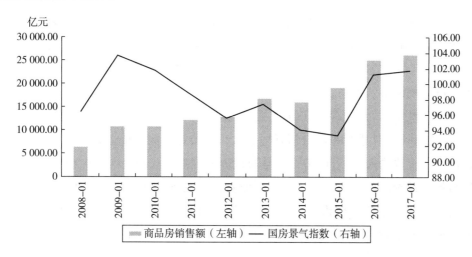

数据来源：国家统计局。

图 2 - 8　我国 2008—2017 年房地产市场发展情况

（二）分业监管模式促进了金融监管套利的过度繁荣

商业银行属于其他存款类金融机构，从其资金来源和去向来分析，当具有相同经济实质的交易受到不同监管制度的区别对待时，会诱发监管套利机会。我国当前的监管现状存在着一定问题，如中央垂直式监管难以为继，多头监管冲突混乱，监管难以跟上金融创新的步伐等，都使得银行业金融机构有机会通过各种方式进行监管套利。金融结构性杠杆恰恰起因于不同金融机构存在差异，带来套利行为，同时也打开了风险敞口。

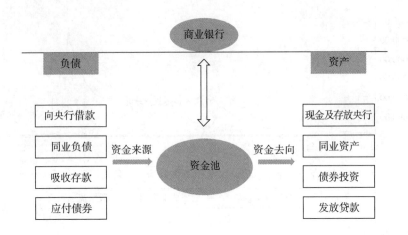

数据来源：Wind 资讯。

图 2 - 9　商业银行资金池模式

1. 流动性通过信贷扩张得以转移

（1）同业杠杆模式。若金融机构 A 为大行，金融机构 B 为中小行，那么这样的同业杠杆模式可以对应到目前同业存单和委外投资撬动的结构性杠杆模式。若金融机构 A→金融机构 B 是表内资金向表外转移的过程，这样的同业杠杆模式，实为影子银行模式。值得强调的是，此处"同业杠杆"并不特指商业银行资产负债表中的"同业资产"和"同业负债"科目对应的经济行为，而是泛指不同金融机构之间进行的业务往来，金融机构因此负债规模得到扩张。

从微观机制来看，同业存单（CD）撬动金融体系结构性扩表分三个步骤：

①中小行利用 CD 进行主动负债管理。大行主要通过两个渠道购买中小行 CD：一是利用自营资金直接购入中小行 CD；二是通过表外理财方式间接购入中小行 CD。第一种方式会影响大行资产负债表，资产项"同业资产"记录 CD 购入量，单购买 CD 的资金减少，因此资产项总体规模没有变化，但资产结构发生调整，资金减少、同业资产增多；第二种方式不对大行资产负债表造成影响，表外理财和非银通道资产负债表扩张。对小行而言，不论哪种方式，小行"应付债项"记录同业存单发行情况，因此负债规模扩大。

在此过程中，CD 实质上起到将剩余流动性从大行引到中小行的桥梁作用。与此同时，这部分资金对应的加杠杆权利也从大行转给了中小行。于是有一个新问题：同业负债手段这么多，为何中小行偏偏选用同业存单？我们认为，原因有两点：一是 CD 和投资所受监管约束相对较少；二是相较其他同业负债形式，同业本身具有流动性高等产品层面的优势。

②中小行利用 CD 发行所得资金，进行资产投资。根据购买的是既有存量资产还是新

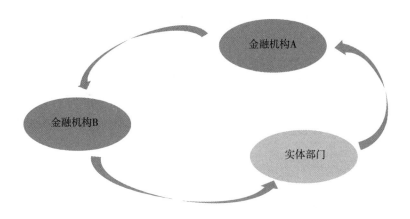

数据来源：Wind 资讯。

图 2-10　同业杠杆模式

增资产，可将小行资产投资分为两类：一是购买存量资产（假定存量资产主要来自大行）；二是购买增量资产。购买存量资产时，实体部门资产负债表没有变化；购买增量资产时，实体部门资产负债表才会扩张。此外，中小行购买资产也可借助两种渠道：一是通过自营资金直接购买资产；二是通过购买理财、委外方式间接购买资产。委外和理财方式投资，不影响小行资产负债表，但理财和充当中间通道的非银通道资产负债表扩张、杠杆率提升；利用自营资金直接购买资产，小行资产项扩张。

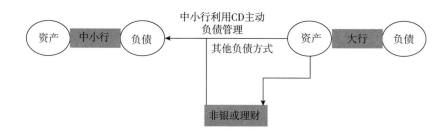

数据来源：Wind 资讯。

图 2-11　资金从大行流向中小行

　　③金融机构（主要是中小行和中间非银机构）在货币市场上拆借短期资金，进行狭义上的"加杠杆"，资产负债表进一步扩张。为了满足资金错配需求，非银通道和中小行在货币市场中拆借资金，放大杠杆、推高资产价格，资产负债由此进一步扩张。

　　（2）资金空转模式。资金空转模式指资金主要在金融机构中流动，极端情况下，甚至实体部门的资金不再创生信贷，而将资金投资金融机构拥有的存量资产，资金从实体部门回流金融体系进行套利活动。由于投资结构不均衡，直接融资占比偏低，证券化程度不足，资金过度流向投机部门造成"金融空转"。

　　资金空转的原因主要是由于我国贷款资金成本并不是市场化的，有些企业可以以低利

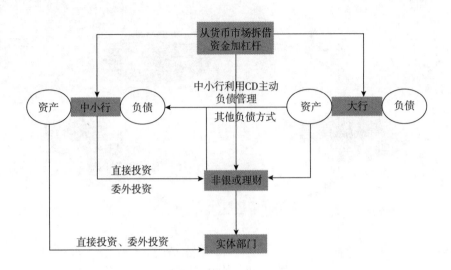

数据来源：Wind 资讯。

图 2 - 12　同业业务结构性扩表方式

率得到银行的贷款，如资源型企业、国有背景企业及房地产企业，而大多中小企业及民营企业则无法通过此渠道融到资金，当廉价信贷资金资源耗尽时，其他借款人面对的将是通过多重机制叠加风险溢价后的贷款利率。当贷款配额用尽，存贷比接近红线之时，只有通过这种"空转"才能使资金流向实体。

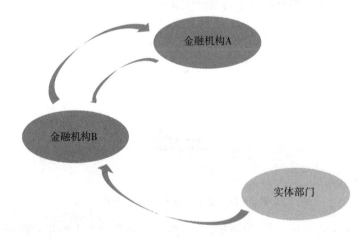

数据来源：Wind 资讯。

图 2 - 13　资金空转模式

在实体经济的收益率持续下行的背景下，银行、保险、证券、基金等金融机构纷纷涉足资产管理行业，银行理财、同业存单、委外投资、非标融资、权益融资等金融创新如雨后春笋般爆发，借助各类创新工具，银行理财空转、信贷空转、票据空转、同业空转等花样繁出的资金空转大行其道，跨市场、跨行业来回穿梭。

一方面，资金（银行理财、同业资金、银行自有资金）借助结构化融资和委外投资的渠道，投资券商资管计划、保险资管计划、基金资管计划等，辗转流入资本市场，而没有投资于实体经济，近年来兴起的万能险最具代表性；另一方面，资金从银行转到券商、基金等金融机构后，投资于债券市场，拉长了交易链条，推动了债券市场的虚旺；再者是资金通过委外渠道进入券商、基金等资管计划后，再投入到信托计划，最终投向非标融资（房地产、政府融资平台）等。此外，为应对MPA考核带来的压力，同业存单利率大幅飙升，中小银行发行的同业存单又成为大型银行的投资标的，同业存单互持进一步加剧了资金空转，大量资金在金融体系内自我循环、拉长交易链条，抬升资金成本，加大了实体经济融资困难。

（3）互联网金融等形式的金融创新。近些年，中国金融机构的数量和类型明显增多，金融市场多元化程度上升，在股份制改革和利率市场化的背景下，金融机构追求利润或股东回报极大化的动机和激励大大增强，来自收入盈利激励的强"刺激"和利润、业绩考核的巨大压力相伴相随，呈现越来越强的商业性和短期逐利性，尽快做大资产规模、做大收益和抢占市场的冲动十分强烈。

2012年5月，国家鼓励金融创新，希望以此解决实体企业"融资难、融资贵"的问题，推动经济增长，同时提升金融行业整体实体和竞争力。但是一系列监管却催生了同业创新，各种创新模式层出不穷，均为绕过监管。例如，为规避2010年72号文关于理财资金不能委托给信托公司的要求，以及2011年银监会禁止银行理财产品投向委托贷款、信托转让、信贷资产转让等，2011年之后银信合作开始假借"信托收益权"名目。再后来为规避各种监管，又衍生出信托受益权三方转让模式、自营资金投资信托受益权模式、借道标债模式、信托受益权卖断模式以及"代销"模式等，不断上演"猫捉老鼠"的游戏。由于机构监管远远跟不上金融混业的步伐，监管套利花样百出，影子银行在"创新"中不断壮大。

各类新兴金融机构大量涌现。快速发展的信息技术加快向金融体系和金融业渗透，新兴机构在现有市场细分和政策的"夹缝"中寻找商机，依托互联网技术或现有金融机构"借鸡生蛋"，充当现有金融中介的"中介"而拉长信用链条，或实现对现有金融中介的"脱媒"。与此同时，金融信息、人才、知识等要素加快流动，创新的学习成本大大降低。借助于现代通信平台和新媒体，各类国内外的结构化金融创新很容易被复制和大面积传播，出现了一系列突破传统风险控制模式的储蓄和投资工具，令人眼花缭乱、应接不暇，也使得风险控制的"阈值"明显降低，金融监管部门在信息、知识、能力等方面不够适应，监管套利的空间较大。更为突出的是，各类非持牌、非正规类金融机构"泥沙俱下"。

这些机构大多处于监管真空地带，大多只需备案且没有真正的监管制度，因此这些金融机构能够用高于有牌照金融机构的投资收益率吸引大量的自然人投资者和社会中的零散资金，并以更加宽松的审批条件、较高的融资成本向中小企业进行投资，金融、投资、资管、理财、财务管理等成为"点石成金"的"香饽饽"，一时间似乎谁都想、谁都能搞金融、搞投融资，出现了不少"挂羊头、卖狗肉"的机构和从业者甚至是非法集资等坑蒙拐骗的不法之徒，社会环境的复杂性大大上升。

金融市场环境的显著变化和金融要素配置的再调整相互作用，引发经营人才、产品开发、营销、客户等资源从传统金融机构向新机构、新业态流动配置，跨行业、跨国、跨机构人才流动前所未有的活跃，监管部门和传统金融机构人员流动加快，金融要素再配置反过来又强化了这一环境变化。

2. 套利方式

（1）资本充足率监管套利。资本充足率是一个银行的资本总额对其风险加权资产的比率。风险加权资产是根据不同资产类型及其风险系数加权平均计算出的，具体来看，存款及现金风险最小，抵押贷款中等，其他债款风险最高。由于表外资产项目不反映在资产负债表上，在计算时需要乘上一定的信用转换系数，衡量表外资产转换为表内资产风险程度的指标；至 2010 年，按照规定，信用转换系数分成四级，即 0、20%、50% 和 100%，乘出的数额根据表内同等性质的项目进行加权，从而获得相应的风险权重资产数额。

表 2 - 1 表内业务与表外业务监管指标差异

业务类型	表内业务	表外业务
业务性质	表内自营业务	中间业务
监管指标	（1）实行穿透原则，解包还原理财产品的标的 （2）计提风险资产、拨备和计算资本充足率	（1）无须计提风险资产、拨备和计算资本充足率 （2）纳入 MPA 广义信贷增速考核

资料来源：《关于 2014 年银行理财业务监管工作的指导意见》。

由于中国金融业分业监管，银行在资本充足率等方面受到严格监管，商业银行为增加信贷，将更多的业务转至表外，通过围绕科目放贷形成各种通道类业务。与之相比，信托、券商等非银行金融机构却不受此类监管指标限制。

为逃避资本监管，银行一方面借道于信托、券商等非银行金融机构变相进行融资行为，如开展信托受益权、定向资产管理计划等，这类行为在避开资本要求的同时也隐藏了真实的信贷规模；另一方面，在同业市场中，银行通过自身信贷资产转让以提高自身资本充足率，并进一步释放信贷空间。

（2）存贷比指标监管套利。存贷比指标是银行贷款总额与存款总额的比值，其目的是为约束商业银行的放贷行为，如果存贷比过高，会使银行面临流动性风险。目前，商业银行的指标"红线"为 75%，而中小行在 2010 年后可以突破存贷比的限制。

尽管指标本身的目的是降低风险，但由于我国宏观经济及货币政策的不均衡发展，及大型商业银行和中小行受政策管制的差别，反而使风险加剧，并存在套利空间。

我国过去是出口拉动型经济，而 2008 年国际金融危机后，我国净出口增速大幅缩减，外汇占款逐年减少，而存贷比使得商业银行需要有资金流入，也就是先吸收存款才可发放贷款，而我国经济也面临着下行调整阶段，这就导致需要由国内发掘投融资需求。

与此同时，中国银行业整体存贷比确实从 2010 年以来开始逐年上升，并正逼近 75%的红线。

银行业通过金融创新，或借道同业，或借道不受存贷比限制的其他金融机构，如信托、券商、保险公司等，发放贷款，再通过通道方存回银行以增加所谓的一般存款，再次达到缓解存贷比的限制。资金的转出转入，直接催生了中国影子银行的发展，抬高了融资成本，削弱了资本充足率等监管工具的有效性，积累了风险。随着中国经济结构的转型，外汇储备增长放缓的趋势很可能会维持较长时间，商业银行一般存款的增长也将随之下降，其放贷能力开始面临系统性挑战。中小型银行的存贷比在下降，而大型银行的存贷比在不断上升，同业业务则成为了流动性拆借的通道。

（3）分业监管的混乱与冲突。在杠杆生成阶段，我国对银行及非银行金融机构、证券公司与保险公司实施监管的职责分别由银监会、证监会及保监会承担。金融控股公司的出现对这种分业监管的模式提出了挑战。由于各个监管机构的目标不一样，指标体系、操作方式不同，各监管机构的监管结果可能存在很大差别。当金融控股公司只受某一机构监管时，单个监管者可能不会承担其他监管者的工作和责任，特别是金融控股公司下属的银行、保险、证券、信托公司受不同监管机构监管时，由于各监管机构的监管目标不同，会发生监管冲突，并可能通过金融控股公司的母公司逃避监管。

从金融监管的主体角度来看，银监会、证监会和保监会及其派出机构是平级的，若一家金融机构经营不同业务，如既从事银行业务，还从事保险或证券业务，如某项业务发生风险，在确定由哪家监管机构牵头、由哪家监管机构最后决定等方面存在一定现实困难。

2008年底，银监会开始发文规范银信合作，包括2008年12月发布的《银行与信托公司业务合作指引》（83号文）、2009年12月发布的《关于进一步规范银信合作有关事项的通知》、2010年8月发布的《关于规范银信理财合作业务有关事项的通知》（72号文）以及之后发布的多份文件。政策严格要求融资类业务余额比例、银信理财合作风险资本计提等，并要求银行在2011年底前将银信理财合作业务表外资产转入表内。与此同时，票据违规操作也曾是绕开信贷额度的重要方式，在2011年也遭遇了监管机构的严厉打击。

2012年10月，证监会颁布"一法两则"，券商基金加入"金融创新"大军，但银行体系仍是资产的主要提供方，前者更多是承担新通道的角色（券商资管、基金子公司）。转眼间，银监会针对"银信合作"颁布的一系列监管文件效力大减，因为所有对"银信合作"的监管均可以被"银证信合作"模式绕过，多头监管的弊端再次显现。

随着我国金融业混业经营的发展，进一步的金融创新，多层次金融市场包括金融衍生品市场的形成与发展，金融控股公司成为金融机构的主要和重要组织形式，严格的分业监管已经很难适应需要，必须对现行金融监管体系进行改革。中国加入世贸组织以后，外资金融机构大举进入，其中很多金融机构是混业经营，综合优势明显。以我国现有分业监管体制管理混业经营的外资机构和交叉代理的中资机构，将会面临不少新的矛盾和困难。随着经济和金融的全球化发展，金融控股公司越来越多地发展为跨境或跨地区的组织形式，而不同的国家或地区的金融机构执行的会计准则并不相同；即使在同一个国家或地区，因金融控股公司经营的业务差别显著，所适用的会计准则也不尽相同。这使得金融控股公司持续经营的稳定性以及总公司会计信息的真实性、准确性和完整性都受到了影响，给监管机构的监管造成了较大的困难。总之，中国当前实行的严格的分业管理已经有些适应不了金融发展和金融国际化的要求，进一步改革与完善我国的金融监管体系是完全必要的。

三、过度金融化的危害——基于信贷结构失衡角度

（一）信贷结构失衡及其对实体经济的影响

1. 信贷结构分类：生产及消费支持类、资产交易促进类。首先，本文将从信贷总量以及结构失衡考察过度金融化对整个经济产生的影响，主要的思路是将贷款划分为资产交易类贷款以及生产支持类贷款。这样划分的依据主要是根据实体经济和虚拟经济来进行划分的，第一个层次的实体经济 R_0 是制造业，这是实体经济的核心部分，可以理解为最狭义的实体经济；第二个层次的实体经济 R_1 包括第一个层次的内容、农业、建筑业和除制造业以外的其他工业，这是实体经济的主体部分，是一般意义或者传统意义上的实体经济；第三个层次的实体经济 R_2 包括第二层次、批发和零售业、交通运输仓储和邮政业、住宿和餐饮业，以及除金融业、房地产业以外的其他所有服务业，这是实体经济的整体内容，也是最广义的实体经济。

虚拟经济的范畴既包括金融、房地产等产业，也包括无形资产、某些高技术产品、大宗商品等，以及其他可能长期或短期进入这种特殊运行方式的有形产品和劳务。相对而言，虚拟经济是金融部门主导的围绕货币流通和信用制度的经济活动，其目的是通过发挥货币的清算与支付结算、资本融通与资源配置、经营风险管理、信息提供与激励等功能达到"以钱生钱"。之所以把房地产业和金融业归在一起，没有算作实体经济，不仅仅是因为当今房地产主要呈现的是金融衍生品的特征，还因为房地产的实体经济部分已经在建筑业中体现了，是第一层次 R_0 的组成部分。第三层次的实体经济 R_2 和金融业、房地产业构成了国民经济的整体，也就是由实体经济与虚拟经济构成的整体经济。

所以本文将贷款分为两类：（1）生产及消费支持类；（2）资产交易促进类。生产及消费支持类贷款包括非金融类企业贷款以及个人消费及投资贷款。而资产交易促进类贷款则包括对金融及房地产企业的贷款以及个人按揭贷款。这种分类方法基于以下原因：非金融类企业贷款以及个人消费及投资类贷款的主要用途是购买及消费当期产品及服务，与GDP之间存在着直接的关系；而对金融及房地产企业的贷款以及个人按揭贷款的主要目的是促进资产交易，其标的物主要是已经生产的产品，与 GDP 之间的关系不如前者明显。

接下来本文将进行实证检验，检验两种不同类型的贷款与经济增长有何具体的联系。

依据经典的金融发展理论，生产支持类贷款能够缓解企业的融资约束增加经济运转的效率，因而对于经济基本面的变化更能做出积极反应；而资产交易支持类贷款则可能因为资产泡沫而无法形成对资金的有效配置，因而对经济增长变化并不敏感。

2. 信贷结构对经济增长的影响。本节采用向量自回归模型（VAR）的方法验证以下三个变量：（1）生产支持类贷款；（2）资产交易支持类贷款；（3）经济增长。这一模型

的优点在于能够方便地处理不同变量之间的内生性关系，在缺少相应理论证明变量之间存在外生性关系以及明确的影响方向时，这一模型更具使用性。为了研究不同类型贷款受其自身滞后以及其他变量滞后的影响，本节模型设定如下：

$$Y_t = B_0 + A_1 Y_{t-1} + \cdots + A_p Y_p + \varepsilon_t$$

其中，Y_t 表示包括所有内生变量在内的 $(n \times 1)$ 矩阵，凡代表 $(n \times 1)$ 的截距项矩阵，从表示滞后变量的 $(n \times n)$ 系数矩阵，$i = 1, \cdots, p$ 代表滞后的期数，代表 $(n \times 1)$ 的误差项矩阵。

鉴于房地产行业以及个人按揭贷款这一数据在 2006 年才开始披露，因此本节的样本期定义为 2006 年 1 月到 2016 年 12 月共 132 个观测值。本节的数据来源于万得数据库、国泰安数据库、国家统计局网站、人民银行网站以及历年《房地产统计年鉴》。需要注意的是，由于国内生产总值并没有披露月度数据，因此本节选用工业增加值增长率来替代经济增长水平。另外，由于人民银行在 2015 年才开始披露对金融机构的贷款，考虑到金融机构的高杠杆性，本文用人民银行披露的金融机构人民币信贷收支表中列示的有价证券及投资来代替金融机构所获得的贷款。

变量的具体定义如下：

经济增长率（GIND）：采用全国工业增加值的同比增长率来衡量。

生产及消费支持类贷款（NCF）：采用当月非金融部门所获得的贷款减去房地产企业以及个人按揭贷款来衡量，单位为千亿元。

资产交易促进类贷款（CF）：采用当月金融机构持有的有价证券及投资的增量加上房地产企业贷款以及个人按揭贷款来衡量，单位为千亿元。

物价水平（CPI）：采用全国居民消费价格指数来衡量。

利率水平（IR）：采用银行间同业拆借利率并以所在月度按天加权平均。

另外，为了消除春节因素的影响，所有年度一、二月的数据采用算数平均的方式处理。此外，对于 NCF、CF 这两个变量，本文还将其名义金额除以 CPI 以求得其实际金额，这样有助于消除价格变动所产生的影响。

在利用 VAR 模型进行分析之前，要保证所有变量不存在非平稳的情况，因此本文首先对内生性变量做了平稳性检验，结果见表 3 - 1。

表 3 - 1 变量的平稳性检验

单位根检验				
H0：存在单位根				
变量	GIND	NCF	CF	CPI	IR
t 统计量	-4.325	-3.351	-5.573	-3.192	-2.903

通过表 3 - 1 可以发现，在 10% 的显著性水平下，所有变量都拒绝了存在单位根的原假设，因此所有变量均可视为平稳序列，在不进行差分的情况下，可以进行 VAR 模型估计。

在估计 VAR 模型时，本文采用 Schwarz Criterion 准则作为确定滞后项的确定标准，即 $p=1$，…，12 的范围内选择使 SIC 值最小的 p 值。通过这一准则，本文确定了二阶滞后的 VAR（2）模型。估计 VAR（2）模型后，本文首先对三个变量做了格兰杰因果关系检验。格兰杰因果关系的含义为，如果序列 X 的变化能够提高对序列变化的预测程度而非相反，那么就称 X 是 Y 的格兰杰原因。从定义上可以看出，格兰杰因果关系并非经济上而是统计意义上的因果关系，但是它还是可以有效衡量两个变量之间的变化程度以及影响方向，对于验证由理论分析而提出的假设具有适用性。

表 3 – 2 格兰杰因果检验的一系列统计值

格兰杰因果检验		
H0	Chi – square 统计量	P 值
GIND 不是 NCF 的格兰杰因果关系	12.469	0.002
GIND 不是 CF 的格兰杰因果关系	2.387	0.241
NFC 不是 CF 的格兰杰因果关系	0.401	0.823

从表 3 – 2 可以得到以下结论：第一，GIND 不是 NCF 的格兰杰原因在 10% 的显著性水平下被拒绝，这说明生产支持类贷款（NCF）对于经济基本面的变化能够做出反应，对于经济增长机会（GIND）可以有效识别，因此，生产支持类贷款的增长能够增进经济运行效率，因而不会带来金融过度发展问题。第二，GIND 不是 CF 的格兰杰原因在 10% 的显著性水平下并没有被拒绝，这说明资产交易支持类贷款（CF）对于经济基本面的变化并不敏感，对于经济增长机会也不能合理把握，可见，在样本期内，资产交易支持类贷款对于提高配置效率效果并不明显。第三，NCF 不是 CF 的格兰杰原因在 10% 的显著性水平下也并不能被拒绝，说明资产交易类贷款对于促进生产支持类贷款更积极地对经济基本面的变化做出反应所起到的"润滑剂"作用并不显著。由此可见，现阶段我国资产交易支持类贷款主要受资产价格影响更甚，这可能催生出实体经济发展得不到足够支持以及资产泡沫激增等一系列问题。

自此通过实证研究发现信贷结构总量失衡确实会给经济带来负面的影响，接下来本文将继续论述其对实体经济以及资产泡沫的具体影响机制以及由此带来的危害。

（二）信贷结构失衡对实体经济的影响

信贷结构失衡将导致过量的资本流入虚拟经济领域，导致实体经济得不到充分的支持。本部分首先分析由于挤压效应和资金空转现象导致没有充足的资金流入实体经济，接下来分别简析了这两种现象给经济带来的危害。

1. 挤压效应

（1）挤压效应的演进逻辑。从投资的角度看，支持虚拟经济的金融资本运行和支持实体经济的实业资本运行从短期看是可以分离的，金融资本会脱离实体经济独立循环。如果金融资本独立循环获得的投资回报高于投入实体经济的实业资本的回报，将会有更多的实体资本被"挤出"从而转向金融资本，这种"挤出效应"会随着金融投资回报率的增加而增强，这样新古典经济学中的"储蓄—投资"转化、平衡机制内涵将发生变化，进一步导致经济增长的可持续性逐步遭受挑战。只要实业资本回报率低于金融资本回报率，从理论上讲，不仅新增投资都逐步转向金融资本，而且原有实业资本也会设法逐步退出并转向金融资本，在资本资源既定的前提下，这意味着金融部门的膨胀和超速扩张将以实体部门的萎缩和加速衰减为代价。经济的萎缩又会进一步拉大实体经济回报和虚拟经济回报的差距，金融部门和金融交易就越发通过所谓的金融创新来脱离真实的经济条件，虚拟经济泡沫也就越来越大，金融部门就会在更大程度上主导实体经济乃至整个经济。一旦预期到现实经济条件和实体经济长期回报根本无法支撑金融资本过度膨胀，金融危机就产生了。可以形象地说，当直接"以钱生钱"的金融资金流完全脱离了直接"以物生钱"的物流和实体资金流、完全陷入自我循环时，经济泡沫就越来越大；由于直接"以钱生钱"的欲望是无止境的，一旦基于现实成本和技术的实体经济"以物生钱"速度无法支撑这种快速膨胀的虚拟经济直接"以钱生钱"的欲望时，金融危机也就随之产生了。金融危机的实质是对虚拟经济与实体经济过度脱离进行破坏性的纠正，说明经济发展本质上还是由实体经济是否发展决定的。

　　虽然近年来政策层面不断强调大力发展实体经济、金融支持实体经济，但为什么还会出现上述金融高速增长、实体经济趋缓的"实虚失衡"呢？图3-1上、下两部分分别从实体经济和虚拟经济两条运行线路勾画出经济"脱实向虚"的基本逻辑，梳理了三层实体经济结构失衡的关系。

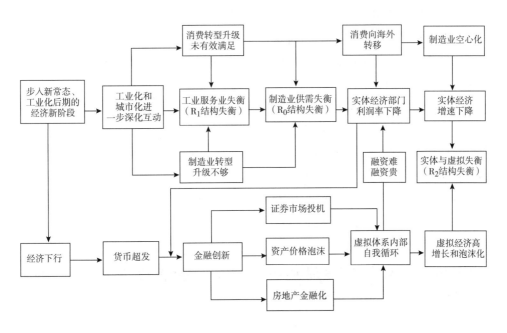

图3-1　经济"脱实向虚"的演进逻辑

①实体经济演进逻辑线路。中国已经步入工业化后期的经济增长新阶段，这个阶段也是中国经济步入新常态的时期，其经济增长是工业化和城市化进一步深化互动发展的结果。在人口结构变化和收入水平提升的经济变量驱动下，城市化进程推进消费实现快速转型升级和服务业迅速发展，但由于体制机制、产业政策和人力资本等原因，服务业快速发展没有支撑起工业创新能力的相应提升，存在工业和服务业发展的结构性失衡——实体经济 R_0 的结构失衡，造成制造业大而不强的供给体系不能迅速升级，制造业供给质量不能满足升级后的消费需求，原有供求动态平衡被打破和新的供求平衡短期无法形成，制造业出现结构性供需失衡——实体经济 R_0 的结构失衡，这种失衡会使得实体经济部门投资回报大幅降低，实体经济增速开始下降。国内供需关系无法有效实现，在信息化、全球化的背景下，消费需求转向海外，国内制造业空心化趋势加速，同时国内实体经济经营环境不能相应改善，这一切又加剧了实体经济部门收益和投资的下降，实体经济发展进一步受到抑制。

②虚拟经济演进逻辑线路。工业化后期，经济潜在增长率下降，经济面临下行的巨大压力，在需求管理的宏观调控思想指导下，通过货币宽松方式来刺激经济增长，但货币宽松遇到了实体经济投资回报率的下降，金融系统试图通过影子银行、延长信用链等金融创新手段寻求快速的高回报。与实体经济部门面临日益强化的约束相比，金融部门通过金融创新创造的货币供给不断增加，这两年每年都以 12% ~13% 的速度增长；更为严重的是，根据穆迪估算，中国影子银行信贷规模达 65 万亿元，比 5 年前增加了近 2 倍，而方正证券估计，包括银行非传统信贷业务、非银行金融机构资产业务和其他融资类业务在内的广义影子银行的规模从 2010 年的 15.45 万亿元增长到 2016 年的 95.94 万亿元。在金融监管缺位的情况下，这将促使资产价格大幅度上升，加剧证券市场投机和房地产市场金融化，资金在虚拟经济体系内部不断自我循环扩张，金融衍生和信用链条不断延伸，这又使得实体经济融资难融资贵问题突出，进一步使实体经济投资回报降低和生存发展环境恶化，而虚拟经济在自我循环中走向泡沫化，表现为高速增长。然而，实体经济增速下降和虚拟经济高增长最终导致实体经济与虚拟经济的结构失衡——实体经济 R_2 结构失衡。

经济"脱实向虚"或者"实虚失衡"能够机制化的关键，在于实体经济回报率不断下降趋势和虚拟经济依靠资产价格泡沫收益不断上升的极大反差。从 2011—2016 年上市公司分行业净资产收益率看，制造业从 12.20% 下降到 9.78%，采矿业从 16.04% 下降到 2.41%，建筑业从 13.51% 下降到 11.38%，批发和零售业从 13.77% 下降到 7.85%，住宿和餐饮业从 8.94% 下降到 6.04%，而银行业利润占整个金融业增加值比重自 2010 年以来一直维持在 30%，高点是 2012 年的 35.20%，低点是 2016 年的 26.54%。逐利的资本自然涌入金融行业，导致制造业的投入不足。

（2）挤压效应的危害

①经济应对危机能力减弱。以制造业为主的实体经济是一国创造物质财富的重要源泉，也是一个国家应对外部冲击的重要缓冲器。实践证明，没有了实体经济，经济发展就

成了无源之水、无本之木。发达稳健的实体经济，对提供就业岗位、改善人民生活、实现经济持续发展和社会稳定具有重要意义，更是一个国家应对外部冲击、巍然屹立的关键。从国际经验看，因忽视实体经济发展而导致经济停滞从而丧失强国地位的国家不胜枚举。在世界上只有美国以美元强权为依托确立金融强权，美元在整个国际储备货币额的比重曾高达70%以上，使得美国在实体经济比重大幅缩小的情况下，仍能从全世界获得足够多的收益，这是其他发达国家不可比拟的。然而历史地看问题，美国作为二战后崛起的全球性强国，其基础完全得益于美国坚定不移地走发展实体经济的道路，同时限制金融资本无序扩张。美国的金融强权实质上是建立在雄厚的实体经济基础之上的。美国之所以发生2008年的金融危机，根本原因在于其丧失在物质生产领域全面比较优势后，在宽松的货币政策和监管政策之下，过度发展金融业。相反，注重实体经济的德国能在国际金融危机和债务危机中很快恢复到危机前的水平，重要原因在于德国强大的制造业支撑其经济增长始终具有活力。在2008年国际金融危机及欧债危机中，也是因为德国在高端制造业领域拥有很强的竞争优势及长期坚持制造业立国的方针，因而能在短时间内走出困境。因此，危机之后美国提出了"再工业化"的口号，正在强势回归、大力发展实体经济。本质是要重塑美国制造业竞争优势，继续保持全球经济强权。

目前，物质资料的生产是确保中国完成工业化，实现转型升级的重要载体，发展金融市场不能以实体经济出现"空心化"为代价。而实体经济的"空心化"会导致一国经济逐渐失去造血能力，进而导致国家的衰落。坚持不懈地发展以制造业为核心的实体经济才是保持国家竞争力和经济可持续发展的基石。

②小企业融资难问题恶化。尽管近年来我国货币供应量逐年走高，但是企业资金紧张状况并没有得到有效缓解，融资难仍是企业的普遍感受。根本原因在于金融业过度发展所导致的金融体系与实体经济之间的关系日益扭曲，具体表现为大量流动在金融系统内空转，而实体经济的融资成本却居高不下。除少数国有大型企业凭借体制优势获得优惠贷款外，其他以制造业为主的多数中小企业只能接受银行提出的远高于正常利息的苛刻贷款条件或者向融资成本更高的"影子银行"筹措发展所需的资金。这充分说明了我国流入实体经济的信贷资金严重不足，并且给我国实体经济的重要组成部分——中小企业造成了严重的影响。

2. 资金空转进一步加剧

（1）资金空转的实质。另一个导致实体经济得不到足够资金支持的是资金的空转现象，货币供应量和信贷规模的大幅度增长、社会融资总量的持续扩张与实体经济的不景气严重背离，表明大量资金循环于金融机构之间，在金融体系内部空转，并没有进入实体经济。一般而言，以银行为代表的金融机构汇集小额资金，形成货币资本，将其贷出，借款者要么将货币资本直接用于生产流通领域，要么将货币资金用于消费，最终流向销售商或生产商，间接用在了生产或流通领域。但无论如何，货币资本都经过了实体经济这一环节转化为产业资本，最终又以增值的货币资本回流到金融体系，而资金空转却不然。在资金空转中，资金交易只发生于银行间市场或金融机构之间，在金融业务间来回而不进入实体经济，但它始终只是以货币资本的形态在金融内部循环，并没有转化为生产资本或商品资本，也就不可能实现价值增值。因此，所谓资金空转是指货币资金不经过产业过程，从出发点又回到出发点，这是普遍理解的资金空转，可以称为资金空转的第一种形式。即使货币资本最终转化为产业资本，但如果其转化的链条大大拉长，从银行到信托公司，再从信托公司到小额贷款公司，从小额贷款公司再到地下高利贷钱庄，最后才注入民营企业，中间要经历多个环节，而不像过去那样，资金直接从银行流向了实体经济。那么，在资金由金融流向实体经济的过程中，所需的时间更长，在任一时点上滞留于金融体系的货币资金的规模也更大。这可以理解为资金空转的第二种形式。因此，狭义的资金空转仅指第一种形式，而广义的资金空转涵盖了这两种形式。狭义的资金空转游离于实体经济之外，对经济增长不仅毫无积极意义，甚至还有破坏作用。而第二种资金的空转形式使得一部分中小企业的融资成本大大增加，这将不利于其自身的发展。

（2）资金空转的危害。资金在金融行业内部空转不流入实体经济，这不仅导致实体经济得不到足够的资金支持，给实体经济造成重要负面影响，同时这也将大大增加整个经济的系统性风险。资金空转造成的一个重要影响即是同业资产的迅速扩张。中国金融系统脆弱性正在上升，其中一个很重要的原因是金融同业资产扩张过快，同业资产和同业负债链式扩张导致金融体系内部杠杆提升，系统性风险系数上升。

同业资产扩张路径在债券市场的一个链条就是，银行自营或银行理财在吸收负债之后投向下游货币基金或非银机构的委外，货币基金和委外再买入银行同业存单，形成银行同业负债，银行再以此负债去购买金融资产。负债—资产—负债螺旋导致杠杆率攀升，金融机构的资产规模也因此上升。存款性金融机构对金融同业新增债权—负债差自 2013 年以来持续维持在 3 万亿~4 万亿元，即同业资产扩张快于同业负债，同业资产的扩张需要消耗商业银行的其他负债。但是随着居民和企业杠杆率的攀升，金融机构其他负债来源趋于紧张。

居民和企业杠杆倍数提升对金融机构直观冲击是存款性新增居民债权—负债缺口即将转正，金融机构对企业资产—负债正缺口扩大，企业融资扩张过快，需要其他渠道补充负债。

与此同时，财政赤字扩张和债务置换使得存款性金融机构对政府债权—负债新增正缺口快速上涨。居民、企业和政府的杠杆导致金融机构资产规模快速扩张，新增债权与负债的缺口越来越大。金融机构要么依赖于来自人民银行的负债，要么依赖于表外负债，如理财。

（三）信贷结构失衡对资产价格的影响

此前的论述已经指出，随着金融部门的不断壮大，信贷资金会逐渐地从支持非金融企业生产经营转向促进金融资产及房地产交易，这种信贷资产结构的变化将推动资产价格迅速上升。信贷规模与资产泡沫之间有可能因此出现相互促进、相互增强的情况，并最终导致信贷资金不因经济基本面变化而有所改变，而是受其自身规模变化影响更甚。因此，信贷结构的失衡不仅是传统金融发展理论失效的重要原因，也可能是造成金融过度发展的关键因素。第一，分析由于过多资金涌入房地产市场导致房地产企业杠杆率过高以及日益增加的居民住房抵押贷款和首付贷导致居民杠杆率激增，从供给和需求两方面导致房地产市场泡沫激增。通过日本房地产泡沫破灭事件简析房地产泡沫过高给经济带来的隐性危害。第二，分析一些信贷通过各种方式涌入股票市场以及场外配资渠道带来更多的资金流入股票市场，导致股票市场泡沫不断增加，分析 2015 年的股市暴跌来反思股票泡沫激增给整个经济带来的危害。

1. 大量贷款涌入房地产市场加速房地产泡沫的生成与破灭。房地产行业的发展与金融支持密不可分，信贷结构失衡使得房地产企业以及居民杠杆率激增，导致房地产泡沫激增。新增房地产贷款在 2008 年前后经过一个短暂的波谷之后，开始逐步增加，至 2014 年已达 3.49 万亿元，而同一时期的新增贷款总额也才不过 9.78 万亿元，可见有超过三分之一的新增贷款都流入了与房地产相关的行业。这种信贷结构的失衡直接导致了住房价格的飙升，北京、上海商品房平均售价分别从 2001 年的 5 062 元/平方米、3 666 元/平方米，跃升至 2017 年的 59 579 元/平方米和 60 762 元/平方米，增幅分别达到了 1 176.99% 和 1 200.36%，而与住房相关的支出已经日益成为广大居民最重要的开销去向。

（1）房地产企业杠杆过高导致泡沫激增。就房企来说，如果杠杆适度有利于房企发展，进行产业扩张，利于盈利，然而，一旦杠杆率超过一定限度，导致过快债务增长，瞬间增加的还债压力会反过来不利企业的发展。在房地产开发资金的来源里，占比重最大的就是国内贷款、自筹资金和其他资金这三个内容。国家统计局数据显示，截至 2017 年末，房企开发资金累计接近 15 万亿元，是进入 2006 年以来逐步攀升到达的最高位置。国内贷款在同年 2 月是 4 471.47 亿元，12 月是 21 512 亿元，具有 5 倍的增长；房企自筹资金在同年 2 月是 8 332.57 亿元，12 月是 49 133 亿元，具有超过 6 倍的增长。以表外融资为主的其他资金从同年 2 月的 8 572.82 亿元，增长到 12 月的 73 428 亿元，具有超过 10 倍的增长。该结构中，房企开发资金中的资金很大程度上要依赖于银行体系，比例大概在 66%，这一数字远远超过国际对该指标的平均水平 40%。

房企自筹资金和表外融资的增长幅度都大大超过国内贷款增长，可知房企是在利用各类渠道进行"加杠杆"扩张。一方面，房企把资金杠杆用至极限，部分房企"一般只要有 10% 的土地资金，余下款项采用融资方式付清"，甚至买地保证金自己也不用支付，而是通过融资进行；另一方面，房企对资金压力持有乐观状态，认为销售回款便可支持融资成本。由于国内房企资产负债率过高过快地增长，过度依赖于银行融资，由此产生不断累积的财务风险。根据统计，在近 15 年内，国内房地产行业资产负债率一路增加，从最初的 52% 持续增长至现如今的 77%。房企高杠杆融资具有潜在的风险，即当房价下跌或销售回款速度赶不上还款进度之后，其资金链条就会迅速断裂，风险就会一触即发。银行或其他金融机构是房企的主要出借资金者，当房企资金链条断裂，风险会立即出现。金融风险具有传染性、连锁性，可能会致使系统性金融风险引爆。

金融业与房地产业息息相关，可以说是互惠互利、共同发展、共存共荣的关系。一方面，房地产属于资金密集型行业，需要消耗大量的资金，在发展的各个环节，都需要大量资金及金融信贷业务的支撑。另一方面，房地产市场的繁荣，需要大量的银行业贷款，其直接促进了银行贷款融资项目的快速发展，间接促进了金融机构的快速成长和金融市场的繁荣。

由于房地产业投入巨大、价值较高的特性，房地产业一直与银行业紧密相连，关系十分密切。各大上市银行最新披露的数据显示，包含个人住房抵押贷款和开发贷款的房地产贷款占据其贷款总额的近30%，房地产业贷款业务已经成为各银行的重头业务。还有资料显示，房企的项目投入中会有25%左右的银行贷款资金；建筑公司对项目垫付的总投入在35%左右，其中很大一部分也是在银行贷款融资的；购房者个体在购买房子的时候也会向银行申请个人住房抵押，进行购房贷款活动。上述进行累加，整个房地产项目中有超过60%的资金来自各大银行，这些资金的往来使其与银行的关系非常紧密，不可分割，因此，银行承担着巨大的风险。

（2）居民杠杆率过高

①居民住房抵押贷款数量攀升。2013年以来的房价呈现出快速上涨的态势，这跟居民杠杆的快速上升有着千丝万缕的重要联系。仅仅在2015年中，个人住房贷款就开始快速增长，新增贷款达到2.67万亿元，差不多占全年住宅销售额的三分之一（37%），跟2013年（25%）甚至跟2014年（28%）相比，都有很大幅度的提高。

首付比例的下降是居民加杠杆的重要原因。2014年，"930新政"出台，首套房首付比例被调整，从30%下调到25%。2016年2月3日，首套房与二套房首付比例都受到了一定的调整，首套跟第二套首付比例分别调至20%和30%。

由于国家有优惠政策的支持，实行较为宽松的货币政策，以北京为代表的一些一线城市充分利用了杠杆进行购买房产。相关数据显示，2017年全年，北京银行业新发放个人住房贷款0.34万亿元，增长接近2.1倍。北京市按揭平均成数远远地高于"北上广"这三个一线的城市，在2015年12月贷款成数竟然达到了65%，与70%的最高贷款成数限制相差无几。

②首付贷问题进一步抬高居民杠杆率。居民住房贷款不仅包括正规渠道的住房抵押贷款，居民加杠杆还存在另一个渠道：首付贷等场外方式。首付贷最高可以贷到房屋总价的20%。即算上人民银行规定的30%首付，居民杠杆一度超过10倍，投资者投资了最低的1 000元，便能具有购房资格参与购房，按比例来分享收益，这种高杠杆存在较大的金融风险。

顾名思义，"首付贷"是指购房者用借贷来的资金支付购房首付款。正常情况下，购房支付模式为"首付（自有资金）＋按揭（金融机构资金）"，而在"首付贷"模式下则为首付（自有资金＋杠杆资金1）＋按揭（杠杆资金2），其中"杠杆资金1"是来源于金融机构的资金，"杠杆资金2"来源于机构或不确定的个人资金。而近期引人关注的"首付贷"，则一般专指部分互联网 P2P 平台或部分中介机构及房产商自行开展的金融业务，为有购房需求却不能支付首付款的购房者提供短期性的融资服务。但从本质上讲，"首付贷"与套取银行贷款支付购房首付以及将民间借贷资金用于支付首付款的传统首付融资模式没有大的不同，只不过大多通过互联网平台进行，资金来源和客户分散且不确定，因此我们以下所讨论的"首付贷"，是指所有用于支付购房首付的融资行为。一是首付款来自非银行机构，如互联网 P2P 平台、房产中介、房地产开发商、小贷公司等机构专门针对购房人首付款需求推出的场外融资产品，期限较短，但利率往往较高。二是首付款直接或间接来自银行机构，如购房者以个人综合消费抵押贷款、个人信用贷款、信用卡透支等名义融资作为购房首付款。三是首付款来自亲朋好友等"熟人圈"。显而易见，"首付贷"使得融资购房的杠杆率大大提高。比如，按照首套房首付最低 20% 计算，购房杠杆率为 5 倍；而"首付贷"金额往往可以达到首付款的 95%，因此实际首付仅为 5%，购房杠杆率将放大到 20 倍。再算月供情况：如房屋价值 100 万元，首付 30 万元全部采用一年期首付贷，利息总额 20 174.61 元，则每月还贷金额高达 26 681.22 元（等额本息）；而余下 70 万元按揭贷款按 30 年计，每月月供仅 3 715.09 元；两项相加，每月还本付息压力超过 3 万元。可见，使用"首付贷"的购房者除银行按揭贷款的月供压力外，还需在较短年限内归还"首付贷"本息（目前国内首付贷期限一般不超 5 年）。更重要的是，在"首付贷"模式下，购房者投入自有资金极少（甚至不乏"空手套白狼"者），只要房价上升带来的收益覆盖不了融资成本，就会存在弃房逃贷的道德风险，违约可能性非常大。不少"首付贷"通过互联网载体进行运作，更难以甄别客户的信用情况和偿还能力，而且一旦出现大面积违约，风险的波及面也远远大于传统融资方式。

其中提供"首付贷"的机构虽然是非银机构，但是"首付贷"与银行还是存在千丝万缕的关系，首先是很多"首付贷"的资金来源就是银行的理财产品。"首付贷"机构通过向银行缴存相应数量的保证金便可以将"首付贷"与银行理财产品对接起来。且很多中介采取阴阳合同等违法手段套取银行资金，这些都将导致严重后果。"首付贷"问题加剧了整个房地产市场的泡沫，由此带来的危害包括：首先，"首付贷"驱使部分收入较低或不稳定的人群涉足住房融资，在通过"首付贷"获取对银行一成甚至零首付的同时，他们的杠杆率也升至 10 倍、20 倍甚至更高；而且这部分人群既要承担对银行的月供成本，还要偿还"首付贷"的本息，一旦发生失业或者收入减少，无法偿还本金和利息，其所持贷款就极容易变成"次级贷"。其次，"首付贷"将投机炒房人群吸引了进来，使得他们能用少量资金或者不用任何资金就可在房地产市场左右腾挪，在吹大房价泡沫的同时从中获利。然而，投资人利用"首付贷"是建立在未来房价不断上涨的预期之上的，但若房价的上涨突破理性极限而掉头下行，投资人，特别是后来的接棒者不是血本无归，便是负债累累。最后是带给银行的风险。表面上看来，"首付贷"所产生的利益或法律关系存在于购房人与平台机构之间，但追根溯源可以发现，任何一个平台的供给资金最终都与银行有着千丝万缕的联系。尤其是银行理财产品，构成了平台后端所对接的最广泛的资金阵容。在这里，中介平台往往通过与银行签署协定的方式，在缴纳了一定的保证金后，将银行理财资金对接到"首付贷"项目上。在这种情况下，一旦平台上出现购房人违约，风险虽然是直接传导到理财产品的购买者身上，但银行由于对购买人负有赔偿责任，最终的风险还是会转嫁给银行。

（3）房价泡沫的严重后果。过度金融化使得家庭在房地产上的负债水平超过了家庭负担能力。在金融化的自我强化机制中，过度金融化不断增加家庭借贷来刺激房价，造成了家庭借贷水平不断提高。不断增加的借贷使家庭偿债义务不断增加，但收入差距却在不断扩大。当家庭偿还义务普遍超过了低收入家庭的可用收入时，有关房地产的债务违约就会大面积爆发。而一旦债务违约爆发，过度金融化通过借贷维持消费的机制就会遭到破坏；同时，在金融资产收益水平降低及房地产相对价格降低的情况下，债务违约情况就会更加严重；并且，普遍债务违约的出现也会进一步降低金融资产收益水平以及资产相对价格，带来金融资产贬值和债务违约的恶性循环。

20 世纪 80 年代，日本开始全面推行金融自由化，外汇市场的各种限制逐渐被解除，"广场协定"签订以后，美元对日元的汇率在不到一年内就从 1:240 下跌到 1:120。面对对外贸易的巨大压力，日本政府采取了比较激进的措施以刺激内需，而宽松的货币政策就是这些措施的典型体现。80 年代中后期，日本央行连续五次降息，法定贴现率从 5% 一度下降到 2.5%，大量资金开始流向资本市场。与此同时，日本政府还进一步放松了对于房地产行业的限制，并通过立法、行政命令以及各种税收优惠鼓励不动产方面的投资。另外，日本银行在进行贷款时还存在片面强调土地担保这一传统，因此，在这一阶段日本逐渐形成了房地产投资增加—土地价格上升—抵押品价值增加—贷款增加—房地产投资增加这一螺旋式上升的土地增值过程。

这一金融自由化、市场化的过程貌似给日本创造了巨大的财富，实则却为金融过度发展埋下隐患。一方面，大量本应支持实体经济发展的资金从信贷市场中脱离出来转型资本市场以谋求更多的资本利得；另一方面，信贷资金对房地产行业的支持，又严重冲击着原有的信贷结构。信贷资金流向的改变加剧了产业失衡，而土地价格的飙升又进一步弱化了土地担保的风险防范功能。日本在享受金融泡沫的过程中，却在金融过度发展的道路上越走越远。

1989 年 12 月，日经 225 指数已经从 1985 年的 10 000 点上涨到最高得 38 916 点，相应的日本股票的全部市值达到了 4 兆亿元，相当于美国股票市场总价值的 1.5 倍。而日本的地价更是高得离谱，仅东京都的地价就相当于美国全国的总地价。意识到这种严重的资产泡沫，日本央行又采用比较激进的措施将法定贴现率从 2.5% 提升至 6%，然而为时已晚，日本金融过度发展这一症状已经"病入膏肓"，必须以金融危机的方式才能得到根本扭转，这一措施的直接后果就是资产泡沫的迅速破裂。不到一年的时间，日经 225 指数就从顶点跌至 20 222 点，房地产价格也经历了相似的下跌。由于房地产是日本银行信贷资产中最重要的抵押品，房地产价格的下跌直接导致了几乎所有行业的信贷量都出现较大规模的萎缩。许多银行的坏账水平直线飙升，债务积压严重侵蚀了其资产质量。日本长期信用银行、日本债券信用银行以及北海道拓殖银行相继倒闭。日本银行业因此元气大伤，经济增长也受到巨大打击，GDP 增长水平从 20 世纪 80 年代的年均 4% 下挫至 1%。

2. 股票泡沫激增给经济带来的危害。由于交易支持类贷款数量的不断增加，其中一部分贷款通过机构的各种投机行为流入了股票市场导致股票市场的泡沫激增，多样的配资渠道也加剧了泡沫激增，这背后隐藏着巨大的威胁，即当泡沫破灭时，对整个股市、整个金融行业甚至整个经济体都会带来巨大的危害。

（1）信贷资金推高股市泡沫。股市泡沫是资产价格泡沫的一个重要组成部分，是指股票价格高于其内在价值的现象。股市泡沫通常被分为理性泡沫与非理性泡沫。前者是指股价包含着理性泡沫的成分，即基于理性预期和理性行为的泡沫；后者是指由投资者非理性行为如过度投机、过度自信所导致的泡沫。有人将泡沫分为常态泡沫和非常态泡沫，常态泡沫是活跃股市所必需的，非常态泡沫是指系统的金融风险以及推波助澜的市场狂热。

大量资金涌入股票市场带来的往往是非理性的泡沫、非常态的泡沫。这样的泡沫往往是股灾的加速器。

在我国，信贷资金直接进入股市是明令禁止的。但一般来讲，企业和个人可以通过一定迂回的路径将贷款资金转移到股票市场。企业流入股票市场的资金大体可分为 6 种方式：①企业直接挪用流动资金贷款炒股。②部分企业通过与银行、证券公司达成某种协议，即企业向银行贷款，证券公司担保，企业将信贷资金转到证券公司炒股，盈利分成。③企业并购、上市或者增发配股过程中，银行向企业提供的"过桥"贷款，企业将贷款投入股市。④企业通过高管人员名义间接入市。往往先以企业高管人员的名义在当地或异地注册若干关联公司。在关联公司名下，以自然人名义开立资金账户和股票账户。通过资金在多家子公司之间汇进、汇出的串账方式，将信贷资金间接转至关联公司及自然人名下账户，再转入证券公司进入股市。⑤企业将自有资金用于股票。⑥借助"票据业务"曲线入市。往往先在一个银行签发银行承兑汇票到其他银行贴现，贴现资金再转到另一金融机构资金账上，然后再将资金划入证券公司。大量的信贷资金涌入股市将不断推高股票价格，股票市场泡沫将不断累积。

（2）高杠杆加速泡沫破灭。另一个渠道使得大量资金涌入股市就是存在大量的配资模式，这种模式不断提高机构以及个人投资者的杠杆率。首先，配资就是提高投资者杠杆率的一个重要方式。中国 A 股的场内场外配资市场一直存在，随着牛市行情到来，股市不断被看好，配资业务的开展迎来高峰，配资渠道和方式逐渐丰富。配资资金就其根源很大一部分来自金融机构的贷款资金。

配资即按照比例配备资金。比如，投资者出资 1 万元，配资方以收取利息费和交易手续费为报酬，给予投资者 15 倍不等的资金进行交易，更有甚者按 10 倍配资。这样一来投入股市的资金增多，但风险和交易成本也随之放大，在牛市中日进斗金的账户比比皆是，然而一次暴跌就会倒亏很多。配资方为不伤及本金及时通知配资者补足保证金，交易者若无法按时补足资金而被强制平仓，损失惨重甚至血本无归。这样一来，杠杆融资盘过大加大了股票市场的流动性风险，一旦去杠杆，后果不堪设想。

表 3 - 3 是主要的一些配资模式，通过分析不难看出其最终的资金大部分还是来自银行。

表 3 - 3   不同的 5 种配资渠道

配资场所	场内	场外			
配资渠道	融资融券	股票收益互换		单账户结构化	伞形信托	民间配资
业务开展时间	2010 年 3 月	2012 年底		2010 年	2009 年	2014 年
配资渠道	证券公司	证券公司	证券公司	证券公司 信托公司 基金子公司	信托公司	配资公司
融资方	个人为主	私募机构	高管股东 与关联方	私募机构 资产管理机构	私募机构 散户大户	个人
期限	最长 6 个月	1 年	12 + 6 或 36 + 6 个月	1 年或 12 + 6 或 36 + 6 个月	6 个月或 12 个月	一般为 1 ~ 3 个月
杠杆	1:2	—			1:2.5	1:5
融资成本	8.5%	8% ~ 9%	8% ~ 9%	7% ~ 8%	9% ~ 10%	15% ~ 18%
配资资金来源	自营资金：债务资金			银行理财 资金	银行理财 资金	配资公司 股东银行 理财资金 P2P 产品 募集资金
账户实名	是	是	是	是	否	否
2015 年暴跌前 融资规模	2.27 万亿元	4 121.99 亿元	—	—	1.8 万亿元	接近 1 万亿元

第一种，证券公司开展的融资融券业务杠杆比例较低，进入门槛为开户时间不少于 18 个月、资金 50 万元。在此次 2015 年股市异动中，两融余额从 4 000 亿元增至 2.27 万亿元，创造了两融最高余额纪录，同期上证综指上涨 1.5 倍。其后股市暴跌，两融余额在 13 个交易日内快速下跌，下跌超过 8 000 亿元；7 月 8 日，单日创最大跌幅达 10.88%，累计跌幅达到 36.7%，市场悲观情绪严重。并且，融资、融券余额发展极其不平衡，融资规模增速远远大于融券余额增速，2015 年初至 6 月 18 日，融资、融券余额比为 216.55，在股市缺乏避险金融工具时，造成股市单边上扬的概率明显很大。股市中存在如此大规模的杠杆资金，一旦股市发生异动，致使去杠杆成为必须，将会对股票市场流动性造成巨大的冲击。

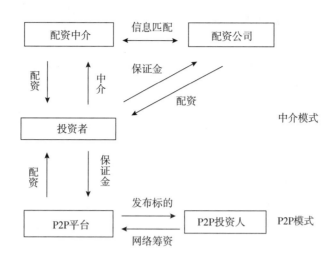

图 3 - 2　两种配资方式

第二种配资方式为互联网平台模式的配资渠道，互联网及民间配资的配资方通常为个人，进入门槛最低，杠杆比例和融资成本是配资渠道中最高的，杠杆比例为 1∶5，有的甚至达到 10 倍。其资金来源除了自有资金以外，有的配资平台通过其他渠道得到银行理财资金；有的在 P2P 平台进行资金募集。截至 2015 年 7 月底，互联网及民间配资资金在 2 000 亿~3 000 亿元。

此外，分级基金与传统配资业务也存在一定的相似之处，是一种带杠杆的理财产品，由基金管理公司发起，机构、个人和合格境外投资者申购。通过事先约定风险与收益分配，分为 A 类和 B 类基金，其中 B 类基金风险和收益较高，实质上为 B 类基金持有人向 A 类基金持有人进行杠杆融资。分级 A 类基金的资金成本为 6%~8%。2015 年 6 月 26 日，分级 B 类基金的平均资金成本为 7.7%，杠杆平均为 1.9。由于配资业务中一半以上都是出自投资者自有资金之外的配备资金，大大满足了急需资金的投资者，这就需要找到一个配备资金的渠道，以上每一配资渠道的杠杆比例和融资成本等要素均有所差别，这恰好给不同需求的投资者提供了便利，但这同样给证券市场带来不少的问题。

第一，市场中各类投资计划进行的资金筹集模式和场外融资活动缺乏统一的行为监管，特别是兴起的民间配资，杠杆比例极高，风险极大。

第二，杠杆资金规模过大容易造成投机泡沫，一旦股市下跌幅度比较大，容易造成投资者恐慌心理，强制平仓机制致使杠杆资金集中抛售导致股市加速下跌，如此形成恶性循环。或是加大对场外配资的监管、提高保证金比例及筹资成本增大等因素致使配资者不得不从股市中撤离杠杆资金致使的流动性趋紧，同样会导致股市形成下跌趋势。

第三，大量互联网和民间配资没有遵守证券市场配资业务的账户实名制规则，这样使得盲目跟风的投资者风险承受能力与其较高的配资杠杆极其不匹配，甚至铤而走险，违规操作，加大了监管责任和范围，扰乱了股市正常秩序。股市暴跌之前，A 股市场杠杆融资规模最高峰有 5 万亿元左右，其中包括占比较高的两融业务，规模达 2.27 万亿元，在股市上涨期间兴起的民间配资规模接近 1 万亿元，融资盘规模占股市暴跌前 A 股总市值的 7.2%。

（3）大量贷款涌入股票市场的危害。本文以 2015 年股灾为例研究该问题。在 2015 年股市暴涨期间，证券监管机构对股市存在高杠杆资金表示担忧，6 月 15 日，证监会发出通告，要求券商暂停并开始清理场外配资业务，这直接成为这次股灾事件的导火线。清理场外配资，使得高杠杆资金恐慌式集中平仓，股市流动性瞬间丧失。股市暴跌伴随的则是千股跌停，很多股票卖不出去，保证金也无法及时补足而必须强制平仓，加快股市下跌，形成恶性循环。

受房地产行业和人民币升值影响，2015 年上半年，"投资、消费和出口"三大需求均出现不同程度的回落，经济下行压力犹存，GDP 增速依旧在 7% 左右徘徊，年底增速降至 6.8%。经济不景气带来金融需求不足，导致金融体系流动性过剩。自 2013 年，受宏观经济的影响，实体企业融资难、融资成本高。2014 年底，政府推出宽松的货币政策来刺激经济，但市场融资环境并未得到有效改善，2015 年年度报告显示，中国工业景气指数第三季度比第二季度下跌 0.5 个点，为 92.3，直至年底，四个季度均低于 100 点。资金未得到有效合理的利用，金融体系流动性过剩，从而导致股市的非理性繁荣。中国 A 股的场内场外配资市场一直存在，随着牛市行情到来，股市不断被看好，配资业务的开展迎来高峰，配资渠道和方式逐渐丰富。

2014 年 7 月，中国股市启动第一轮上涨行情，在不到半年时间内，上证综指上涨 66%。虽然历经短暂调整，但经过舆论媒体对包括"产业转型""预期重组"等利好的大肆渲染，推动大量资金蜂拥而至，投资热情高涨的市场参与者通过各种渠道配备杠杆资金跟进，继续推高股指，上证综指达到 5 178.19 高点，不少个股在短短几个月内实现股价倍数增长。

从表 3-4 沪深股市相关指数中可以看出，四大指数在不到一年内分别上涨 153%、150%、189% 和 168%，平均涨幅 1.65 倍。股市平均市盈率于 6 月达到高峰。A 股市场上市公司的平均市盈率为 51 倍（除去银行、石油石化），创业板为 142 倍，价格严重偏离了股票的价值中枢。

表 3-4　　　　　　　　　2015 年股票指数较 2014 年指数变化百分比

指数/日期	2014-07-01	2015 年最高点	涨幅	2015-07-08	跌幅
上证综指	2 050.38	5 178.19	153%	3 507.19	32%
深证综指	7 277.41	18 211.76	150%	10 850.38	40%
创业板	1 398.15	4 037.96	189%	2 304.76	43%
中小板	4 784.65	12 804.30	168%	7 242.35	43%
沪深 300	2 157.13	5 380.43	149%	3 612.25	33%

关于 2015 年的股灾，通过上文对股票市场大量资金的来源——交易性贷款，这些资金通过各种方式大量涌入股票市场，导致股价泡沫激增，以致最后股灾的发生。目前，我

国金融"脱实向虚"问题严重，过度金融化的问题可能将再次导致大量的资金涌入股市，造成严重的后果。

（四）金融杠杆对系统性风险的影响机制

杠杆倍数的扩大增加了金融系统的不稳定性。2008 年美国金融危机的爆发就是因为金融机构杠杆的增加，对不稳定的货币市场基金过度依赖所造成的。当市场出现恐慌时，挤兑现象导致金融机构被迫抛售资产，资产价格进一步下跌，最终造成整个金融体系的崩溃。该部分首先介绍一些经典的金融学理论来分析杠杆倍数增加带来的系统性风险，其次会具体分析杠杆率对系统性风险的影响机制和渠道。

1. 相关经典理论

（1）金融脆弱性理论。金融脆弱性理论主要从金融系统内部的不稳定性因素的角度出发，分析其可能引发的金融危机。Minsky（1975）最早开始系统性地研究金融脆弱性，他认为系统性风险主要是由于金融体系内部脆弱性所导致的。银行等金融机构由于过度信贷或投资，带来了泡沫，潜在风险开始累积，当泡沫持续扩大至无法支撑时，就会导致资产负债的恶化，从而引发金融危机。2017 年 10 月 19 日，中国人民银行行长周小川在党的十九大会议上提出中国要重点防止"明斯基时刻"（Minsky Moment）的出现，而"明斯基时刻"这一理论也是由美国经济学家 Hyman Minsky 所提出的。他的观点是经济在长期稳定或上行的时期，投资者和金融机构倾向于承担更大的风险，从而导致债务和杠杆倍数不断增加，在此过程中金融风险会不断积累，一旦这种风险超过了某一平衡点，即资产的收益无法偿付债务时，市场出于恐慌会抛售资产导致资产价格螺旋式下跌，金融系统则会爆发危机并陷入漫长的去杠杆周期。这一时刻即被称为"明斯基时刻"。

金融体系脆弱性产生的原因主要有以下三个方面：一是对利润最大化的追求会使人们更加贪婪，即便经历过危机的人也会在经济利益的刺激下变得盲目乐观，导致其在经济向好时过度信贷或投资，引发下一次金融危机。二是在短期内，由于信息不对称导致经济人无法根据长期信息作出决策，短期良好的经济状况和利润会使金融机构做出非理性的行为，如为抢占市场而盲目扩张业务，忽视金融风险。三是银行自身的脆弱性是造成金融系统不稳定的重要因素。Kaufman（1996）认为银行的杠杆倍数过高、现金资产过低以及债务期限的不匹配是造成银行体系脆弱性的主要原因。Martin Sulllner（2003）认为银行是金融系统中风险最大的部门，其资产负债容易出现期限错配的情况，加上信贷业务的顺周期性，使得银行资产负债表在经济状况良好时快速扩张，期限错配严重，而在经济下行时开始缩表，这给实体经济带来了较大的影响。

（2）共同风险暴露。共同风险暴露可以解释银行系统性风险生成和传染的原因。对于该理论的解释目前学术界主要分为两类，即银行受宏观经济或资产价格波动的共同冲击引起整个体系风险暴露以及银行之间的同质性或趋同性引起的风险传染。本文不对这两种解释进行严格区分，而认为二者是统一的，生成与传染的根本原因即银行之间的共同风险所导致。正是由于银行间的业务模式、资产持有、分散风险的手段具有趋同性，故造成在面

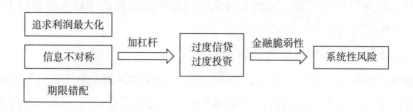

图 3-3 金融脆弱性解释杠杆率对系统性风险的影响

临外部不利冲击时，所有银行都会遭受损失。同时也因为这种趋同性使得银行之间的资产负债关系、债权债务关系、资金流动、信息等联系更为紧密，一旦某一银行发生个体风险，便通过以上渠道在银行系统内传染开来。

商业银行的共同风险暴露即是由业务模式、资产持有、风险分散手段的趋同性所形成的。从业务模式来看，我国商业银行的业务具有高度同质性，传统存贷业务受宏观经济影响存在共同风险，而表外业务也互相交织，隐藏了共同的风险点；从资产持有来看，银行在不同的经济周期对资产配置的偏好相同，导致风险敞口高度一致，资产收益率相关性较高，一旦受到资产价格影响，容易发生大规模损失，并通过同业业务和资产进行传染；从分散风险的方式来看，银行通过资产多样化分散风险，但从整个银行体系的资产来看，则更加重叠化和同质化，银行体系的风险分散能力大大降低。

我国银行体系在加杠杆的过程主要通过影子银行进行，资金来源于银行间市场，资金投向到同业产品中，这种同质性的行为加大了共同风险暴露，使银行在遭受外部不利冲击时同时抛售金融资产，从而造成市场流动性紧缩，提高抛售成本、资产价格进一步下跌。最终的结果是债权方银行陷入困境，冲击带来的不利影响进一步放大，风险和损失在银行系统内传染开来，银行系统的稳定性下降。

图 3-4 共同风险暴露解释杠杆率对系统性风险的影响

2. 影响机制分析。供给学派认为金融机构的系统性风险源于资产价格泡沫和长期高负债经营。而货币主义学派的危机理论，认为银行的高杠杆在意外事件的诱发下会形成系统性风险。总结传统的理论研究和之前学者的实证研究，一般认为银行的财务杠杆越大，财务风险越高，金融系统的脆弱性加深，当受到不利影响时，发生的损失越大，对系统性风险的贡献也越大。本文将对银行杠杆率水平对系统性风险的影响机制进行分析，具体如下所述：

银行等金融机构一般都具有负债经营的特点，即为实现更高的利润收入，银行会通过提高杠杆倍数（降低杠杆率）让自己只需少量的自有资金以达到较大的资产规模，从而争取更多的利润空间。这种负债经营的特征造成了金融系统中的金融机构在面临不利影响或发生损失时，自身的抗风险能力较低或无法承担损失，因为有限的自有资金不足以覆盖风险。而金融机构的债权人在风险发生时也不能得到债务的偿付，风险便通过债权债务关系传染开来，最终造成系统性风险。

杠杆率对系统性风险的影响渠道主要有以下三类：

（1）表外资产渠道导致系统性风险更加隐蔽。我国商业银行在加杠杆追求高收益的同时，还面临着金融监管的约束，为满足资本充足率、杠杆率监管等要求，商业银行的加杠杆行为只能通过影子银行的方式进行，将表内业务转移至表外。比如商业银行的信贷资产证券化，将长期信贷资产打包作为"资产池"来发行证券出售，达到表内资产转移至表外的目的。这样银行的资本比率不变，资本充足率和杠杆率都提高了，不仅满足了监管要求，而且提高了信贷额度和业务规模，获得更高的利润。但由于表外资产被打包隐藏，不能较好地被金融监管机构监测，故而部分风险更加隐蔽，银行系统的风险潜在增加。

（2）流动性渠道加剧系统性风险。商业银行的高杠杆经营需要更多的资金来支持其流动性需求，而在当前国内的宏观经济形势下，商业银行依靠储蓄吸收资金的能力逐渐下降，无法满足流动性需求，因此只能更多地依靠同业市场。最终导致的结果是一方面银行的流动性风险增大，另一方面同业市场联系更加紧密，共同风险暴露更多。当市场流动性紧缩时，银行就会出现流动性危机，其他银行会调高同业拆借利率、信贷压缩、资产价格进一步降低，最终加剧了市场流动性供应不足的问题，以此带来整个金融系统的流动性风险，进一步导致系统性风险的增大。

（3）债权债务关系渠道导致系统性风险溢出。商业银行的经营特点是净资产较少，利用杠杆来扩大资产规模，而这些本身较少的净资产中还包括了一些次级或三级资产，比如银行信贷资产中的不良贷款等。这些资产在危机发生时会迅速贬值，基本没有抗风险的能力。同时由于影子银行的存在，银行的实际杠杆倍数比财务杠杆要大很多。当面临外部冲击时，银行的高杠杆行为导致其无法完全覆盖风险，于是未覆盖的风险或损失就会溢出至银行的债权人、投资者，而债权人又通过其他债权债务关系转移风险，最终导致银行的系统性金融风险，甚至溢出到实体经济，危机范围进一步扩大。

综上所述，银行杠杆率主要通过三个渠道影响系统性风险：第一，商业银行为同时满足自身收益的追求和监管的要求，通过影子银行业务进行加杠杆，杠杆率通过表外资产渠道积累了风险；第二，商业银行的加杠杆行为需要更多的流动性支持，通过流动性渠道增加了流动性风险，放大了系统性风险；第三，商业银行杠杆经营带来的债权债务关系，导致风险在金融系统内部传染甚至溢出到实体经济。在系统性风险生成、传染、放大的过程中，杠杆率都产生了一定影响。通过理论分析，本文认为，银行的杠杆倍数越大（杠杆率越低），银行的系统性风险贡献度越大。后文将通过实证研究来证明这一观点。

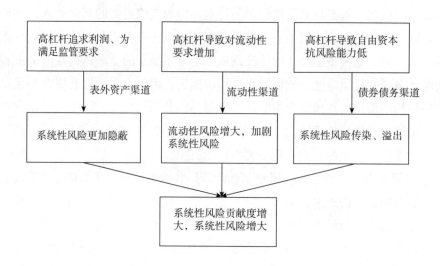

图 3 - 5　杠杆率对系统性风险的影响渠道

3. 同业杠杆对系统性风险的影响。根据文献综述和以上理论分析可知，金融杠杆具有结构化和系统性的特点，而我国金融高杠杆的形成主要源于同业业务的发展，因此本部分专门从同业杠杆的角度来分析其对系统性风险的影响。本文提到的"同业杠杆"是指金融机构的同业业务扩张带来的杠杆。

同业业务是指商业银行等金融机构之间进行的资金融通业务，传统的同业业务一般包括同业存放、同业拆借和回购返售业务。同业业务带来的杠杆主要从三个方面影响系统性风险。

（1）同业杠杆导致债券市场风险增加。商业银行通过发行同业存单和同业理财来获得资金，即同业负债，再以委外投资的方式将资金投到债券市场。这种运作模式使得同一资金经过多个金融主体，最终带有杠杆的资金流入债券市场，使得债券市场的风险增加，从而增加了金融系统的不稳定性和脆弱性，带来系统性金融风险。

（2）同业杠杆本身具有流动性风险。同业业务对货币政策比较敏感，会增加金融体系的脆弱性。从负债端看，同业负债对金融市场的依赖性很强，相比传统存款更容易受到金融市场波动的影响，会降低银行负债的整体稳定性。从资产端看，对同业资产的过多配置会增加资产组合管理的难度。以上两方面加上负债与资产的期限错配都会给金融机构带来流动性风险。若同业负债成本增加，则会给资产端带来压力，难以达到预期收益甚至出现同业违约的情况，以此带来的流动性风险和信用风险加剧了系统性风险。

（3）同业杠杆风险具有很强的传染性。同业业务可以使商业银行突破资本监管的约束进行规模扩张。同业杠杆产生于同业负债与资产的期限错配，一般以短期的同业存单或同业理财融入资金，然后持有长期的资产以获得收益。这种期限错配会产生流动性风险，一旦资产端出现问题，这一风险会通过委外投资渠道从银行传染至非银行金融机构，从而在整个金融体系传染开来。另外，同业业务交叉发生在同业机构之间，以同业信用为担保，一旦一家机构出现问题，其他同业机构就会受到影响，从而产生系统性风险。

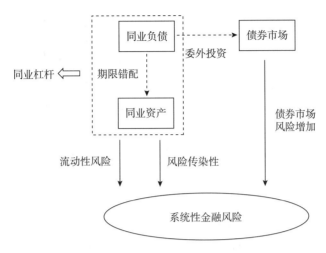

图 3 - 6　同业杠杆对系统性风险的影响

（五）小结

本部分从过度金融化的表现之一——信贷结构的失衡论述金融过度化的危害，将贷款分为生产支持类和交易支持类两大类。首先从实证的角度证明了这两类贷款的增量与经济增长的关系，紧接着通过两个方面分析了实证结果的原因及传导机制：第一，信贷结构失衡使得挤出效应日益严重，导致实体经济发展不充分，从而使得整个经济抵御危机的能力减弱且中小企业的融资难问题日益严重，同样信贷结构也会导致资金空转现象严重，激增的同业资产将导致整个金融系统性风险的传染性加剧。第二，资金流入房地产，股票市场导致了这两个市场泡沫激增，房地产市场泡沫不断累积主要是因为房地产企业杠杆率过高以及居民住房杠杆率日益增加。通过日本房地产泡沫给整个经济带来的重大影响阐述房地产泡沫给经济带来的危害；股票市场泡沫激增主要是市场信贷资金通过各种方式流入股市，以及各种配资渠道导致更多的资金涌入该市场，本文通过 2015 年的股市暴跌来阐释股票泡沫带来的危害。

四、过度金融化的治理与防范措施

（一）引言与文献综述

2008 年国际金融危机的一个重要原因是基于证券化的过度金融化。治理过度金融化的核心就是金融去杠杆化过程，本文认为，治理过度金融化问题等同于治理金融杠杆问题。危机之后大规模去杠杆化更为重要，从以往经验来看，个别公司或机构的"去杠杆化"不会对金融体系产生重大影响。然而，如果整个金融体系陷入"去杠杆化"的过程，可能会导致信贷紧缩和流动性枯竭，随后出现经济和金融危机。

基于对 2008 年国际金融危机的反思，国外学者对金融业去杠杆化问题进行了广泛研究。例如，Devlin 和 Mckay（2008）研究表明金融领域的去杠杆化可能会对经济构成下行压力，并阻碍正常的经济增长。Lund 等（2010）对历史上主要去杠杆化事件进行研究，发现大部分时间去杠杆化伴随着信贷增长显著下降、失业率上升以及社会总需求下降。Roxburgh 等（2011）分析了自 1930 年以来的 45 个主要去杠杆化案例，并发现长期去杠杆化几乎总是在重大危机后发生，并且通常持续 6～7 年。在 Cuerpo（2013）的研究中，去杠杆化将以多种方式影响产出：首先，家庭部门的需求下降将减少投资与消费；其次，去杠杆化可能导致资本投资下降。这导致工资降低和失业率上升。Buttiglione 等（2014）也发现去杠杆化和经济放缓在很多情况下是恶性循环。去杠杆化加剧经济衰退，而经济放缓则使去杠杆化进程变得困难。

在国内研究方面，现有关于去杠杆化的研究主要论述了 2008 年国际金融危机后发达国家去杠杆化的经验。例如，钟伟和顾弦（2009）研究发现，欧美金融机构去杠杆主要通过流动性渠道影响新兴市场。因此，由于外部冲击和资本外逃压力增加，股市下挫。在对中国去杠杆化的研究中，张明和贺军（2013）指出，中国经济问题之一在于企业的负债率过高，企业部门的去杠杆化会给经济增长和银行体系造成一定压力。在另一项研究中，李扬等人（2013）发现，2008 年国际金融危机主要是由于发达国家各部门都负债经营或消费，金融杠杆也不断进行加杠杆操作，因此危机的恢复需要通过去杠杆化进行。

（二）美日治理过度金融化的实践及启示

1. 美国去杠杆的成功经验。2008 年国际金融危机后，美国首先开始去杠杆化，并逐步延伸到世界各国。总体而言，美国去杠杆化取得较为显著的成果。在金融危机之前，美国的经济杠杆率持续上升，其原因是长期低利率政策、金融监管薄弱、金融产品过度创新以及资产价格上涨。

（1）美国经济去杠杆的过程

①第一阶段（2008—2009 年）：收入收缩的通缩去杠杆方式。经历了 20 世纪 30 年代"大萧条"经济危机教训后，在本次金融危机之后，美国政府迅速采用加杠杆措施，并采用赤字预算来取代私人部门留下的空白。在经济衰退和减税的背景下，政府资金主要通过发行债券筹集。在这个阶段，政府资金主要用于以下几个途径：提供金融市场流动性；增加金融机构和公司资本；对金融机构进行救助和重组；注资商业银行；接管政府抵押贷款机构，购买"两房"公债和 MBS，让抵押贷款和证券化市场继续运作，维稳住房市场；企业减税；增加失业保险等。美国政府还推出了"PPP"项目，旨在引入私人资本来清理银行不良资产。

在这个以通缩去杠杆的阶段中，美国的收入水平下降，债务占国内生产总值的比例从 340% 上升到 370%，股市缩水近 50%。另一个后果是，由于大多债务与美元挂钩，在全球信贷收缩和流动性趋紧的条件下，美元升值了 14.8%，出口需求大幅萎缩。

政府通过增加杠杆，帮助私营部门减轻债务负担。资产负债表修复的直接结果是：其他领域的消费支出有所上升，而企业投资、利润和劳动生产率增长依然疲软，经济保持了持续增长。银行信贷受到严密监控，在需求减少的压力下，增长缓慢。在 2008 年经济陷入严重衰退之后，美国经济在 2009 年中期之前即领先其他发达国家开始复苏进程。

②第二阶段（2009 年至今）：再通胀和经济增长。2009 年 3 月，美联储开始采取积极的量化宽松政策，通过购买政府债券向经济体系注入大量资金。大量的资金注入和随后的再通胀加速了经济复苏，经济以每年 3.5% 的速度回升。

虽然政府贷款有所增加，但由于私人部门的去杠杆化，债务/ GDP 比率每年下降 13%。名义 GDP 的增长使债务/收入比率年化下降 12%，债务违约使债务/收入比下降 6%，债务偿还使其下降 15%，利息支付使其上升 20%。

2009 年 3 月再度通胀后，收入水平回升，债务水平跌至初始水平以下，占 GDP 的比重约为 335%。股市几乎收复所有损失。与此同时，信贷市场大幅恢复，私营部门信贷增长也有所增加。

2010 年 8 月，美国开始第二轮量化宽松政策。这个时期货币政策的特点是购买中长期政府债券。本轮量化宽松过后，2011 年初美国经济表现出较为明显的增长势头，通胀预期也大幅上升。

（2）美国去杠杆的政策效果。美国的去杠杆化过程可以说是惨痛而高效的，尽管危机期间，众多公司企业倒闭，失业率上升，经济衰退，但随着各部门去杠杆的持续进行，以及市场出清和资源重新配置，美国经济逐步复苏。分部门来看，美国家庭部门与金融机构去杠杆效果显著，而美联储和政府部门加杠杆明显，这主要是由于美联储实施量化宽松政策以及政府部门增加自身杠杆以转移私人部门和金融机构杠杆。

2. 日本去杠杆的启示。日本去杠杆过程是漫长而低效的，1990 年日本经济泡沫破灭以后，经济恢复缓慢。不同于美国去杠杆化过程，日本由于未能实现快速市场出清和资源重新配置，加上人口老龄化问题，整个日本杠杆率居高不下。

首先是积极的财政政策。通过大量发行政府债券，政府正在利用杠杆作用来支持企业进行去杠杆化。对应的结果是，日本国债发行量从 1990 年开始不断攀升，到 2013 年已经突破 1 000 万亿日元。与此同时，日本政府开始加大公共投资，日本政府采取了多项积极的财政政策来扩大公共投资规模和改善基础设施。

其次是降息和量化宽松政策。从 1991 年到 1995 年，日本央行数次下调官方贴现率至 0.5%，导致短期利率急剧下降。同时，央行引导银行隔夜拆借利率大幅下调，扣除相关手续费用后，部分机构投资者的收益几乎为零，甚至为负值，也就是所谓的"实际利率为零"的时期。日本也是世界上第一个实施量化宽松货币政策的国家。2001 年，日本银行开始实施第一轮量化宽松政策，购买大量长期国债和其他资产以增加基础货币供应量，并继续向市场注入流动性。该政策继续执行至 2006 年 3 月。

然而，日本去杠杆化的效果并不显著，虽然企业杠杆率有所下降，但整体经济杠杆率仍然很高。2014 年底，日本总债务占 GDP 的比例高达 517%，高于 20 世纪 90 年代的 400%。其次，经济没有显著回暖。目前，日本的名义 GDP 增长并没有多大改善，自 1995

年以来，已有 8 年的经济负增长。

3. 美日去杠杆经验对我国的启示

（1）美国去杠杆成功经验。美国在金融危机发生后能够及时采取措施，在经历短暂经济衰退后成功实现私有部门债务软着陆，进而开启经济复苏进程，其关键措施与经验有以下几方面：

第一，采取果断措施应对高杠杆率，大幅度降低银行业的杠杆率。这个过程进行的及时性决定了经济复苏的转折点，金融危机之后，美国率先开始去杠杆化。它的起点几乎与衰退同步，几乎所有的私有部门都开始去杠杆化。大多数高负债国家将去杠杆化操作推迟到 2009 年下半年，在一些国家，2008—2011 年债务/GDP 比值仍在上升。

第二，去杠杆化和促增长的共同作用。美国政府对私有部门去杠杆化操作一方面大大减少了各部门的杠杆率；另一方面，促进社会总需求和经济复苏，去杠杆化操作在降低私人部门债务占 GDP 的比重有助于推动社会总需求增长和经济回暖。政府部门通过杠杆转移，稳定金融市场，从而促进经济恢复增加财政收入，改善政府赤字，缓解政府加杠杆的压力。

第三，发挥影子银行体系融资作用，弥补信贷缺口。国际金融危机之后，影子银行和资本市场在社会融资中持续发挥作用，在银行作为去杠杆主体收缩信贷的背景下，通过发行公司债券进行融资供给。

（2）日本去杠杆失败的原因。第一，大量"僵尸"企业的存在挤占银行信贷资源，造成企业杠杆率居高不下。二战后，日本银行和企业之间形成了独特的主银行制度，银行和企业在一定程度上捆绑为利益共同体，当企业发生信用危机时，往往需要银行进行兜底，最大限度地保护企业利益。这种政府隐性担保的制度造成了大量效益低下的"僵尸"企业依靠银行始终未被淘汰，并占用了银行大量的信贷空间。1995—2013 年，日本破产企业数上升缓慢，说明政府对于这类企业去杠杆始终不够果断坚决，相比之下，同期美国商业破产申请案件同比增速在日本三倍以上。

第二，日本产能过剩问题延缓去杠杆进程。20 世纪 70 年代，日本受到石油危机等因素的影响，存在一定程度的产能过剩。起初，日本政府从治理经济周期的角度出发，实行了一系列需求刺激政策，直接后果是日本政府部门的杠杆率的迅速上升。积极的财政政策又向企业传递了稳定预期，这也推迟了企业去杠杆进程。2001 年开始，日本政府才进行供给侧改革，逐步减少市场干预、转移过剩产能。

第三，量化宽松政策没有促进经济复苏，日本的经济增长率持续低迷。由于长期低利率政策，1990 年以后日本陷入了"流动性陷阱"，出口导向的经济特征、产能过剩和经济转型失败限制了其经济增长动力。另外，2006 年日本过早退出量化宽松政策，日本债务加速扩张，国债利率上升至 1.8% 的高位。由于日本央行的资产负债表收缩，居民的通胀预期受到打击，日本陷入通货紧缩，最终导致整体经济杠杆率持续上升。

（3）经验总结。同样是去杠杆，美国和日本的结局差异显著，美国去杠杆化的过程惨烈但高效，日本去杠杆化持续了 20 多年，也没有取得满意的成果，可见去杠杆需对症下药，从杠杆形成根源入手，结合社会经济现实环境选择适合的去杠杆方式。目前，我国去杠杆形势严峻，如果政策模式选择出错，就有可能走向日本的老路。

（三）我国近年治理过度金融化经验

1. 本轮金融监管政策解读

表 4 - 1　　　　　　　　　　　2016 年以来金融去杠杆政策

日期	发文机构	文件名	文号
2016 - 03 - 18	银监会	《进一步加强信托公司风险监管工作的意见》	银监办发〔2016〕58 号
2016 - 05 - 17	保监会	《关于清理规范保险资产管理公司通道类业务有关事项的通知》	保监资金〔2016〕98 号
2016 - 07 - 27	银监会	《商业银行理财业务监督管理办法（征求意见稿）》	
2016 - 11 - 23	银监会	《商业银行表外业务风险管理指引（修订征求意见稿）》	银监发〔2011〕31 号
2016 - 11 - 29	证监会	《基金管理公司特定客户资产管理子公司风险控制指标管理暂行规定》	证监会公告〔2016〕30 号
2017 - 03 - 23	银监会	《中国银监会办公厅关于开展商业银行"两会一层"风控责任落实情况专项调查的通知》	银监办发〔2017〕43 号
2017 - 03 - 29	银监会	《中国银监会办公厅关于开展银行业"违法、违规、违章"行为专项治理工作的通知》	银监办发〔2017〕45 号
2017 - 03 - 29	银监会	《中国银监会办公厅关于开展银行业"监管套利、空转套利、关联套利"专项治理工作的通知》	银监办发〔2017〕46 号
2017 - 04 - 06	银监会	《中国银监会办公厅关于开展银行业"不当创新、不当交易、不当激励、不当收费"专项治理工作的通知》	银监办发〔2017〕53 号
2017 - 04 - 07	银监会	《中国银监会关于提升银行业服务实体经济质效的指导意见》	银监发〔2017〕4 号
2017 - 04 - 07	银监会	《中国银监会关于集中开展银行业市场乱象整治工作的通知》	银监发〔2017〕5 号
2017 - 04 - 07	银监会	《中国银监会关于银行业风险防控工作的指导意见》	银监发〔2017〕6 号
2017 - 04 - 10	银监会	《中国银监会关于切实弥补监管短板提升监管效能的通知》	银监发〔2017〕7 号
2017 - 04 - 20	保监会	《关于进一步加强保险监管　维护保险业稳定健康发展的通知》	保监发〔2017〕34 号
2017 - 04 - 23	保监会	《关于进一步加强保险业风险防控工作的通知》	保监发〔2017〕35 号

续表

日期	发文机构	文件名	文号
2017 – 04 – 28	证监会	《关于开展创新创业公司债券试点的指导意见》	
2017 – 04 – 29	保监会	《关于强化保险监管　打击违法违规行为　整治市场乱象的通知》	保监发〔2017〕40 号
2017 – 05 – 09	保监会	《关于开展保险资金运用风险排查专项整治工作的通知》	保监资金〔2017〕128 号
2017 – 05 – 15	理财登记中心	《关于进一步规范银行业理财产品穿透登记工作的通知》	理财中心发〔2017〕14 号
2017 – 06 – 09	证监会	《证券公司和投资基金合规管理办法》	证监会令第 133 号
2017 – 07 – 16	证监会	《证券期货经营机构私募资产管理业务运作管理暂行规定》	
2017 – 08 – 31	证监会	《公开募集开放式证券投资基金流动性风险管理的规定》	证监会公告〔2017〕12 号
2017 – 09 – 05	证监会	《关于证券投资基金估值业务的指导意见》	证监会公告〔2017〕13 号
2017 – 09 – 08	证监会	《证券公司投资银行类业务内部控制指引（征求意见稿）》	
2017 – 10 – 20	保监会	《保险公司偿付能力管理规定（征求意见稿）》	保监厅函〔2017〕274 号
2017 – 11 – 15	银监会	《国家开发银行监督管理办法》	银监会令〔2017〕第 2 号
2017 – 11 – 15	银监会	《中国进出口银行监督管理办法》	银监会令〔2017〕第 3 号
2017 – 11 – 15	银监会	《中国农业发展银行监督管理办法》	银监会令〔2017〕第 4 号
2017 – 11 – 17	"一行三会"及外汇局	《关于规范金融机构资产管理业务的指导意见（征求意见稿）》	
2017 – 11 – 24	银监会	《商业银行银行账簿利率风险管理指引（修订征求意见稿）》	银监发〔2009〕106 号
2017 – 12 – 06	银监会	《商业银行流动性风险管理办法（修订征求意见稿）》	
2017 – 12 – 15	保监会	《保险资产负债管理监管办法》	保监厅函〔2017〕446 号
2017 – 12 – 15	央行	《中国人民银行自动质押融资业务管理办法》	中国人民银行公告〔2017〕第 18 号
2017 – 12 – 22	银监会	《关于规范银信类业务的通知》	银监发〔2017〕55 号
2017 – 12 – 25	财政部	《关于租入固定资产进项税额抵扣等增值税政策的通知》	财税〔2017〕90 号

续表

日期	发文机构	文件名	文号
2017 - 12 - 29	银监会	《金融资产管理公司资本管理办法（试行）》	银监发〔2017〕56 号
2017 - 12 - 29	"一行三会"	《关于规范债券市场参与者债券交易业务的通知》	人民银行〔2017〕302 号
2017 - 12 - 29	证监会	《关于进一步加强证券基金经营机构债券交易监管的通知》	证监办发〔2017〕89 号
2017 - 12 - 30	中国证券投资基金业协会	《证券投资基金增值税核算估值参考意见》	
2018 - 01 - 05	银监会	《商业银行大额风险暴露管理办法（征求意见稿）》	
2018 - 01 - 05	银监会	《商业银行股权管理暂行办法》	银监发〔2018〕1 号
2018 - 01 - 06	银监会	《商业银行委托贷款管理办法》	银监发〔2018〕2 号
2018 - 01 - 12	中国证券投资基金业协会	《私募投资基金备案须知》	
2018 - 01 - 13	银监会	《中国银监会关于进一步深化整治银行业市场乱象的通知》	银监发〔2018〕4 号

总结以上政策，可以按照负债端、资产端两方面进行分类，下面对各类监管政策进行分析。

（1）负债端监管政策。可以看出，本轮监管政策对于负债端的管理更为严格，负债端的问题包含总量方面和结构化方面的问题，这主要是由于 2014 年央行开始货币宽松政策之后，宽松的货币市场环境和较为充足的流动性给市场提供了低成本加杠杆的可能性。具体来说，对于同业存单和同业理财，由于此前并没有明确的政策约束，这些工具就成为了银行信用扩张的便捷工具，这些工具的大量使用导致金融机构负债结构上出现了过度依赖同业模式的特点。而对于银行来说，这些操作本身并没有严重的违规问题，主要原因在于金融监管政策对于这方面操作工具没有进行明确规范。因此，本轮针对负债端的监管政策，更多的是查漏补缺的过程，是对过去监管空白的弥补过程。

具体来看，负债端的政策监管内容可以分为以下四点：

①负债端总量收紧。自 2017 年 8 月开始，央行通过公开市场缩短放长的操作收紧货币市场流动性，随后上调公开市场操作利率，以及进一步完善宏观审慎监管体系，对市场流动性进行控制。

②加强同业存单管理。同业存单作为银行流动性管理的工具具有便捷性和有效性的优点，但缺乏监管就有可能造成滥用，因此未来监管的思路是将同业存单和同业负债进行统一管理，在发行额度上对同业存单进行限制。2017 年 4 月银监会"334"专项整查时期，

部分地方监管部门已经要求当地银行存单与同业负债的规模不能超过总负债的1/3。2018年1月初，央行发布的存单额度管理办法基本上是对广义同业负债的占比作了明确约束。另外，近期发布的《商业银行大额风险暴露的管理办法》以及《流动性风险的管理办法》可能会对同业融入融出的比例与集中度作出相应限制，而这些限制都会影响到存单的发行及投资。虽然针对同业存单的限制在不断增强，但存单的发行量和利率一直居高不下，这说明银行在表内主动负债上存在刚性需求，对于同业存单的调整尚未结束。

③同业理财。同业理财和表外理财构成了此轮银行加杠杆的重要工具，由于同业理财在负债端扩张的同时又会从资产端投出，因此"334"整改要求将同业投资视同于同业理财。过去一年，关于理财的监管措施较少，但可以发现，理财规模的下降十分明显，2017年同业理财规模缩减1/3，银行业金融机构应加强风险警示和信息披露，在风险可控的前提下有序打破理财产品的"刚性兑付"。

总的来说，对于负债端的监管政策，首先是央行正在逐步收紧流动性总量，其次，同业存单、同业理财和资管业务是本次金融去杠杆的重点监管对象。对于2018年的趋势，预计随着金融监管的进一步加强，2018年市场流动性会进一步收紧，而市场资金结构将继续分化。

（2）资产端的监管政策。对资产端的政策监管中，主要限制以下几个方面。

①影子银行。当前银行业的乱象，主要体现在影子银行业混乱。由于影子银行的存在，无论是同业业务还是表外业务，都存在一定程度的通道或多层嵌套方式，导致资金无法流入实体经济部门，转而流入房地产、地方政府平台等领域。因此，本轮监管的重点就是影子银行体系，本轮监管控制既从常见的委托贷款和信托贷款角度出发，也从资管行业角度对各类产品进行约束。

②同业投资。同业投资的问题在于，它有虚增规模与资金空转套利的可能性，资金无法进入实体经济，在资金流通过程中，通过同业嵌套规避规制指标，同时助长了影子银行业务的扩张。因此，对于同业投资的管理重点要在产品上做出规范。2018年1月银监会4号文件发布，对治理乱象的新旧时段进行划分，重点整改2017年5月10日后新增的违规业务。

③对于已投的资产要做相应的风险控制。一般情况下，表内资产投资需要计提风险准备金等，但此轮金融加杠杆的过程中银行普遍通过同业投资等方式规避了一些监管指标，这就意味着风险准备的计提不满足监管要求，存在潜在金融风险，因此，机构应当进一步加强资产风险准备。

基于上述分析，可以看出，一旦影子银行被严格限制，过去通过影子银行体系进行融资的各类平台现金稳定性将大受影响，这可能导致局部信用风险。与此同时，在非标受控的环境下，通过正规渠道的非标转标将成为重点，资产证券化业务的发展值得关注。

2. 我国目前去杠杆进展

（1）宏观层面。2017年以来，货币政策由2016年的稳健略偏宽松转为稳健中性。外汇占款趋势性减少使得央行成为银行体系流动性的主要供给方。2015年，央行主要通过降低法定准备金率来供给流动性。2016 年以来，则更多地通过公开市场逆回购、中期借贷便利（MLF）等工具供给流动性。进入 2017 年，央行前 9 个月通过逆回购和 MLF 等累计净投放流动性 6 757 亿元，同比少投放 1.61 万亿元。央行还在 2017 年 2 月 3 日和 3 月 16 日两次上调公开市场逆回购利率和 MLF 利率等一系列政策利率，引导银行间资金价格适度上升。

货币政策中性趋紧的同时，央行进一步加强宏观审慎管理（MPA），自 2017 年第一季度开始，正式严格考核金融机构的季末 MPA，并将表外理财资产纳入广义信贷指标范围。作为金融监管部门，银监会、保监会和证监会也频频出台新的监管措施。

截至 2018 年 1 月，银行广义信贷增速已经大幅回落至信贷增长之下，标志着金融机构资产负债表的扩张已收缩至与实体经济需求相匹配的水平。

（2）机构层面。本文利用总资产与权益资本的比率来衡量银行业金融机构的杠杆率作为衡量金融风险的指标。计算结果显示，自 2009 年以来，中国银行业金融机构杠杆率持续上升，到 2014 年达到顶峰，此后有所下降，但自 2016 年以来再次上升。自 2017 年以来针对影子银行体系、同业存单、同业理财、通道业务和委托投资业务的金融"去杠杆"政策实施以来，银行业金融机构杠杆率趋于稳定，9 月末达到 49.49 倍，与 2 月底基本持平。

（3）微观层面。从 2017 年第四季度开始，同业存单净融资额快速收缩，2017 年 1～2 月同业存单净融资额达到 1.12 万亿元，而 2018 年 1～2 月同业存单净融资额仅有 3 615 亿元，较上年同期减少 68%。

从同业存单余额的变化来看，股份制银行、农商行同业存单余额明显收缩，但城商行仍处于高位，由于存单发行往往与银行资产端需求挂钩，反映出存量同业资产负债的去杠杆化仍然需要一定时间消化。

同时，2017 年下半年表外理财和同业理财规模增速骤降，金融去杠杆效果初步显现，去年 1～6 月和 12 月，同业理财余额分别为 3.2 万亿元、3.4 万亿元、3.5 万亿元、3.6 万亿元、4.0 万亿元、4.0 万亿元、6.0 万亿元，同比增速分别为 473.2%、491.2%、436.4%、229.4%、175.3%、116.1%、99.7%，下半年同业理财规模同比增速有较大幅度下降，也从另一个角度证明 2017 年下半年金融杠杆得到了一定程度控制。

（四）治理过度金融化过程中货币政策、宏观审慎与财政政策的协调配合分析

在保持货币政策稳健中性的背景下，宏观审慎监管框架的不断强化表明，政府高度重视金融体系的风险，守住不发生系统性风险是宏观调控的底线。在此框架下，货币政策、财政政策和宏观审慎协调配合有助于去杠杆的顺利进行。

1. 货币政策更加注重经济基本面调整。在去杠杆化过程中，货币政策主要有三个作用：一是在被动去杠杆化的情况下，受资产价格快速下跌的冲击，货币宽松可以有效维持金融机构资产负债的稳定性，短期内保持金融体系稳定。二是在主动去杠杆化的情况下，收紧货币会迫使金融机构挤出资产价格泡沫，改善金融和实体经济资产负债表，提高信贷

扩张机制效率。三是在主动去杠杆化的情况下，货币保持稳健中性，有助于稳定不良资产出清带来的流动性波动风险。

从当前经济发展目标来看，经济保增长理念进一步弱化。"坚持质量第一、效益第一"，经济发展的首要目标是推进供给侧改革，完成经济质量变革。党的十九大报告指出，中国经济正处在由高速增长向高质量发展的过渡阶段。这意味着政府对经济高增长的不可持续性和经济下行压力有充分的了解，并提升了对经济下行的容忍度。

随着实体企业去杠杆化的不断深入，自 2016 年以来，中国实体经济杠杆率的快速增长趋势受到抑制，实体去杠杆化虽然初始有效，但仍存在较高风险。具体而言，中国实体经济的杠杆主要集中在非金融企业部门。虽然居民部门的杠杆率处于较低水平，但近年来的迅速上升值得关注。随着去杠杆化的推进，实体经济的杠杆率已经从企业部门转移到居民部门，根据"债务通缩"理论，居民的高债务杠杆和通货紧缩很容易进入自我增强的恶性循环，去杠杆化的下一阶段将侧重于"消化杠杆作用"。这就要求通过增加劳动者收入来缓解居民的债务偿还压力。在这种情况下，容忍 CPI 向上推动居民收入增长创造了实体去杠杆化，适度的再通货膨胀或成为未来货币政策目标之一的条件。

2. 宏观审慎框架的完善重点在于保持金融稳定。总结国际金融危机后世界各国实践经验可以发现，货币政策本身难以平衡价格稳定和金融稳定的目标。如果商品价格偏低，宽松的货币政策可能导致资产市场泡沫过大，金融体系失衡。因此，为了维护金融体系的稳定，除了传统货币政策的作用，还需要将宏观审慎的金融监管政策作为另一重点考察。货币政策是侧重于解决经济整体和总量的问题，而宏观审慎注重于为货币政策创造稳定的金融环境，避免系统性风险的发生。

自 2016 年中央银行开始实施宏观审慎监管体系以来，金融去杠杆化取得了一定成效，同业业务、理财业务和资产管理规模无序扩张的现象得到有效遏制。预计未来去杠杆仍将持续，在货币政策为居民去杠杆创造条件的同时，宏观审慎监管主要应对金融系统的顺周期性和微观审慎监管的主观性漏洞。

从金融体系的顺周期性来看，主要体现在信用评级、投资者的羊群效应和程序化交易的趋势追随特性这三个方面。

从微观审慎监管来看，一是微观审慎监管机构未来缺乏前瞻性的宏观经济走势判断，微观审慎指标所反映的只是历史经营状况，而对于未来风险无法预测。二是微观审慎忽视了金融机构之间的联动关系，随着金融不断深化，金融机构的"外部性"越来越明显。危机扩散和风险蔓延容易使个体风险转变为系统性风险。

3. 财政政策为防范债务通缩进行有效需求对冲。不论是在去杠杆进程中的哪个阶段，都有可能因为去杠杆力度过大而发生债务通缩。不论是债务展期还是扩大政府购买或支持，均能够对冲债务风险。2018 年安排预算赤字 2.38 万亿元，与 2017 年持平。赤字率 2.6%，比 2017 年低 0.4%，结束了从 2016 年开始的 3% 的赤字率。2017 年底的中央政治局会议提出"防范化解重大风险要使宏观杠杆率得到有效控制"，2018 年的政府工作报告中提到"宏观杠杆率保持基本稳定"。而要稳杠杆，政府也需要放缓加杠杆的力度，控制赤字率是一个重要表态。

积极的财政政策包括减税和增加财政支出等途径，美国主要通过减免企业所得税实现积极的财政政策，同时实施一定的减税降费政策，通过财政支出支持基础设施建设，大幅提高国内基础设施水平，改善水利和环境保护等方面的情况。财政支出规模的扩大对提高全要素生产率和技术进步率有正向作用，有助于促进产业结构升级，政府支出也会直接刺激社会总需求，有效拉动经济增长。

4. 政策协调配合机制。在我国，央行主要通过货币政策进行宏观调控，而金融监管机构负责更为具体的对应行业内监管，起到广义的微观审慎监管作用。党的十九大报告中宏观审慎监管框架再次被强调，重要性不断凸显。作为货币政策与宏观审慎政策的主导机构，央行在制定和执行货币政策之外，防范和化解金融风险、维护金融稳定的监管这一职能进一步得到强化的可能性也在十九大报告中得到了侧面印证，预计未来央行的金融监管权限或将进一步扩大，统筹货币政策和宏观审慎双支柱。

在央行统筹管理下，货币政策和宏观审慎相配合的金融监管框架将更加重视政策协调，避免2017年4月货币政策和监管政策"双重紧缩"再次出现。具体而言，货币政策将更加关注经济基本面，货币政策将保持中性和稳定。与此同时，为了推行适度的再通胀加速居民去杠杆化进程，货币政策存在一定程度宽松的自由度。监管政策主要目标是弥补监管漏洞，消除套利空间，下一步将着重于监管规则的落地。货币政策和宏观审慎政策共同协作，进一步推动去杠杆化。与此同时，财政政策减免税收，刺激实体投资提高回报，特别是对符合产业政策的新兴产业，提高其投资回报。

（五）治理过度金融化思路及政策建议

1. 我国金融杠杆形成原因概述。本轮金融杠杆形成机制可以概括如下：由于缺乏对同业存单、表外理财和资管业务的监管，各个金融机构通过同业存单、表外理财和委外贷款的方式进行信贷扩张，拉长了实体融资资金链，导致了金融风险累积。

一方面，自2013年发行银行同业存单后，由于与传统商业模式相比，其监管限制和套利空间限制较少，央行在2015年多次下调利率，中小金融机构借此机会采用了同业存单、表外理财的方式整合大型银行的资金并扩大负债规模。另一方面，我国目前对于表外业务的监管评估指标尚未完善，商业银行可通过运用表外资金池来提高杠杆率。最后，由于资产管理的监管制度尚未建立和完善，各类金融机构通过外包业务和渠道业务扩大了资产规模。这也是这轮金融杠杆的重要原因。

2. 金融去杠杆思路。金融去杠杆除了总量调控，一般还需要进行结构性调整，因此金融去杠杆应从周期性应对措施和长期监管制度完善着手。

（1）控杠杆的周期性措施主要分为两块：一是货币收紧抑制金融杠杆提升增速；二是存量结构性杠杆规模有节奏地收缩。

（2）长期监管制度完善主要是针对本轮结构性杠杆中的表外理财和同业存单展开针对

性监管。

表外理财规模已纳入 2017 年 MPA 考核之中；而对同业存单的直接监管考核目前尚缺乏。从本轮结构性杠杆形成机制来看，表外理财、委外投资与同业存单同为杠杆形成机制中的不同环节，对表外理财规模进行监管，可对委外投资和同业存单发行起到间接约束作用。

总结金融去杠杆路径为：货币收紧控制金融杠杆增速→从总量上控制金融杠杆→表外理财或同业存单监管措施出台→结构性杠杆存量缓慢出清→建立宏观审慎监管体系。

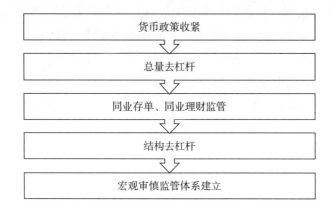

图 4-1　治理过度金融化思路导图

3. 我国金融去杠杆方向

第一阶段，收紧货币政策，修复金融与实体部门资产负债表。保持稳健中性货币政策，控制基础货币投放量，抑制货币信贷的无序扩张，降低金融业和实体经济的系统性风险。同时针对信用扩张机制的脆弱性，关键在于挤出金融机构资产负债表中泡沫资产的比例。在被动的去杠杆化过程中，泡沫资产的破裂常伴随资产价格的迅速回调。与此同时，改善整体资产和负债的手段还包括企业破产清退等市场调整方式。但需要注意的是，虽然被动去杠杆过程能够实质上修复金融与实体部门资产负债表，但由于短期内资产价格调整幅度过大，反而可能造成短期内资产负债表进一步恶化。

第二阶段，基于金融监管和融资体制改革，提高资源配置效率。信贷扩张机制的脆弱性主要由于现有制度的有效供给不足。一方面表现为金融监管的缺失，金融监管的漏洞导致金融机构对套利的监督，金融机构之间的多层次嵌套延长了融资链，造成实体融资效率低下。另一方面体现在融资制度的扭曲，融资体系扭曲导致金融市场价格扭曲，实体融资结构失衡，生产效率下降。无论是主动还是被动的去杠杆化，金融监管和融资体系改革都能有效改善信用衍生工具的效率。2008 年国际金融危机后美国金融监督管理委员会的成立以及巴塞尔协议 III 等一系列严格的金融监管措施的出台都是佐证。

第三阶段，加快经济结构转型、提升实体经济回报率。传统增长模式的不可持续性是系统性风险的根源，而导致信用派生机制崩溃的直接原因是债务刚性与投资回报率下降的矛盾。金融体系改革必须始终坚持服务实体经济的原则，紧紧围绕供给侧改革的主线，优化金融体系结构，增加有效金融供给，促进实体经济发展，这是金融业实体经济发展的必然要求，也是促成经济成功转型的关键因素。

4. 政策建议

（1）坚定金融去杠杆方向，保持稳健中性货币政策。金融杠杆的形成是过去几年金融机构持续创新、持续扩张的结果，因此金融去杠杆是一项长期工作。值得注意的是，流动性收缩和利率上升是金融去杠杆的必由之路，不能由于货币增速放缓和融资成本的短期上升就发生货币政策动摇，如果放弃"倒逼"金融机构积极"去杠杆化"的政策，去杠杆无法完成，还会加剧金融市场道德风险。因此，未来我们将继续通过货币政策操作维持银行间资金的"中性"，继续实施更为严格的金融监管，坚守不发生系统性金融风险的底线，保持稳健中性货币政策推动金融机构去杠杆。

（2）加强多部门政策协调和配合，循序渐进去杠杆。虽然目前金融去杠杆重点在收缩金融机构同业和表外理财业务，但其资产端仍保持不断增长，表内信贷和表外融资均稳步增长。但银行业金融机构债务收缩迟早会转移到资产方面，导致社会融资规模增长放缓。金融去杠杆必须坚持"稳中求进"的整体基调，全面考虑稳增长、调结构、减杠杆、抑泡沫和防风险的要求。因此要协调"一行三会"，统筹实施货币政策措施和金融监管措施，避免政策叠加共振触发无序去杠杆风险。

就货币政策而言，在保持稳健中性货币政策的同时，还应密切关注国内外金融形势变化所可能造成的流动性冲击，控制政策出台时机和节奏，结合多币种政策工具，保持银行间流动性基本稳定，并提供合理信贷增长的必要支持。

（3）加强穿透式监管，构建适应"混业经营"的金融监管框架。近年来，银行同业、理财等表外业务和影子银行体系的快速发展形成了事实上的混业经营，这不仅导致潜在金融风险的出现，也对现行分业监管体制提出挑战，带来监管重叠或监管空白的后果。有效维护金融安全是治理国家的重大问题，需要进一步完善金融监管。在现有情况下，要统筹金融信息统计，做好风险防控、信息共享、重点调查，加强监督合作，实现穿透式监管。从长远来看，要改革和完善适应金融市场发展的金融监管框架，构建统一的资产管理业务整体监管框架，实现金融风险监管全覆盖。

参考文献

［1］白雪梅，石大龙. 中国金融体系的系统性风险度量［J］. 国际金融研究，2014（6）：75 – 85.

［2］卜林，李政. 我国上市金融机构系统性风险溢出研究——基于 CoVaR 和 MES 的比较分析［J］. 当代财经，2015（6）：55 – 65.

［3］步艳红，赵晓敏，杨帆. 我国商业银行同业业务高杠杆化的模式、影响和监管研究［J］. 金融监管研究，2014（2）：33 – 46.

［4］陈梦雯，郭宇冈，Philippe Dorbaire. 《巴塞尔协议Ⅲ》中的杠杆率指标对银行风险的影响及其

在中国的适用性分析 [J]．江西社会科学，2011，31（9）：251 - 256.

[5] 陈雨露，马勇，徐律．老龄化、金融杠杆与系统性风险 [J]．国际金融研究，2014（9）：3 - 14.

[6] 崔宇清．金融高杠杆业务模式、潜在风险与去杠杆路径研究 [J]．金融监管研究，2017（7）：52 - 65.

[7] 董小君．我国杠杆率水平、系统性风险与政策体系设计 [J]．理论探索，2017（2）：5 - 15.

[8] 段雅超．商业银行系统性风险溢出研究 [D]．对外经济贸易大学，2017.

[9] 范小云，王道平，方意．我国金融机构的系统性风险贡献测度与监管——基于边际风险贡献与杠杆率的研究 [J]．南开经济研究，2011（4）：3 - 20.

[10] 方意．系统性风险的传染渠道与度量研究——兼论宏观审慎政策实施 [J]．管理世界，2016（8）：32 - 57 + 187.

[11] 苟文均，袁鹰，漆鑫．债务杠杆与系统性风险传染机制——基于 CCA 模型的分析 [J]．金融研究，2016（3）：74 - 91.

[12] 顾永昆．金融杠杆、金融制度与经济增长——理论及日本的经验分析 [J]．财经科学，2017（9）：1 - 11.

[13] 黄海波，汪翀，汪晶．杠杆率新规对商业银行行为的影响研究 [J]．国际金融研究，2012（7）：68 - 74.

[14] 纪敏，严宝玉，李宏瑾．杠杆率结构、水平和金融稳定——理论分析框架和中国经验 [J]．金融研究，2017（2）：11 - 25.

[15] 靳玉英，贾松波．杠杆率监管的引入对商业银行资产结构的影响研究 [J]．国际金融研究，2016（6）：52 - 60.

[16] 李志辉，李源，李政．中国银行业系统性风险监测研究——基于 SCCA 技术的实现与优化 [J]．金融研究，2016（3）：92 - 106.

[17] 廉永辉．同业网络中的风险传染——基于中国银行业的实证研究 [J]．财经研究，2016，42（9）：63 - 74.

[18] 娄飞鹏．金融领域高杠杆的深层次成因与去杠杆建议 [J]．西南金融，2017（6）：22 - 28.

[19] 陆岷峰，杨亮．金融去杠杆背景下商业银行风险管理与路径选择 [J]．金融论坛，2017，22（12）：3 - 10 + 78.

[20] 马勇，陈雨露．金融杠杆、杠杆波动与经济增长 [J]．经济研究，2017（6）.

[21] 马勇，田拓，阮卓阳等．金融杠杆、经济增长与金融稳定 [J]．金融研究，2016（6）：37 - 51.

[22] 莫媛，易小兰．监管约束与商业银行同业资产稳健发展——基于 15 家上市银行的实证分析 [J]．金融监管研究，2017（4）：31 - 45.

[23] 陶玲，朱迎．系统性金融风险的监测和度量——基于中国金融体系的研究 [J]．金融研究，2016（6）：18 - 36.

[24] 王擎，田娇．银行资本监管与系统性金融风险传递——基于 DSGE 模型的分析 [J]．中国社会科学，2016（3）：99 - 122 + 206 - 207.

[25] 吴国平．中国商业银行杠杆率的顺周期性分析 [J]．金融论坛，2015，20（6）：29 - 36.

[26] 吴念鲁，徐丽丽，苗海宾．我国银行同业之间流动性风险传染研究——基于复杂网络理论分析视角 [J]．国际金融研究，2017（7）：34 - 43.

［27］夏小文．中国杠杆率的特征事实、成因及对策［J］．经济学家，2017（11）：21－27.

［28］肖崎，阮健浓．银行同业业务发展现状及风险分析［J］．金融论坛，2014，19（2）：58－64.

［29］徐传平．杠杆率管理框架：理论与应用［D］．中国人民大学，2016.

［30］姚宏伟，惠雅莉．银行业同业存单的发展动力、潜在风险与改革路径［J］．金融监管研究，2017（12）：68－80.

［31］叶华．系统风险、系统性风险与金融危机——基于金融杠杆与资产负债表视角的解释［J］．投资研究，2012，31（12）：113－122.

［32］袁鲲，饶素凡．银行资本、风险承担与杠杆率约束——基于中国上市银行的实证研究（2003—2012 年）［J］．国际金融研究，2014（8）：52－60.

［33］Acharya V. , Pedersen L. , Philippon T, et al. Measuring Systemic Risk ［J］. NYU Working Paper, 2010, 29（1002）：85－119.

［34］Adrian T, Shin H S. Liquidity and Leverage ［J］. Social Science Electronic Publishing, 2010, 19（3）：418－437.

［35］Adrian T. , Brunnermeier M. CoVaR ［J］. Staff Reports, 2014, 106（7）：1705－1741.

［36］Allen F, Gale D. Bubbles and Crises ［J］. Economic Journal, 2000, 110（460）：236－255.

［37］Allen, F. , and D. Gale, 2000, "Financial Contagion," Journal of Political Economy, 108（1）, 1－33.

［38］Baker M P, Jeffrey W. Do Strict Capital Requirements Raise the Cost of Capital? Banking Regulation and the Low Risk Anomaly ［C］. National Bureau of Economic Research, Inc. , 2013.

［39］Bisias D, Flood M, Lo A W, et al. A Survey of Systemic Risk Analytics ［J］. Annual Review of Financial Economics, 2012, 4（76）：119－131.

［40］Black L, Correa R, Huang X, et al. The Systemic Risk of European Banks During the Financial and Sovereign Debt Crises ［J］. Journal of Banking & Finance, 2016, 63：107－125.

［41］Blancher N, Mitra S, Morsy H, et al. Systemic Risk Monitoring（'SysMo'）Toolkit － A User Guide ［J］. IMF Working Papers, 2013, 13（168）.

［42］Frenkel M, Rudolf M. The Implications of Introducing an Additional Regulatory Constraint on Banks' Business Activities in the Form of a Leverage Ratio ［J］. German Banking Association.

［43］Hart O. , Zingales L. How to Avoid a New Financial Crisis ［J］. Working Paper, 2009.

［44］Jarrow R. A Leverage Ratio Rule for Capital Adequacy ［J］. Social Science Electronic Publishing, 2012, 37（3）：973－976.

［45］Kiema I, Jokivuolle E. Does a Leverage Ratio Requirement Increase Bank Stability? ［J］. Journal of Banking & Finance, 2014, 39（1）：240－254.

［46］Kiema I, Jokivuolle E. Leverage Ratio Requirement and Credit Allocation Under Basel Ⅲ ［J］. Social Science Electronic Publishing, 2010.

［47］Kiyotaki N, Moore J. Credit Cycles ［J］. Journal of Political Economy, 1997, 105（2）：211－248.

［48］Kuzubaş T. , Saltoǧlu B. , Sever C. Systemic Risk and Heterogeneous Leverage in Banking Networks ［J］. Physica A Statistical Mechanics & Its Applications, 2016, 462：358－375.

［49］Minsky H P. The Financial Instability Hypothesis ［C］. Levy Economics Institute, 1999.

［50］Shin H S. Reflections on Northern Rock：The Bank Run That Heralded the Global Financial Crisis

［J］. Journal of Economic Perspectives, 2009, 23 （1）: 101 – 120.

　　［51］ Freixas X, Parigi B M, Rochet J C. Systemic Risk, Interbank Relations, and Liquidity Provision by the Central Bank ［J］. Journal of Money Credit & Banking, 2000, 32 （3）: 611 – 638.

　　［52］ Huang X, Zhou H, Zhu H. Systemic Risk Contributions ［J］. Journal of Financial Services Research, 2012, 42 （1 – 2）: 55 – 83.

　　［53］ Luciano E, Wihlborg C. Financial Synergies and Systemic Risk in the Organization of Bank Affiliates ［J］. Journal of Banking & Finance, 2018, 88: 208 – 224.

宏观审慎视角下我国资管业务风险与监管研究

李建勇 吴金宴 彭 倩 杨玲媛 陈飞旭

【摘要】在我国经济快速发展和金融改革不断深化的背景下，资产管理（Asset Management）逐渐成为我国金融体系的重要组成部分，因此从宏观的角度全面分析我国资管业务的风险与监管特征、探究资管行业系统性风险的形成机制，对如何规避资管行业的系统性风险，保障我国金融系统安全有效运行起着重要作用。本报告共分为四个部分：第一部分界定了资产管理的定义和我国资管行业的特点，并从文献评述的角度分析了我国资管行业发展与我国金融稳定的关系、资管行业系统性风险的表现形式以及我国资管行业系统性风险的形成机制；第二部分从资管业务的事实特征出发，探究了我国资管行业风险的表现形式和监管情况，并采用国别比较的方法，分析了我国资管业务风险与监管的独特之处；第三部分从资管业务的风险来源、风险演化和风险传递等三个方面刻画我国资管行业系统性风险的形成过程；第四部分在《关于规范金融机构资产管理业务指导意见》出台的背景下，从法律建设、穿透式监管和逐渐打破刚性兑付等方面提出我国资管行业的监管建议。

一、绪论

（一）研究背景

随着我国经济的快速发展、居民财富的日益积累和金融改革的不断深化，资产管理逐步发展成我国极其重要的金融服务领域。从狭义上讲，资产管理主要是指资产管理者接受资产持有者的委托，为实现资产保值增值目标而进行的一系列投资管理活动。在资产管理的过程中，资产持有者获得投资收益并承担投资风险，资产管理者收取佣金并承担管理资产的职责。从广义上讲，资产管理行业是社会投融资体系的一种表现形态；一个社会经济体系运行的市场化程度越高，其投融资体系就更具有"资产管理行业体系"的表征。随着我国投融资体系的市场化程度逐渐升高，资产管理行业在金融体系中的"系统重要性"程度也越来越高。从宏观的角度来看待我国资产管理行业的系统风险也显得越来越重要。本研究从广义层面的资产管理概念出发，分析我国资管行业体系的风险与监管情况。

我国的资产管理发展于20世纪90年代。1991年，我国出现第一只公募基金产品；2004年，首只银行理财产品面世。随着我国经济的持续高速发展，资产管理行业也呈现出蓬勃发展的态势。

1. 资管市场的规模不断扩张。截至 2016 年末，各类资管业务总规模达 116.36 万亿元，与 2007 年末 7.6 万亿元的总规模相比，增长了近 15 倍，实现年均复合 32% 的高速增长。分行业来看，截至 2016 年末，银行表内、表外理财产品资金余额分别为 5.9 万亿元、23.1 万亿元；信托公司受托管理的资金信托余额为 17.5 万亿元；公募基金、私募基金、证券公司资产管理计划、基金及其子公司资产管理计划、保险资产管理计划的规模分别为9.2 万亿元、10.2 万亿元、17.6 万亿元、16.9 万亿元、1.7 万亿元。[①]

2. 资管行业的混业模式逐渐形成，体现在多类型机构共同竞争与相互合作。自 2012年中国证监会、中国保监会等监管部门密集修订发布了一系列针对资产管理的政策后，资管行业的准入门槛、业务经营和投资范围等方面的限制被逐渐打破，商业银行、信托公司、证券公司、基金及其子公司、期货公司、保险机构和各类非金融机构纷纷进入资产管理行业，形成了事实上的混业经营与竞争格局。同时，由于投资范围、资本计提、分级杠杆等监管标准在不同行业存在差异等因素，资管行业出现了不同机构相互合作的模式，主要包括银行同业合作、银信合作、银证合作、银基合作、银保合作和银信证基保合作等。

3. 资管产品逐步呈现出多样化的特点。一方面体现在资管的资金投向不再局限于固定收益类和权益类资产，同时包括商品及金融衍生品类资产；另一方面体现在资管资金投向债权类资产时，非标准化债权资产[②]的比重逐渐增加。目前，国内资管产品大体分为以下几类：一是以银行、保险机构等为主要参与者的固定收益、类固定收益产品，包括货币市场、债券市场等投资标的；二是以券商、基金、信托等为主要参与者，直接以资产管理计划等形式投资于股权一二级市场、债券市场、商品市场以及各类衍生品市场等资管业务，主要标的针对股票、期货、外汇等，量化对冲、CTA、权益投资等成为主要的途径；三是各机构加大对另类投资、主要标的涉及诸如不良资产、收益互换、各类非标产品等的涉足。

资管行业的发展在带来金融市场繁荣的同时，也改变了我国传统的金融市场结构，带来了巨大的金融风险。从微观上来说，资管行业风险主要表现为资管机构的经营风险，涵盖公司经营管理层面、资管业务准入阶段、资管产品设计方案、资管产品运作阶段和资管产品终止后等五个领域。从宏观角度来说，资管行业风险主要体现在资管行业各类风险叠加和交叉所形成的系统性金融风险。对于系统性风险的定义，目前学术界和实务界均未形成标准的定义。我们认为，系统性金融风险是指：金融体系内机构倒闭或市场崩溃的尾端事件，从一个机构传染到多个机构，从一个市场蔓延到多个市场，导致损失在金融体系内不断扩散，并对实体经济造成冲击的风险。资管市场监管割裂致使监管套利、杠杆叠加、层层嵌套，高杠杆、跨行业、强传染成为我国资管行业的主要特

---

① 数据来源：《中国金融稳定报告 2017》。
② 非标准化债权资产是指未在银行间市场及证券交易所市场交易的债权性资产，包括但不限于信贷资产、信托贷款、委托债权、承兑汇票、信用证、应收账款、各类受（收）益权、带回购条款的股权性融资等。

征，在国内经济增长放缓、结构调整出现阵痛和金融风险逐步释放的阶段，资管业务中任意一处风险爆发，都必将引起一系列的连锁反应，对资管行业体系产生严重冲击，进而导致整个金融体系的系统性风险。本研究从"宏观审慎"的角度出发，探讨资管行业系统性风险的表现形式、风险来源、风险形成等，并在此基础上提出我国资管行业的风险防控措施和监管对策。

（二）文献综述

作为重要的金融服务领域，资产管理在我国金融体系中扮演着重要角色。因此，资管行业的系统性风险与我国宏观金融的稳定密切相关。项峥（2013，2014）[1][2]指出，我国相当部分资产管理业务与市场融资高度关联，资产管理影响着我国金融市场的利率形成和我国货币信贷政策的有效执行。在分业监管的体制下，资管业务频繁地跨市场跨行业操作，使得金融风险的传染更加隐蔽，对宏观金融系统性的安全构成了严重威胁。曹源芳等（2017）[3]指出，资管行业中的刚性兑付、监管套利、"黑箱运作"和风险传染等加大了我国系统性风险管理的复杂性，如何管控资管行业的风险点成为维护经济金融稳定的首要问题。陈彬（2016）[4]认为，通道业务使得银行与非银行金融机构间的责任难以明确，表外资管业务不受资本的约束和监管，因此经济运行的下行压力将导致各领域的风险向影子银行体系过度集中，给金融体系的平稳运行带来巨大的潜在风险。

近年来，国内学者对我国资管行业的系统性风险形成机制做了广泛而持续的研究，取得大量的研究成果。张红力（2016）[5]将高杠杆、跨行业、强传染视作当前国内大资管行业金融风险的三大源头。罗钢青等（2017）[6]将当前资管行业面临的风险归因于监管套利与信用链条的脆弱性、个体理性与群体理性的矛盾、资产负债管理与激励相容机制的缺失等。一些学者对资管行业的具体风险进行了分析和论证。谢凌峰和李高勇（2016）[7]在分析资金池的风险时指出，资金池实质上就是以资管业务名义从事的类存款贷款业务，资金端是发行预期收益率的类存款产品，资产端则投向类似贷款的非标业务，因此存在着滚动发售、期限错配，以流动性风险换取超额收益的现象。李文红和王琼（2017）[8]进一步指出，资管机构为追求高收益而不断增加对低流动性、低评级资产的配置。一旦金融市场承压，资管产品的变现能力可能骤然下降。为应对投资者的赎回压力，资管机构往往被迫出售流动性较好的资产，导致市场恐慌，进一步形成资产抛售的"羊群效应"，并可能引发金融市场的系统性风险。徐诺金（2017）[9]从杠杆角度出发，提出资金通过委外投资在券商、保险、基金和信托等资管计划之间层层嵌套，产生了"同业负债—同业理财—委外投资—债券投资"的加杠杆链条，形成高杠杆的金融体系。一旦出现外部冲击，资金竞相逃离，金融风险的波动加剧。曾刚（2016）[10]指出，资管行业存在交叉风险，各种金融机构在追求规模和范围经济、突破分业经营限制而相互融合的过程中，很容易将某个市场或行业的风险传导到其他市场和行业，这种风险的影响通过股权控制、资金交易等纽带，将单个行业、单个市场的风险渗透到金融市场的各个子市场，系统性风险上升。进一步地，谭人友等（2017）[11]认为交叉投资和金融创新等方式使得资管产品的多重嵌套，隐藏了真实的底层资产类别，掩盖了资金的真实流向，可能导致大量资金实质上是集中在少数优质资产，导致了风险持续集聚，增加了系统性风险。唐彦斌和谢识予（2015）[12]认为，资管行业的刚性兑付只能掩盖短期的经济问题，但当长期债务风险集中爆发、金融机构资本不足以完成刚性兑付时，潜在的风险和坏账暴露就会侵蚀金融机构过往的利润，更会让投资人在承担亏损的同时丧失投资信心，逐步退出这个市场，由此引发的潜在流动性危机和债务危机不容忽略。

一直以来，对于金融风险与金融监管之间的联系总是人们关注的焦点，如何防范资管行业系统性风险是当前监管部门的重要课题。金融体系的持续整合导致金融机构的关联性增强，诱发潜在系统性风险爆发的影响因素增多，必须建立能有效识别和防范金融关联性导致的系统性金融风险的监管机制（Gianni，2002）[13]。Andrew Crockett（2002）[14]明确指出，宏观审慎监管①是管理系统性风险的重要手段。在我国现行分业监管体制下，监管政策导向与监管标准不统一导致监管力度不一致，进而增加了监管套利、监管真空、风险传染的可能性（项峥，2013）[1]。在监管部门之间存在分割和缺乏交流与协同的前提下，很多风险只有被积累到了一定程度才能被重视，而当这些风险暴露后，仅靠一个监管部门又难以全局性、系统性地将其解决。因此，对我国资管行业进行宏观审慎监管十分必要（倪银辉，2016）[15]。王烨（2014）[16]针对我国银行的资产管理存在监管者与被监管者目标不一致性、被监管者缺乏宏观审慎的动力、资本工具创新弱化新资本监管框架效果等问题，提出规范金融机构"非标"资产业务发展，需在发挥监管合力的基础上，推动金融机构进一步回归业务本源。伍戈和严仕锋（2015）[17]认为，宏观审慎管理的基本原则思路是从不同层面采取措施应对系统性风险，防止经济金融体系内形成失控的不良正反馈循环和跨市场风险传染，限制系统性风险头寸积累。苟文均（2017）[18]指出，要从根本上提高对资管业务监管的有效性，需要进一步推进监管体制改革，转变监管理念，加强统筹协调，补齐监管制度短板，健全宏观审慎管理框架。

我国处于资本市场发展的初级阶段，且资管业务呈现出混业经营、分业监管的特征，因此不能直接将国外的风险管理和监管方法生搬硬套在我国资管行业的系统性风险与监管的研究上。从国内已有的研究成果来看，大多数文献侧重分析银行、信托、基金和券商等资管机构的经营风险，中间少数涉及资管行业系统性风险与监管的分析也显得较为浅显和零散。资管行业的蓬勃发展是我国投融资体系市场化程度不断提高的体现，而维护我国投融资体系的健康有效运行则有赖于资管行业自身的系统性风险管理和相关部门的政策法规监管。因此，全面分析我国资管行业的风险与监管现状、透析资管行业系统性风险的形成机制，对如何规避资管行业的系统性风险，保障我国金融系统的安全有效运行起着重要作用，同时有助于从宏观审慎的角度出发设计合理完善的我国资管业务监管体系。

---

① 1979年6月，英格兰银行行长库克（Cooke）在库克委员会（Cooke Committee）的会议上首次提出。宏观审慎监管是指为防止金融系统对经济体系的负外部溢出而采取的一种自上而下的监管模式。

（三）研究的内容与框架

本研究着眼于我国资管行业体系，从资管行业系统性风险的表现形式入手，层层剖析系统性风险的形成机制（风险来源、风险演化和风险传递），最后在此基础上提出我国资管行业系统性风险防范和监管对策。实际上，资管行业的风险与监管是一枚硬币的两面。本研究亦从我国资管行业的监管现状和监管政策出发，分析当前监管体制的不足之处及其潜在危害，最后在此基础上提出未来监管趋势的建议。

本文分为四个部分，每一部分的主要内容如下：

第一部分，绪论。从资产管理的定义和我国资管行业的发展特点出发，提出本课题的研究主体，即我国资管行业的系统性风险。在此基础上，本课题总结了现有文献对我国资管行业系统性风险的研究，包括资管行业发展与我国金融稳定的关系、资管行业系统性风险的表现形式和资管行业系统性风险的形成机制等。最后简要介绍本课题的研究方法与研究框架。

第二部分，我国资管行业的风险及监管。从资管行业的事实表象出发，分析资管行业风险的表现形式（刚性兑付、期限错配、通道业务、层层嵌套和非金融机构无序开展资管业务等）和监管情况。同时与国外资管业务的风险和监管状况对比，分析我国资管行业风险与监管的独特之处。

第三部分，我国资管行业的系统性风险形成机制。从资管行业的风险来源、风险演化和风险传递等三个方面刻画我国资管行业系统性风险的形成过程。在风险的来源上，着重分析隐性刚性兑付、资金池、监管标准不统一和非金融机构无序开展资管业务；在风险的演化中，着重分析隐性刚兑带来的经营风险、资金池带来的流动性风险、监管标准不统一带来的影子银行风险、资管产品层层嵌套带来的交叉风险以及非金融机构无序开展资管业务所带来的风险。在风险的传递上，着重分析资管机构间的风险传染和交叉性金融产品间的风险渗透。

第四部分，我国资管行业的风险防范和监管对策。2018 年 4 月，人民银行、银保监会、证监会、外汇局联合发布了《关于规范金融机构资产管理业务的指导意见》，从加强资管业务的法律建设、防范流动性错配、实施穿透式监管和循序渐进打破刚性兑付等方面提出我国资管行业的监管要求。

二、我国资管行业的风险与监管

（一）国内资管行业的风险与监管现状

1. 国内资管行业的风险状况。就资管机构而言，信用风险、市场风险、流动性风险、合规风险、操作风险和道德风险等无时不在，无处不在。资管行业中的银行、证券、信托、基金与保险等金融机构的跨行业合作，产生了机构间的层层加杠杆和资管产品相互嵌套，在风险因子的诱发下，资管行业极易爆发系统性风险。从表现形式来看，我国资管行业的风险主要体现在以下几个方面。

（1）刚性兑付。目前，在我国资管行业中，大部分信托资管产品和部分银行理财的资管产品均属于预期收益率型，表明资管行业普遍存在着事实上的刚性兑付现象。所谓预期收益型理财产品，是指在发行时披露预期收益率或预期收益率区间的理财产品。与之相对的是净值型理财产品，即在存续期内定期或不定期披露单位份额净值的理财产品。净值型理财产品一般不提供预期收益率或收益率区间，仅定期披露净值而不承诺收益（该类产品与公募基金类似）。

从资产管理的角度讲，净值型产品更符合资管理念，因为这种产品的风险是真正由投资者承担，理财机构并不进行兜底。相反，预期收益型产品背离资管理念，在实际操作中，不论是保本型产品还是非保本型产品，基于竞争、信誉和"维稳"等原因，理财机构通常都会按照合同中预先设定好的收益率进行兑付，刚性兑付逐步成为常态和约定俗成，"非保本""浮动收益"等产品特性实际没有得到体现。刚性兑付在市场发展初期能在一定程度上保证中小投资者有安全稳定的投资渠道并防范金融中介机构道德风险，但随着市场不断深化，其弊端也日益显现，包括降低了投资者的风险意识，抬高了市场无风险收益率，使得实际风险在金融机构内部积累，损害了市场资源配置效率，不利于金融市场健康发展。

以典型的银行理财为例，预期收益型产品仍是理财市场主流发行品种，2016 年共发行了 141 472 只，市场占比 99.42%。预期收益型产品中，封闭式预期收益型产品发行数量最高，其次是开放式预期收益型和结构性预期收益型产品，市场占比分别为 83.63%、12.14% 和 3.65%。在封闭式预期收益型产品中，人民币封闭式预期收益型产品占比高达82.50%。值得注意的是，相较于 2015 年，封闭式预期收益型产品和开放式预期收益型产品的发行数量占比出现反向变化趋势，其中开放式预期收益型产品的占比出现下降，从15.08% 降至 12.14%，降幅为 2.94%，相反封闭式预期收益型产品的占比却稳步提升，从 82.01% 升至 83.63%，其占比上升可能与 2016 年同业理财产品出现爆发式增长有关。净值型理财产品虽广被呼吁，但由于发行该类产品面临较多困难和问题，如产品估值、风险计量、投资者偏好等，因而规模增速缓慢。2016 年，仅有 59 家银行发行了 829 只净值型理财产品，同比增速 9.37%，市场占比仅有 0.58%。不论是在发行银行数量上还是产品发行数量上，净值型产品都比预期收益型产品少。

根据普益标准的统计数据，2016 年银行发行的 117 402 只人民币封闭式预期收益型理财产品中，共有 59 299 只产品同时披露了预期收益率和到期收益率。通过比较发现，共有58 985 只产品在到期兑付时收益率达到了预期收益率，占比 99.48%，其中 596 只产品的实际收益率超过了预先约定的收益。而有 45 只产品的到期收益率未能达到预期收益率下限，占发行量的比重为 0.08%，其中区间收益型产品 1 只，给定具体预期收益率产品 44只。未能到期兑付产品的实际收益率与预期收益率的平均差值为 0.28%，多为农村金融机构发行的非保本浮动收益型理财产品，国有银行的实际兑付情况较优，仅有 1 只产品未能到期按预期收益率进行兑付。显而易见，封闭式预期收益型理财产品中虽既有保证本金兑付的保本型产品（保本固定型和保本浮动收益型），也有非保本浮动收益型产品，但在实际兑付时，不管产品实际运作情况如何，银行基本都能按照在合同中预先设定好的收益率进行兑付；对于区间收益产品来说，也基本上能按照区间上限进行兑付。

（2）期限错配。期限错配是我国资管行业风险的另一典型特征。期限错配是指资产管理计划定期或不定期（如3个月、6个月）进行滚动发行或开放，资金投向存续期比较长（如3年、10年）的标的（如信托计划、资产管理计划、有限合伙份额等），投资者的投资期限与投资标的的存续期限、约定退出期限的配比不一致，且资金来源与项目投向无法一一对应。实际上，这是资产管理机构为了追求利益的最大化，通过将短期募集资金与长期融资项目相配置，并通过发新产品还旧产品的滚动操作，缓解期限错配带来的流动性问题。这些理财产品到期能否兑付，依赖于产品的不断发行能力；一旦难以募集到后续资金，产品无法兑付的流动性风险就会暴露。我们可以从中国证监会的一件处罚案例来看期限错配的运作情况：中信信诚在2014年8月至2015年6月期间，曾利用现金管理计划、短期理财计划、非标专项计划三类资管计划开放期间不同的特性进行期限错配。现金管理计划每日开放，短期理财计划每月开放或者每季度开放，但是投资标的非标专项计划存续期都在一年以上。为了应对开放需要，现金管理计划和短期理财计划对非标专项计划进行内部交易，短期理财计划滚动发行，从而互相拆借流动性，实现"长拆短"的期限错配。

从银行发行的理财产品期限来看，自2011年银行发行短期和超短期高收益理财产品受限[①]后，1个月以内期限的理财产品发行数量呈现断崖式下滑，取而代之的是1~3个月期限的产品。受2016年7月下发的《商业银行理财业务监督管理办法（征求意见稿）》加强对"资金池"业务监管的影响，2016年银行新发的3个月以内的短期理财产品的总量占比继续下降，期限为1~3个月的理财产品占比从2015年51.91%下降至48.80%，而期限为3~6个月的理财产品占比则从28.03%升至30.15%，6~12个月的理财产品占比也小幅上扬。2017年上半年发行量增加较多的是期限为6~12个月和12个月以上的理财产品，虽然下半年12个月以上的长期理财产品发行规模大幅减少，而1~3个月的短期理财发行量有所反弹，但是随着资管业务监管的不断强化，新发产品的期限有不断延长的趋势，银行理财产品通过资金池实现期限错配的运作方式受到了一定的限制。但是，我国银行理财产品短期化的特点依然较为显著，需要一定的时间来矫正。

资管产品的需求方和投资方特征，是使得期限错配在资管行业普遍存在的重要原因。从需求端看：①与国外资管行业相比，我国投资者结构不尽合理，缺少长期稳定的机构投资客户。我国投资者以个人客户居多，公司客户也多是工商企业客户，一般的工商企业客户因为资金只有短暂临时性沉淀，或因为年末需要在财务报表上将投资转回显示为存款，因此多数都购买短期产品。②我国正处在经济转型期，金融市场波动较大，各方对未来利率走势、风险暴露难以形成稳定一致的预期，投资者存在希望把握阶段性高利率市场机

---

① 2011年9月30日，银监会发布《关于进一步加强商业银行理财业务风险管理有关问题的通知》。

会、获取短期超额收益的投机心理，再加上资产管理市场还不成熟，投资者教育不足，不能有效识别和把握风险，故银行和投资者的行为都趋于短期化。③银行产品形式上多为固定期限的预期收益率型产品，期限内缺乏流动性并存在刚性兑付现象，因此投资者也倾向于购买短期产品。从投资端看：①高收益非标投资占有较为重要的地位，而非标投资的期限较长、几乎没有流动性。②可投资的短期限资产较少且短期限资产投资收益率较低，如果不进行期限错配，收益空间极为有限。从银行大类资产配置中的非标资产占比来看，2014 年、2015 年和 2016 年分别为 20.91%、15.73% 和 17.49%。事实上，资管行业中存在机构绕道为产能过剩行业、限制性行业、房地产行业提供资金支持和资产管理产品相互交易的情况，这些领域一般标的期限都在一年以上。

（3）通道业务。通道业务实际上是银行转表的工具，本质上是融资驱动的影子银行。商业银行为规避监管、扩大投资范围、满足交易结构需求、寻求规模继续扩张，逐渐形成了借助"通道"实现放贷出表的挪腾模式，利用理财资金，通过券商、信托等机构，间接将资金贷款给需要资金的企业，实现资产出表，典型形式包括银行互相购买理财产品、银行借道信托发放信托贷款或转让信贷资产、银行委外投资、定向通道业务等。券商向银行发行资管产品，帮助银行调整资产负债表，实现相关资产从表内转移到表外的业务。在这个过程中，券商向银行提供通道，收取一定的过桥费用。一方面，借助通道业务，银行可以腾出规模，继续发放贷款或保证资本充足率满足监管当局的要求，也可以规避贷款风险。另一方面，得益于其不同资管机构监管规则不统一，银行资金方由于法律法规或监管政策等原因不得直接投资于项目方，特别是"非标"业务，为使投资信贷资金进入限制性行业，银行借助通道载体，包括证券、信托、基金及其子公司、期货、保险、私募等，既逃避了监管，又可实现超额收益。

2016 年，银行理财资金中约 16% 通过购买资管计划、定制产品等形式委外管理，总量约 4 万亿元，同时基金子公司、基金专户、券商资管的增量规模中大部分来自银行委托。以券商资管为例，截至 2016 年 12 月 31 日，证券公司资产管理业务共发行 2.4 万只产品，总规模 17.58 万亿元，其中定向资管计划 2.02 万只，规模为 14.69 万亿元，占比达 84%；集合计划和专项资管计划分别发行产品 3 643 只和 442 只，规模分别为 2.19 万亿元和 0.43 万亿元；2016 年，首次纳入统计的直投子公司直投基金共发行 501 只，规模为 0.27 万亿元。由此可见，目前通道类业务在券商资管的存量规模中仍占据较高比重。

通道业务游离于各监管部门之间无法覆盖的灰色地带，监管政策效果大打折扣，影子银行监管不足，潜藏较高的系统性风险。例如，2014 年通道业务风险事件的集中爆发，中诚信托"诚至金开 1 号"陷入 30 亿元兑付危机；5 月财通基金子公司发行的"财通资产光耀扬州·全球候鸟度假地"资管计划遭遇危机；7 月中诚信托的"诚至金开 2 号"被曝出现兑付问题，并最终确定延期；8 月万家共赢的 8 亿元资金被挪用案，令金元百利和万家共赢两家基金子公司再陷困境。

（4）层层嵌套。资管行业混业经营、分业监管的格局，为资管产品多层嵌套提供了机会，形成了我国独有的资管行业风险。资产管理产品嵌套是指两个及两个以上资管产品相互组合。从目前各类资管产品规定来看，除了公募基金以外，其他资管产品基本都存在相互交叉投资的可行性，其中受监管约束较小的信托产品、券商定向资管计划和基金子公司产品等都成为了资管嵌套的主要对象。资管产品的多层嵌套虽然能够满足交易结构设计需求，增强资产配置的可选择性，更好地匹配投资者的需求，但同时，资管产品嵌套放大了资管行业的杠杆系数，促使了资管风险的跨机构、跨市场交叉传染。

多层嵌套的资管产品通常以银行作为主要的资金提供方，信托、证券、保险、基金、基金子公司等作为通道，各类结构化信托、资管计划嵌套其中。资管业务主要可区分为标准化产品和非标准化产品，早期资管嵌套主要是应用于非标准化产品领域，诸如规避房地产信贷的监管、银行信贷出表等。近两三年则逐步过渡到标准化产品，2015 年股市的火热则资管嵌套多发生在股市投资，股市大幅回调后，债券市场牛市也吸引了大量资管嵌套业务。

（5）非金融机构无序开展业务。部分非金融机构无序开展资产管理业务，暴露出一系列风险问题，扰乱金融市场秩序。资产管理属于金融属性很强的一类业务，即使是通过互联网或者其他形式开展的营销或业务，本质仍属于金融业务。一些非金融机构，尤其是那些未在监管范围之内的，在资金实力、资本充足率、抗风险能力、可持续经营能力等方面都存在一定缺陷，风险具有突发性和不可控性。更重要的是，部分非金融机构为扩大投资者范围，利用互联网平台进行不规范的操作，如将线下私募发行的资产管理产品通过线上分拆向非特定公众销售、向不具有风险识别能力的投资者推介产品、未充分采取技术手段识别客户身份、开展虚假误导宣传、未充分揭示投资风险、未采取资金托管等方式保障投资者资金安全以及非法集资等。非金融机构无序展开资管业务严重影响了金融机构正常资管业务的开展，不利于资管行业的健康有序发展。

2. 国内资管行业监管的现状。自 2012 年多个监管部门密集修订发布了一系列针对资产管理的政策之后，资管行业的准入门槛、业务经营和投资范围等方面的限制被逐渐打破，商业银行、信托公司、证券公司、基金及其子公司、期货公司、保险机构和各类非金融机构纷纷进入资产管理行业，资产管理行业规模呈现爆发式增长，且混业经营的发展趋势十分明显。但截至 2018 年 4 月我国实行的是"一行三会"分业监管体系，即中央银行专注于货币政策的调控，银行、证券、保险则分别由银监会、证监会、保监会监管①。混业经营与分业监管的矛盾使得资管行业出现监管套利和监管真空，成为我国系统性金融风险产生的起点。

实际上，监管部门已经逐步意识到资管行业中存在的产品多层嵌套、刚性兑付、规避金融监管和宏观调控等问题，并出台了众多政策予以应对。自 2016 年下半年以来，大资

---

① 十三届全国人大一次会议针对金融监管机构作出了重大调整：组建中国银行保险监督管理委员会，将中国银行业监督管理委员会和中国保险监督管理委员会拟订银行业、保险业重要法律法规草案和审慎监管基本制度的职责划入中国人民银行，不再保留中国银行业监督管理委员会、中国保险监督管理委员会。

管监管政策就已经开始频繁落地。

（1）针对刚性兑付的监管。2016 年 7 月 14 日，证监会发布《证券期货经营机构私募资产管理业务运作管理暂行规定》，对私募资管业务出现的突出问题进行系统性规制。其中明确证券期货经营机构及相关销售机构不得违规销售，不适当宣传、误导欺诈投资者以及向投资者承诺本金不受损失，承诺最低收益，即：在资产管理合同及其销售材料中不得包含保本保收益的表述；资产管理计划名称不得存在"保本"字样；不得签署"抽屉协议"，包括回购协议、承诺函等文件，或者其他直接、间接承诺保本保收益的文件；资产管理人不得向投资者作出保本保收益的承诺。

2017 年 4 月，银监会召开第一季度经济金融形势分析（电视电话）会，传达贯彻党中央、国务院有关决策部署，分析银行业运行情况，提出下一阶段工作要求。其中的重点之一便是规范理财和代销业务，规范销售行为，充分披露产品信息和揭示风险，严格落实"双录"要求，做到"买者自负"，切实打破"刚性兑付"。

2018 年 4 月 27 日，央行同银保监会、证监会、外汇局等部门正式出台《关于规范金融机构资产管理业务的指导意见》。该指导意见首次明确对存在刚性兑付的机构，如果是存款类持牌金融机构，将要求足额补缴存款准备金和存款保险基金；对非存款类持牌金融机构则实施罚款等行政处罚。其次，该指导意见还要求，金融机构对资管产品实行净值化管理，净值生成应当符合公允价值原则，及时反映基础资产的收益和风险，让投资者明晰风险，同时要求改变投资收益超额留存的做法，管理费之外的投资收益应全部给予投资者，让投资者尽享收益。通过净值波动将资产价格波动传递给投资者，资管机构发挥主动管理能力，并不承担投资风险，有利于促进资管行业的健康稳定发展。

（2）针对期限错配的监管。2016 年 7 月 14 日，证监会发布《证券期货经营机构私募资产管理业务运作管理暂行规定》，禁止资产管理人开展资金池业务，主要是指带有"滚动发行、混合运作、无合理估值、未单独建账以及独立核算、期限错配、分离定价"等特征的业务。

2016 年 7 月 27 日，银监会下发《商业银行理财业务监督管理办法（征求意见稿）》，其中第二十四条规定商业银行开展理财业务，应当确保每只理财产品与所投资资产相对应，做到每只理财产品单独管理、单独建账和单独核算，不得开展滚动发售、混合运作、期限错配、分离定价的资金池理财业务。

2017 年 3 月 29 日与 4 月 6 日，银监会连发两文，即《关于开展银行业"监管套利、空转套利、关联套利"专项治理的通知》《关于开展银行业"不当创新、不当交易、不当激励、不当收费"专项治理工作的通知》，均要求不得违规开展资金池理财业务，理财产品需实施单独管理、单独建账和单独核算，不得开展滚动发售、混合运作、期限错配、分离定价的资金池模式理财业务。

2017 年 4 月 10 日，银监会发布 6 号文《关于银行业风险防控工作的指导意见》，要求银行业金融机构应当确保每只理财产品与所投资资产相对应，做到单独管理、单独建账、单独核算；不得开展滚动发售、混合运作、期限错配、分离定价的资金池理财业务；确保自营业务与代客业务相分离；不得在理财产品之间、理财产品客户之间或理财产品客户与其他主体之间进行利益输送。

为进一步降低期限错配风险，2018 年《关于规范金融机构资产管理业务的指导意见》指出，每只资产管理产品的资金单独管理、单独建账、单独核算，不得开展或者参与具有滚动发行、集合运作、分离定价特征的资金池业务；明确封闭式理财产品的期限不得短于 90 天；资产管理产品直接或者间接投资于非标准化债权类资产的，非标准化债权类资产的终止日不得晚于封闭式资产管理产品的到期日或者开放式资产管理产品的最近一次开放日等。这也就意味着银行不再能通过滚动发行超短期的理财产品投资到长期的资产当中获取期限利差，也不能通过开放式理财产品通过期限错配间接实现"短募长投"，3 个月以下的封闭式理财产品或消失。

（3）针对多层嵌套的监管。2016 年 7 月 27 日，银监会发布《商业银行理财业务监督管理办法（征求意见稿）》，禁止银行理财投资非标时嵌套证券期货资管产品，银行理财投资非标资产，只能对接信托计划，不能对接资管计划。不允许多层通道嵌套，鼓励银行理财发行一对一非标产品（无期限错配）。

2017 年 3 月 29 日与 4 月 6 日，银监会连发两文，即《关于开展银行业"监管套利、空转套利、关联套利"专项治理的通知》《关于开展银行业"不当创新、不当交易、不当激励、不当收费"专项治理工作的通知》，对多层嵌套提出了治理要求。

2017 年 4 月 10 日，银监会发布 6 号文《关于银行业风险防控工作的指导意见》，要求严控嵌套投资，强化穿透管理，切实履行自身投资管理职责，不得简单将理财业务作为各类资管产品的资金募集通道；严格控制杠杆，防范资金在金融体系内自我循环，不得使用自有资金购买本行发行的理财产品。

为进一步综合治理资管嵌套，2018 年《关于规范金融机构资产管理业务的指导意见》指出，金融机构不得为其他金融机构的资产管理产品提供规避投资范围、杠杆约束等监管要求的通道服务；资产管理产品可以投资一层资产管理产品，但所投资的资产管理产品不得再投资公募证券投资基金以外的资产管理产品。这个要求一方面充分考虑了金融机构因自身投资能力不足而产生的委托其他机构投资的合理需求，明确金融机构可以将资管产品投资于其他机构发行的资管产品，从而将本机构的资管产品资金委托给其他机构进行投资；另一方面对当前的层层嵌套、难以穿透的资管市场现状进行了比较明确的限制，未来行业有望向透明化、高效化发展转型。

（4）针对通道业务的监管。2013 年 12 月中旬，国务院办公厅印发《关于加强影子银行监管有关问题的通知》，要求对日益活跃的影子银行进行全面监管。该通知要求，正确把握影子银行的发展与监管、进一步落实责任分工、着力完善监管制度和办法、切实做好风险防范、加快健全配套措施。其最大亮点在于落实责任分工，有效防范影子银行风险。

2016 年 4 月 28 日，银监会下发 82 号文《关于规范银行业金融机构信贷资产收益权转让业务的通知》，就交易结构不规范不透明、会计处理和资本、拨备计提不审慎等问题，提出相应具体要求。主要监管要求包括：①转出方银行依然要对信贷资产全额计提资本，即会计出表，资本不出表，以防规避资本要求；②不得通过收益权转让的形式藏匿不良资产；③不得承担显性或隐性回购义务；④不良资产的收益权不得转让给个人投资者，包括个人投资者购买的理财产品，即叫停了以理财资金对接不良的做法。82 号文是对前期监管层所提的"穿透"原则的落实，一改此前仅基于会计科目（形式）的监管，而是深入到业务实质，有助于银行各项监管指标的真实化。在新的规则之下，银行不能够利用财富管理基金来直接或者间接地投资自己的理财产品，另外，银行需要对基于银行贷款的投资产品有全面严格的审查。此举能够全面冲击影子银行系统。

2018 年《关于规范金融机构资产管理业务的指导意见》指出，资管产品投资非标准化债券类资产，应当遵守金融监督管理部门有关限额管理、流动性管理等监管标准。作出上述规定的原因是，部分金融机构发行的资管产品主要投资于非标准化债权类资产，具有期限、流动性和信用转换功能，形成影子银行特征。这类产品透明度较低、流动性较弱，规避了资本约束等监管要求，部分投向限制性领域，大多未纳入社会融资规模统计。因此，该指导意见力求避免资管业务沦为变相的信贷业务，减少影子银行风险，缩短实体经济融资链条，降低实体经济融资成本，提高金融服务的效率和水平。与此同时，增强服务实体经济能力，需要深化金融体制改革，提高直接融资比重，促进多层次资本市场健康发展，健全货币政策和宏观审慎政策双支柱调控框架。

（5）针对非金融机构无序开展资管业务的监管。2018 年《关于规范金融机构资产管理业务的指导意见》指出，资产管理业务作为金融业务，属于特许经营行业，必须纳入金融监管。非金融机构不得发行、销售资产管理产品，国家另有规定的除外。

非金融机构违反上述规定，为扩大投资者范围、降低投资门槛，利用互联网平台等公开宣传、分拆销售具有投资门槛的投资标的，过度强调增信措施掩盖产品风险、设立产品二级交易市场等行为，按照国家规定进行规范清理，构成非法集资、非法吸收公众存款、非法发行证券的，依法追究法律责任。非金融机构违法违规开展资产管理业务的，依法予以处罚；同时承诺或进行刚性兑付的，依法从重处罚。

整体来说，资管行业相关的监管政策呈现出逐渐趋严的态势，我国资产管理市场统一监管的格局正逐步形成。政策规定为未来资管行业的良性发展指明了方向，但在具体问题上仍面临着执行困难，顶层设计尚需完善。

（二）国内外资管行业的风险与监管对比

1. 国内外资管行业的风险状况对比。资产管理起源于 18 世纪的瑞士，目前在欧洲和美国地区的发展最为成熟。国内外在资管产品、投资者结构、经营模式和监管模式方面的差异，使得刚性兑付、期限错配、通道业务、层层嵌套和非金融机构无序开展业务等成为我国资管行业独有的风险。

从资管产品来看，共同基金是美国资产管理公司最主要的资产管理产品[①]，截至 2015 年末，美国共同基金的规模占美国投资公司管理资产总规模的 87.4%，其中股票型基金占 52%，债券基金占 21%，货币基金占 17%，混合基金占 10%。除了占据传统优势的共同基金以外，美国 ETF 市场经过几年的缓慢发展，资产规模从 1993 年的 4.6 亿美元增长至 1998 年的 150 亿美元，随后进入高速增长阶段，截至 2015 年 12 月初，美国 ETF 市场规模已经高达 2.1 万亿美元，相当于成立初期的 4 500 倍[②]。另外，美国资产管理公司也发行类基金型开放式产品，设计长期限产品投资于长期限项目。在欧洲，资管业务通常被分为投资基金和全权委托资管。投资基金中占比最多的是权益类资产，以英国为例，其投资基金中的权益类资产占比为 46%。全权委托资管机构则相对于投资基金更加稳健，债券类资产占其管理规模的 55%，权益类资产占比约为 27%，货币市场票据约占 6%。

目前，我国资管产品较之前有了许多创新，但整体上依然存在产品单一、结构发展不均衡的问题。

从投资者结构来看，个人投资者是美国共同基金投资主力军，共持有 16 万亿美元的共同基金份额，占共同基金市场的 89%，其中 95% 持有长期债券或股权基金，投资到短期货币基金的仅有 1.7 万亿美元。相反，金融机构、非营利性组织等机构投资者仅 11% 投资于共同基金。在欧洲，资管业务中的投资基金主要服务于零售投资者，全权委托资管主要服务于机构投资者和高净值人群。零售客户由普通家庭与高净值人群构成，机构客户包含的范围非常广，既包括政府机构、企业和其他金融机构，也包括保险公司和养老基金。近几年来，机构客户在欧洲市场上所占比重呈上升趋势，从 2007 年的 69% 上升到 2013 年的 74%。以我国银行理财产品为例，约 2/3 来自个人客户，1/3 来自机构客户，机构客户中多数是一般工商企业和金融机构，通常只有短暂的资金沉淀。

从经营模式来看，美国和欧洲等成熟市场的资产管理更注重"差异化服务"理念，它会依据有关法律法规和委托人的收益目标、风险偏好、限制条件等因素，为客户量身定做组合方案，选择与之匹配的金融工具来构建合意的资产组合，并进行实时监控和调整，从而实现委托投资效用最大化。同时，投资风险也由投资者自行承担，资管机构只作为管理者根据所实现的收益收取佣金。而在中国，资产管理常被称为"代客理财"，客户购买的银行理财产品通常仅包含简单的风险测评，而并未考虑不同投资群体的差异化特征，其投资策略和标的资产也缺乏透明度，往往难以满足客户多元化的理财目标。

从监管体系来看，国外资管行业监管标准统一，各主要资管机构能够依据自身专业能力，相对自由地选择市场上的金融产品进行资产配置，不需要交叉投资以获取更大的利益，因此资管产品之间的风险传递不高。在我国，混业经营而分业监管的模式使资管行业出现监管套利的现象，整个资管业务的通道业务占比高，资管产品层层嵌套的现象十分

[①] 美国的资产管理公司主要提供以下四种产品：共同基金（open‑ended funds）、封闭式基金（close‑end funds）、单位投资信托（UITs）及交易所交易基金（ETFs）。

[②] 数据来源于美国投资公司协会（ICI）。

普遍。

2. 国内外资管行业的监管体制对比。在美国，《消费者金融保护机构法》及《多德—弗兰克华尔街改革与消费者保护法案》等集中了分散的监管权并加大了监管力度。由于在监管体系大背景下，美国实行对各资管机构统一监管，行业准入门槛较低，各机构之间的交易障碍被打破，另外监管部门能够同时了解不同机构的监管标准，避免监管灰色地带，从而降低了系统性风险。欧洲资管行业各成员国的分散监管也正逐渐转向由欧盟统一监管。欧盟委员会按照资管产品募集方式的不同分别制定了针对公募产品和私募产品的监管法规，即《可转让证券集合投资指令（UCITS）》和《另类投资基金经理指令（AIFMD）》，监管对象明确为各类资产管理公司，监管机构仍为各国监管部门，譬如法国是由金融市场监管局（AMF）负责。

在我国，资管行业主要采用分业监管的模式。不同类型的金融机构所发行的资产管理产品在产品准入、投资范围、募集推介、信息披露、资产托管、投资者适当性管理等方面的要求相去甚远，在大资管背景下推动的金融混业经营中很容易出现监管盲区，不同类型的金融机构通过相互"合作"来进行监管套利，通过多层嵌套、层层加杠杆等方式来规避监管、做大收益。这种同业链条的无序拉长，在一定程度上缓解了企业融资难问题的同时，也带来了底层资产看不清、杠杆过高、资金"脱实向虚"等问题，这些问题的普遍存在，形成了引发系统性金融风险的严重隐患。自 2016 年以来，政府不断出台新的监管政策，但这种"打补丁"式的监管并不能有效地解决根本问题。尽管在 2018 年 4 月 27 日，中国人民银行联合银保监会、证监会、外汇局发布的《关于金融机构资产管理业务统一监管规制的指导意见》设定了统一的标准规制，但真正实现事实上的统一监管还需要一定时间。

三、我国资管行业的风险形成机制

伴随着资管业务的规模不断攀升，资管行业跨市场的特点日益凸显以及资管产品向非标准化的不断发展，资管行业的风险也表现出多样性和独特性。同时资管产品层层嵌套和资管机构间大量的关联交易，使资管行业形成了一个"牵一发而动全身"的网络系统。由于我国经济正处于"三期叠加"[①] 时期，资产管理行业面临的宏观经济环境和微观市场机制均发生了深刻变化，任何外部冲击都可能使资管机构产生清盘的风险，当这种风险达到一定阈值时，资管行业的风险传递机制将使得资管机构的连锁反应，引发资管行业系统性风险的爆发。

严格来说，系统性风险是指金融体系内机构倒闭或市场崩溃这样的尾端事件从一个机构传染到多个机构，从一个市场蔓延到多个市场，导致损失在金融体系内不断扩散，并对

---

① 三期叠加：（1）增长速度换挡期，是由经济发展的客观规律所决定的。（2）结构调整阵痛期，是加快经济发展方式转变的主动选择。（3）前期刺激政策消化期，是化解多年来积累的深层次矛盾的必经阶段。

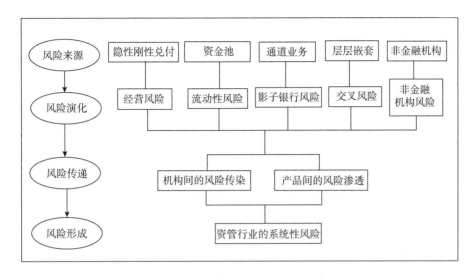

图 1　我国资管行业系统性风险形成机制图

实体经济造成冲击的风险（Hart 和 Zingales，2009）[19]。那么，资管行业的系统性风险则源于资管行业内的风险在整个资管系统的传递和蔓延。资管行业内的风险包括隐性刚性兑付带来的经营风险、资金池带来的流动性风险、监管标准不统一带来的影子银行风险、资管产品层层嵌套带来的交叉风险以及非金融机构无序开展资管业务所带来的风险。

　　风险在资管行业系统蔓延的原因，主要在于资管机构间的关联交易传染与交叉资管产品间的风险渗透。机构间的风险传染是指部分资产管理机构在资金的运用上存在关联交易，出现利益输送、虚假增资等行为，并且通过通道业务产生资金源头不清和资金运用不明的问题。产品的风险渗透来源于资管产品本身开发设计到营销管理过程中的关联性。本课题后续将以资管行业系统性风险为研究目标，从风险来源、风险演化和风险传递等方面阐述资管行业系统性风险的形成机制。

　　（一）资管行业的风险来源

　　1. 隐性刚性兑付下的机构兜底，使得风险停留于金融机构之内。我国人民银行或金融监督管理部门认定的刚性兑付行为，是资产管理产品的发行人或者管理人违反公允价值确定净值原则对产品进行保本保收益，或采取滚动发行等方式使得资产管理产品的本金、收益、风险在不同投资者之间发生转移，实现产品保本保收益，且在资产管理产品不能如期兑付或者兑付困难时，发行人或者管理该产品的金融机构自行筹集资金偿付或者委托其他金融机构代为偿付。目前，由于国内资管行业整体上仍处于发展的初级阶段，因此并没有形成"卖者有责、买者自负"的行业基础文化。一方面，投资者在购买资管产品时存在的刚性兑付预期使得其过多地关注当期收益，从而忽视了风险的存在。另一方面，资管机构承担了隐性担保，为实现刚性兑付，也会导致市场对高收益的盲目追求，反向激励金融机构将投资集中在高风险行业。刚性兑付容易引发道德风险，导致主体风险分担不合理，背离风险与收益匹配的原则，资管产品的风险将过多地集中在各个金融机构之内。下面将从信托业、银行业和债券市场阐述资管业务隐性刚性兑付所暴露的风险源头。

我国信托业近年来的井喷式发展，很大程度上得益于其兜底的刚性兑付，但高增长的资产规模已远超信托业所能承受的刚性兑付能力。相继爆发的兑付危机使得刚性兑付成为了信托机构资产管理业务发展的桎梏。信托风险事件最终处置结果是采用"时间换空间"拖延式的展期方式以及来自当地政府和银行救助，不计代价地兑现"刚性兑付"承诺。然而，这种兑付无疑是用一个风险掩盖另一个风险，只是将风险爆发节点后延。特别是在当前信托集中到期、经济增速放缓、信托公司杠杆过高而风险敞口较为集中的背景下，加之利率市场化加大市场风险、"钱荒"事件触发对流动性风险的担心，兑付危机将不断浮现。美银美林的报告认为中国很多信托产品已经失去清偿能力，许多产品最终违约不过是时间问题。

我国银行业方面，商业银行依靠发行高收益率的产品来吸引投资者，这部分金融产品在刚性兑付的潜规则下与表内存款一样，构成了银行的刚性约束，但在计算资本充足率时并未纳入统计口径，一旦遭遇冲击，理财产品的巨大亏损导致银行业的市场风险加剧。实际上，由于无法识别单独理财产品的风险与收益，一些银行只能按照预先告知客户的预期收益率来兑付，因此存在银行用自身信用和自营资金隐性担保的问题。更为关键的是，不同产品之间甚至还会存在利益输送现象，比如，理财产品之间互相交易，实现收益分享，特别是后期募集的理财产品资金可能会用来弥补前期产品的损失，使得大部分风险由银行自身承担了。而在债券市场，我国企业债券的刚性兑付制度使得资金价格的形成不符合市场规律，引起资金的不合理配置，导致预期收益高、实际质量差的项目占据市场优势。且受杠杆率高、企业债务负担重等因素影响，近年来风险违约事件频发，最为典型的是"11超日债"事件，但最后在各方博弈后几乎也如期兑付了。对违约情况的妥协处置极易引起资管机构风险管理的缺失、高风险业务规模非理性增长和市场潜在风险的不断积聚。总之，刚性兑付使得投资者风险防控意识薄弱，盲目追求高收益的金融产品，加大了兑付危机集中爆发的可能性。

2. 资金池业务致使资管产品的期限错配严重。资金池业务最开始是银行利用通道避开存贷比考核、控制净资产损耗、改善盈利模式的工具。在资管行业内，资金池业务是指资管资金投资于资本市场、银行间市场以外没有公开市价、流动性较差的金融产品和工具，从而导致资金来源和资金运用不能一一对应，资金来源和资金运用的期限不匹配（短期资金长期运用）。因此，资金池业务的主要特征为集合运作、期限错配和分离定价。其中，期限错配是如果风险缓释的期限比当前的风险暴露的期限短，则产生期限错配。如有期限错配且风险缓释的剩余期限不到一年，则不承认风险缓释在资本要求上的作用。集合运作是指公司与股东之间的经营业务、经营行为、交易方式、价格确定等持续混同。分离定价指对消费一种商品或服务分别制定两种价格。资金池的运作模式主要如图2所示。

从集合运作来看，不同资产管理计划进行集合运作，使得资金与资产无法明确对应，资产管理计划也并未单独建账、独立核算。多个资产管理计划合并编制一张资产负债表或估值表，无法辨识每只产品的预期收益来自哪些资产，造成风险衡量困难的问题，导致风

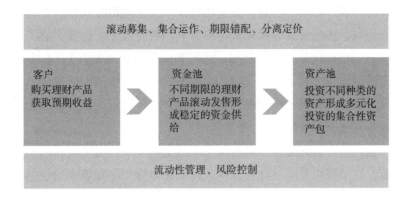

图2 资金池运作模式

险不可测；从期限错配来看，资产管理计划定期或不定期（如3个月、6个月）进行滚动发行或开放，资金投向存续期比较长（如3年、10年）的标的（如信托计划、资产管理计划、有限合伙份额等），投资者的投资期限与投资标的的存续期限、约定退出期限存在错配，且资金来源与项目投向无法一一对应，加大了资管产品的流动性风险，一旦难以募集到后续资金，容易发生流动性紧张；从分离定价来看，资产管理计划在开放参与、退出或滚动发行时未进行合理估值，脱离对应资产的实际收益率、净值进行分离定价，造成实际价值与人为定价的背离，导致风险收益不对称，在风险揭示不足的情况下，埋下了极大的隐患。

下面以券商和银行资管业务的资金池产品为例，探讨资管行业风险产生的机理。券商资管业务中主要有三类资金池产品，第一类是大集合资金池产品，第二类是结构化资金池产品，第三类是私募资金池产品。大集合资金池产品通常投资于私募债、资产证券化产品、高收益信用债券、低评级债券以及期限长的股票质押产品等流动性较差的品种，资金端和资产端的久期错配程度较高。结构化资金池产品容易提高产品杠杆倍数，私募资金池产品主要是不够规范的问题。银行资金池问题主要是银行理财产品发行募集期限和投资资产期限之间存在的较大偏差。即商业银行通过滚动发行期限较短的理财产品来筹集高流动性资金，将筹集的资金投资于低流动性长期资产以获取期限错配和流动性错配溢价，但在大资管背景下极易形成资金池，且极端情况下也可能会导致理财资金本息无法兑付的流动性风险。

3. 未统一的监管标准引发监管套利，资管行业内通道业务盛行。为提高银行体系的损失吸收能力和抗风险能力，银行资本和流动性的监管标准日益趋严，银行利润空间被压缩，促使银行寻求监管套利的金融创新。同时，对资产管理行业法规和监管标准的不统一，即各类金融机构在资产管理的框架下已经从事着同类业务，但各自所适用的法律关系、监管标准、投资范围和投资约束却各不相同，造成了不公平竞争并助长监管套利。监管套利的主要形式之一则是资管行业中的通道业务。通道业务的本质是融资驱动的影子银行，是以商业银行为主的金融机构为提升放贷能力，优化银行资产负债表的结构，突破贷款规模的限制,扩大表外资产的工具。主要运作模式为商业银行或银行集团内各附属机构作为委托人,以理财、委托贷款等代理资金或者利用自有资金,在投资范围受限时(基本局限于债权投资,股权投资受到一定限制,且不能做分级产品设计),在不愿放弃优质项目的情况下,将借助证券公司、信托公司、保险公司等银行集团内部或者外部第三方受托人作为通道,设立一层或多层资产管理计划、信托产品等投资产品,从而为委托人的目标客户进行融资或对其他资产进行投资。

但是就运作模式而言,通道业务本身只会增加交易成本,增加交易结构层次,导致金融风险高度隐蔽,底层资产不易被穿透,风险传染性增强,存在较大的金融风险隐患。首先,通道业务使得资金融出与融入方的交易被人为拉长,随着通道链条的增长,监管当局难以轻易穿透资产管理的底层资产。其次,从事通道业务的金融机构均要收取通道费,而这些费用最终将转嫁给实体经济融资企业,间接提高了实体企业的融资成本。再次,以通道业务提供服务的金融产品,往往是难以达到表内贷款门槛条件的融资,本身存在形式上和实质上的缺陷。最后,通道业务将导致整体金融运行风险储备不足。这是因为通道业务大量表现为轻资本业务,相关金融机构无须为通道业务相关的资产准备资本,也不用提取风险准备,导致大量通道业务最终演化成为影子银行,金融体系的资本和拨备规模不足以覆盖全部业务风险。

4. 资管产品层层嵌套,增强了资管机构间的关联性。金融市场开放化进程与监管深度推进速度的不匹配和分业监管下穿透式监管无法真正执行是资管产品相互投资、相互嵌套的诱因。在资管市场中,产品嵌套使不同金融机构资管业务紧密结合起来,打破了现有分业经营、分业监管的金融体制,实现了资管业务跨金融机构、跨市场的复杂交叉。我国资管嵌套起步于2006年,在2012年到2016年间飞速发展,2017年在监管趋严的背景下受到一定的约束。

图3 我国资管嵌套的发展历史

资管产品嵌套对资管行业风险的影响在于:(1)增加了产品的复杂性,导致底层资产和风险难以穿透。(2)增强了资管机构之间的关联性,导致风险在不同机构之间的传递概率增大,容易引发资管行业系统性风险。(3)拉长了资金链条,增加资金体内循环和融资成本。(4)夹杂多层法律关系,如果委托机构主动管理缺失,通道机构尽职调查能力不足,发生损失时也容易出现责任推诿。目前,资管产品嵌套的模式主要有规避监管的嵌套、扩大投资范围的嵌套和满足交易结构需求的嵌套。规避监管的产品嵌套将使监管政策效果大打折扣,而很多资管嵌套更是逃离监管,游离于各监管之间无法覆盖的灰色地带,导致资管机构盲目扩张,引发金融风险;扩大投资范围的产品嵌套将使得部分机构为了达到以高收益率吸引普通投资者的目的，通过投资各类资管计划，将其受益权进行拆分，变相降低资管计划的门槛，但并未配套相应的风险披露机制，存在一定的风险隐患；满足交易结构需求的产品嵌套风险较低，有助于增强资产配置可选择性，可更好地服务投资者。

5. 部分非金融机构无序开展资管业务暴露风险。在当前资管行业环境下，由于分业管制和监管滞后、通道业务快速发展以及互联网金融等因素，非金融机构开展资产管理业务已经暴露出一些风险和问题。并且，随着非金融机构资管业务风险的加大，很容易造成行业间的风险积聚和外溢。下面，从私募和新型资管产品角度来分析其风险。其中，私募产品风险主要来源于投资者的大众化、行业进入障碍小、通道业务、杠杆风险、资金池和监管盲区等方面。一是低收入投资者的介入使得私募投资者大众化，加大了危机事件发生时的群体传染性，从而容易引发大规模群体风险；二是行业的进入障碍小，导致行业风险容易积聚和扩散；三是私募产品通过发展通道业务绕过监管限制，通过多层嵌套的结构化投资绕过杠杆限制，使私募产品面临高风险；四是资管机构利用资金池进行期限错配，容易导致风险积累和诱发信用风险；五是当前分业监管中存在一定的风险监管盲区，使网络理财和一些 P2P 平台为规避监管规则，将私募产品通过网络进行分散化、公募化，风险进一步扩大、传染。在新型资管产品方面，金融科技的快速发展加速了包括智能投顾、FICC 和网络理财等新型资管产品的发展，这些新型资管产品相关的法律法规和监管制度尚不完善、平台的风控体系尚不健全，在交易行为中容易产生违约、欺诈等损害金融消费者权益的现象，对监管提出了较大挑战。

(二) 资管行业的风险演化

1. 隐性刚性兑付加剧资管机构的经营风险。随着资管行业规模的快速增长以及下行周期风险项目暴露的增多，资管机构所背负的兑付压力越来越大。虽然在很长的一段时期内，隐性刚性兑付为资管行业加速发展，以及各机构特别是信托业与商业银行树立品牌起到了积极作用，但与此同时，隐性刚性兑付侵蚀了资管机构的可持续发展能力，实际上是机构自身或股东承担了相应损失。并且，这种为了维护自身声誉，选择对产品足额支付本息的模式，在一定程度上也制约了诸如信托业、商业银行等资产的风险定价能力。对资管机构来说，可持续发展能力的制约不利于机构的长远健康发展，业务创新与产品创新将缺乏驱动力；对资管产品风险定价能力的制约，使得市场内资管产品的价格严重扭曲，风险与收益不对称；而投资者在刚性兑付下对风险意识的缺乏，使得作为资管市场的参与主体，投资者没有动力对整个行业进行有效监督，无法形成对行业内部各机构和各产品的有效淘劣，市场容易出现"劣币驱逐良币"的恶性循环。综上，在风险演化方面，隐性刚性兑付将加剧资管机构的经营风险。

2. 资管行业期限错配的特点致使流动性风险凸显。资产管理行业的资金池业务，其"分离定价""集合运作"等特点是业务的优势，也是风险来源，而这种风险最终将演化为流动性风险。首先，不同资管计划混同运作，资金与资产无法明确对应。混同运作产生了两方面的问题：一是投资标的期限错配，乃至资金端的成本无法高于资产端收益，容易形成脱离资产标的的"庞氏骗局";二是资金容易通过这一方式流向国家限制的领域,累积系统性风险。其次,资金池模式天然容易操作为"分离定价",即资产的收益并未来源于实际投资标的,而"分离定价"天然带来高度的不确定性,形成资金空转,潜在危及实体经济有序运行。最后,部分资管计划未进行实际投资或者投资于非标资产,仅以后期投资者的投资资金向前期投资者兑付投资本金和收益,后募兑付前期即所谓的期限错配,投资者的投资期限与投资标的的期限不一致,资金与资产端期限错配。潜在恶果是,在收益无法保证确定的前提下,依靠后期资金兑付前期资金,容易产生流动性风险。因此,资金池业务的特点最后将演化为流动性风险,加大了金融系统不稳定性。

3. 借助"通道"的出表模式增加了资管行业的影子银行风险。近年来,我国资产管理行业的规模扩张主要是由银行主导下的表外融资业务驱动的,银行作为上游资金来源机构,通过各种通道业务提升了其放贷能力,优化了资产负债表的结构,突破了贷款规模的限制,扩大了表外资产。然而,这种借助通道的出表模式实际上带来了较大的影子银行风险隐患。金融稳定理事会(FSB)将影子银行定义为"游离于银行监管体系之外、可能引发系统性风险和监管套利等问题的信用中介体系(包括各类相关机构和业务活动)"。资管行业中有意规避监管或未被监管关注的各类业务和产品都属于影子银行的范畴。从金融机构创设资产管理计划的目的分析,将表内资产转化为表外影子银行的资产,是影子银行金融工具的共同特征,明显减少了金融机构表内风险资产的计提和相关资本要求,导致金融机构抵御风险的能力下降。并且影子银行跨市场交叉性运作的特点,使得当前金融风险传染呈现出跨市场多点扩散的趋势,传统金融分业经营限制所设置的"防火墙"已经被彻底打破。因此,资管行业内借助通道的出表模式实际上将演化为特有的影子银行风险。

4. 资管产品层层嵌套容易引发交叉风险。在躲避监管与增加产品收益双重驱动下的层层嵌套,往往有着跨市场和跨行业的特点。跨市场既包括资管产品进行资产组合管理,从而使投资标的横跨货币、资本等多个市场的行为,也包括产品运作管理中出于对冲风险、套利等目的而产生的跨市场关联交易行为。而跨行业则是资管机构产品的发起运作涉及银行、信托、证券等多个金融行业,从合作的紧密程度上区分,又可区分为基于合同契约关系形成的跨业合作,以及基于股权、资本纽带形成的金融控股集团内各类金融机构平台间的跨业合作。伴随着基础资产和交易模式的不断创新,资管产品的层层嵌套在行业内部形成了较为复杂的风险传递链条,存在诱发交叉风险的可能。一方面,许多产品最终投资于房地产、政府融资平台,以及煤炭、钢铁等产能过剩领域,当前信用风险压力较为突出,而产品链条往往又较长,因此,一旦金融机构履约压力较大,同一链条上的机构都将受到交叉风险的影响。另一方面,以基础资产和交易模式进行创新的嵌套产品中大量运用了类资产证券化的技术,并通过合同安排创设了各种名目的资产"受益权""收益权"等,这些新型的权利缺乏完备的法律依据和司法判例支持,一旦发生风险将面临权利主体利益难保障、资产悬空和处置困难等问题,实际上也扩大了各机构本应承担的自身风险。因此,在多重嵌套产品的操作下,交叉风险的存在加大了资管机构的风险水平。

5. 融资链条的延长增加了资管行业体系的不稳定性。资管行业的监管逻辑混乱导致资产管理行业监管过度与监管不足并存，而受过度监管的机构往往会将其业务转向监管不足的灰色地带，由此产生监管套利。当前，几乎所有类型的金融机构均可提供资产管理服务，但由于原分属"三会"监管，各条线监管规则和标准不一致，各类机构发行的资管产品在投资范围、杠杆倍数等方面的要求均不尽相同，这也在客观上造成了金融机构间的监管套利行为。因此，普遍存在的监管套利延长了融资链条、增加了融资成本和货币政策的传导时滞，且融资链条的增加往往伴随着杠杆率的不断攀升，整个链条叠加后，杠杆水平已经超乎想象，催生了资产价格泡沫，侵蚀了金融稳定性，使得监管部门更加难以实现全流程监控和全覆盖监管。

（三）资管行业的风险传递

1. 资管行业内机构间的风险传染。资管行业风险积累的原因之一是行业内机构间的风险传染，使得机构承担着自身风险、跨机构风险和跨市场风险。目前，跨机构、跨市场的合作使得很多资产管理机构的产品设计动机往往就是为了规避某些特定监管法规条款，实质上，部分合作模式发挥着"影子银行"的作用，而合作模式又极易导致风险的传染，影响货币政策调控和监管政策意图的实现，若监管不到位可能加大金融业系统性风险的积聚。行业内较为典型的机构间合作模式有银信合作、银证合作、银基合作和银保合作。

在银信合作下，银行理财引入信托收益权或嵌套证券公司资产管理，或以信托计划购买银行信贷资产，到期银行溢价回购。但信托机构本身经营基础薄弱，资本实力较小，一旦信托项目产生风险，有可能在一定积累后通过与银行之间的交易，影响银行理财业务的运营，导致理财产品收益水平发生变化，引发银行理财的市场风险。银证合作和银基合作下，银行理财资金借助证券公司或基金公司的资产管理计划，投资自身贷款收益权或票据收益权等，实现信贷资产出表。银行理财资金还通过投资证券公司或基金公司的资产管理计划中的优先级，最终投资于二级市场股票或参与定向增发等。合作业务的资金流经过多次加杠杆后进入股票市场，容易造成股市的"快牛"，并在起初并不能得到监管部门的重视，当风险积累到一定程度集中爆发时，推高银行、证券公司和基金公司的市场风险。银保合作下，银行通过购买保险资产管理计划或直接委托投资，将资金以定期或协议类存款方式存入另一家银行，使同业存款转变为一般性存款，以扩大资金来源和贷款规模。银行还可委托保险资产管理公司进行投资运作，将理财资金投向保险资产管理计划或其他金融机构产品，在此过程中嵌套信托公司、基金子公司等多类金融机构的产品。但银保合作所签订的销售协议期限较短，银行处于优势一方，双方合作并不稳定，并未形成银保利益共同体。且嵌套产品的风险衡量困难，银行与保险公司的监管责任难以明确。

总之，在分业监管下的机构间合作模式降低了业务透明度，在一定程度上增加了风险隐蔽性，从而加大了机构间的风险积聚。

2. 创新驱动下交叉性金融产品的风险渗透。资管行业风险积累的原因之二是创新驱动下交叉性金融产品的风险渗透。我国的交叉性金融产品近年来呈爆炸式增长，特别是经济持续下行导致银行业的流动性宽裕，为优化资产配置，拓宽投资渠道，业务模式灵活、内外部约束较少的交叉性金融业务备受青睐。基础资产、交易模式、产品嵌套不断创新，形成了较为复杂的风险传递链条，存在诱发连锁性风险的可能。不同机构通过业务合作与产品嵌套发售，增加了风险交叉传导链条的复杂性，加大了资管产品的风险不确定性。

首先，从交叉性金融产品的形成过程来说，流动性转换、信用转换和杠杆层层叠加，为规避严格的监管衍生了诸多资金通道和过桥环节，导致最终投资人难以准确了解资金的实际投向和项目的实际风险状况，对真实的交易形式、内容、主体进行隐藏，底层资产难以进行穿透式监管，从而在风险发生时，参与机构权责不清，互相推诿，加剧市场波动。其次，交叉金融产品的结构往往较为复杂，难以做到充分的信息披露，跨市场与跨行业金融产品链条过长，涉及的利益主体过多，交易各参与方均不能对相关资产采取相应的有效的风险缓释措施。并且，一方的参与主体和市场产生的信用风险、市场风险、操作风险和流动性风险等极容易传染到交叉性金融业务上，从而引发市场的连锁反应。最后，随着交叉性金融业务投资标的范围的扩大，标的风险因素时刻牵动着资管业务本身，导致机构间风险关联程度偏高，在主体并未建立具有交叉金融产品特色的统一风险管理体系时，风险的集中程度也偏高，最终，资管行业的交叉性金融产品成为风险积累端，并具有风险复杂化程度高、风险关联程度高、风险集中度高的"三高"特征。

四、我国资管行业的风险防范与监管建议

目前，我国经济已由高速增长阶段转向高质量发展阶段，正处在转变发展方式、优化经济结构、转换增长动力的攻关期。作为社会投融资体系的一种形态，资产管理行业既要坚持服务实体经济的根本目标，充分发挥资管业务的功能，切实服务实体经济的投融资需求，又要避免业务模式过于复杂，防范跨行业、跨市场和跨区域产生的系统性风险。因此，在资管行业的监管中需要有的放矢，既要针对资管多层嵌套、杠杆不清、监管套利和刚性兑付等问题，设定统一的标准规制，又要为资管中的创新留出发展空间，并进行正确且适当的引导。同时，监管政策需要积极稳妥审慎推进，充分考虑市场的承受能力，加强和市场的沟通，有效引导市场预期。

2018 年 4 月 27 日，中国人民银行、银保监会、证监会和外汇局联合发布《关于规范金融机构资产管理业务的指导意见》（银发〔2018〕106 号），提出了我国资管行业监管的顶层设计，标志着我国资管行业首次迎来了监管标准的统一。为规范资管业务和促进资管行业有序发展，监管部门需要从宏观审慎监管、功能监管与行为监管、监管协调等方面履行监管职责。具体来说，一是人民银行加强宏观审慎管理，建立资管业务的宏观审慎政策框架，从宏观、逆周期、跨市场的角度加强监测、评估和调节。二是按照"实质重于形式"的原则，在资管业务的市场准入和日常监管中，强化根据产品类型进行功能监管，加强对金融机构的行为监管，加大对金融消费者的保护力度。三是加强监管协调，金融监督管理部门需研究制定监管细则，监管细则之间要相互衔接，避免产生新的监管套利和不公

平竞争。同时，要持续评估资管业务监管标准的有效性，适应经济金融改革发展变化适时调整。

进一步地，这一《指导意见》在资管产品定位、净值产品管理、合格投资者界定、银行委外理财、非标准化债权类资产、资管产品投向和人工智能等方面作出了严格规定和战略性的引导，在一定程度上为解决资管行业中的刚性兑付、资金池、通道业务和层层嵌套等问题指明了方向。

但在实际操作中，刚性兑付、期限错配和非金融机构开展资管业务等的规定还需要进一步讨论：首先，完全消除刚性兑付的难度较大。银行天生具有资金池特征，在公众心目中的商誉很高，银行从事资产管理业务具有天然优势，因此打破刚性兑付的难度很大；同时，为了打破刚性兑付提出了净值管理的概念。虽然定期公布净值使资管产品更为透明，但这需要对资产的公允价值有明确的规定，而"非标"和非上市公司的股权的公允估值仍是一大难题。其次，禁止期限错配在实际操作中的难度也很大。"非标"产品是银行参与债转股、支持实体经济发展的传统运作模式之一。比如，对接"一带一路"建设、京津冀协同发展等领域的资管产品大部分属于非标类产品，而且期限长。若要求资管产品的资金来源和投资运用要一一对应，还需要进一步权衡。最后，众多从事资管业务但并未持牌的中小非金融机构的规范清理工作指派不明。规定中指出未经审批、没有金融许可证的金融机构一律不许发行、代销资管产品，但这需要进一步明确由哪些监管机构对其进行规范清理、取缔关闭，并且需要大量人力物力，同时考验着有关政府部门的执行力。

在《关于规范金融机构资产管理业务的指导意见》监管规则的背景下，本课题联系我国资管行业的实际情况，提出以下建议。

（一）加强资管业务的法律建设，争取有法可依

明确资管业务的法律概念和法律依据是资管监管顶层设计的重要环节。目前，法律上没有对资产管理业务的法律概念，各金融机构开展的资管业务主要存在着信托关系和委托代理两种法律定位，以及部分基于资管产品当事人的特别约定，法律性质和法律关系不甚清晰。在实际操作中，银行个人理财业务、基金管理公司的特定客户资产管理业务、证券公司的客户资产管理业务，甚至保险公司的投资型保险产品都符合信托之实，但却不提信托之名；部分以委托代理的法律性质支撑资管业务的开展，也模糊了信托关系之本质，不仅无法适用《信托法》所带来的特有基础资产破产隔离功能，而且部分产品的发起机构并未切实履行诚实、信用、谨慎管理的受托义务，信息披露模糊，结构设计复杂且具有很大的不确定性，产品设计中利益向发行者倾斜，投资者利益无法得到有效保障。实际上，资管业务的定义本质上与信托的定义大同小异，均属于"受人之托，代人理财"的金融服务，而《信托法》对信托当事人的信托关系、权利义务作了明确和详尽的规定，一旦涉及民事诉讼，能做到有法可依。因此，尽快明确资产管理业务的法律概念和法律依据，对未来资管行业的健康有序发展起着至关重要的指引作用。

（二）循序渐进打破刚性兑付，投资者尽享收益、自担风险

资管的业务本质上是经营机构的表外业务，收益和风险均由投资者享有和承担，应该明确要求经营机构不得承诺保本保收益，并加强对投资者的教育，强化"卖者尽责、买者自负"的投资理念，推动预期收益型产品向净值型产品转型，使资产价格的公允变化，及时反映基础资产的风险，让投资者在明晰风险的基础上自担风险。改变投资收益超额留存的做法，金融机构应该只收管理费，管理费之外的投资收益应该全部交给投资者，让投资者在尽享收益的基础上自担风险。

此次中国人民银行、银保监会、证监会和外汇局联合发布的《关于规范金融机构资产管理业务的指导意见》明确要求，资产管理业务是金融机构的表外业务，金融机构开展资产管理业务时不得承诺保本保收益；出现兑付困难时，金融机构不得以任何形式垫资兑付；金融机构不得开展表内资产管理业务。该指导意见还要求金融机构对资管产品实行净值化管理，净值生成应当符合公允价值原则，及时反映基础资产的收益和风险，让投资者明晰风险，改变投资收益超额留存的做法，管理费之外的投资收益应全部给予投资者。同时，该指导意见还首次明确定义了刚性兑付。关于打破刚性兑付，在具体的实施上需要注意：

1. 资产管理机构做好准备，尽量减少其负面影响。包括资产管理机构对投资项目要尽职调查，产品信息要充分披露；产品设计上尽量避免过度复杂的设计，或通过分散投资，使得即使组合投资中少数项目出现风险，整个投资组合的损失率有限；从封闭式预期收益率型产品向开放式净值型转型，降低客户的刚性兑付预期；持续进行投资者教育，引导客户选择合适的产品，对客户做产品适销性评估，高风险产品只能销售给合格投资者；而且在销售时要指导客户分散投资，避免将全部资金集中到个别产品上，更不能多人合资来达到高风险产品的起售金额。

2. 从投资者角度来看，打破刚性兑付涉及投资者教育问题。诚然，在新规发布之前，很多资产管理产品为了吸引投资者，会在宣传时强调其保本属性，承诺在产品到期时分配给投资者本金以及收益，当出现不能如期兑付或兑付困难时，则由发行机构进行兜底。然而，许多投资者在进行投资时，并没有正确地认识投资的风险，忽视收益与风险相匹配、高收益必然隐含高风险的市场规律。是否保本甚至在很大程度上影响着部分投资者的投资抉择。因此，打破刚性兑付的关键之一就是加强投资者教育，使投资者正确地认识风险与收益的关系，而不是一味地要求得到刚性兑付，要求机构为自己的投资行为兜底。

3. 社会各方创造更有利的外部环境，媒体、政府、监管机构和法院的正确引导。为防范刚性兑付打破时出现的市场恐慌，监管机构应深层次地研究和解决。相关监管问题，早做应急预案，完善金融稳定机制，防止刚性兑付危机一旦发生迅速蔓延，引发金融和社会动荡。司法部门应建立健全相关司法程序和金融申诉机制，遇到此类事例充分征求专家意见，既要保护投资者的利益，也要科学合理判定买卖双方的责任，这一点因为迄今尚少有相关判例，初期会非常困难。而在美国等发达国家，法院对信托纠纷积累了大量判例，

使信托纠纷能够得到公正处理，并促进了信托立法和监管的不断改革，保障了信托的健康发展。

（三）防范流动性错配，加强流动性风险管理

针对防范流动性错配风险，资管机构应当加强正常和压力情况下的流动性管理，强化压力测试和信息披露要求。

1. 进一步强化日常流动性风险管理措施。监管部门应当完善对资管产品的低流动性资产上限、高流动性资产下限、投资集中度、资产期限、摆动定价、赎回费用等日常流动性风险管理措施，降低投资资产期限与客户赎回之间的错配程度，抑制极端情况下投资者"挤提式"的赎回冲动。具体而言，监管部门应当要求资管机构在设计资管产品时，确保客户赎回机制与产品投资策略和范围相匹配。在产品存续期间，应结合市场环境和投资者行为等变化情况，定期开展流动性风险评估，相应调整客户赎回机制，防范流动性错配风险。

2. 加强压力情况下的流动性风险管理。监管部门应当要求资管机构进一步完善赎回上限、暂停赎回、隔离低流动性资产、采用实物赎回等临时性流动性管理工具，明确使用条件和决策程序，并在使用过程中与投资者和监管部门充分沟通，尽可能降低使用临时性流动性管理工具的障碍和负面影响。必要时，监管部门可以强制要求资管机构使用暂停赎回等临时性措施，防止风险的进一步传播扩散。

3. 强化压力测试。监管部门应当进一步明确资管机构压力测试的目标、流程、频率及报告等监管标准，要求资管机构针对可能出现流动性紧张的情景，开展流动性风险压力测试。还应充分利用压力测试结果调整优化资产配置，提前做好流动性安排，并进一步完善应急预案。同时，金融稳定理事会建议将资管机构纳入宏观压力测试范围，充分反映资产集中抛售对金融体系稳定的影响。

4. 加强信息披露和监管报告。监管部门应强化资管产品的信息披露和监管报告要求，确保信息报送的质量和频率，充分披露资管产品的流动性风险状况及其管理措施、资产组合和具体资产的流动性情况、估值方法及其对风险管理的影响，以及外部融资来源等信息，使投资者和监管部门更好地了解资管产品的流动性风险及其管控情况。

（四）落实穿透式监管，防范资管业务的风险传染

在当前综合化经营深化的格局下，防范排查交叉性金融产品所带来的风险传导，加强资产管理领域交叉性金融产品的审慎监管尤为重要。从2012年开始，各监管机构均针对各自监管负责领域出台了一系列法规文件，监管范围不断拓展、监管力度不断加大。但是，交叉业务的监管模式仍属起步阶段，未来需要内外并举、协同发力，加紧构建起审慎合规、权责明晰、风险可控的监管体系。

1. 围绕服务实体经济，规范和引导资管领域交叉性金融产品创新。金融创新的实质仍在于改善和提升服务实体经济的能力，通过监管政策、市场等多因素驱动，鼓励各类资管机构培育和提升差异化竞争能力，规范各类收益权等新型财产性权利的创设行为，避免

金融机构在资管交叉性金融产品创新中陷入规避监管误区。

2. 抓住金融监管体制改革契机，重塑资管行业监管架构。应借鉴吸收国际金融危机后美国、英国等金融监管体制改革的经验做法，构建符合我国特色的宏观审慎监管框架，淡化分业监管思维，突出行为监管和保护消费者权益目标；合理划分中央与地方金融监管之间的权责边界，避免在类金融机构和实质开展资管业务的非金融类机构等领域出现监管空白。

3. 落实资产管理业务的穿透式监管。具体而言，"穿透式"监管涉及内容广泛，主要包括资金来源（如资金池）、合格投资人认定、底层资产（基础资产）、资金投向（产业政策、环境保护政策等）、投资模式（资管产品嵌套、通道业务、杠杆限制等）、风险监测（流动性风险、信用风险等）、信息披露（事前、事中、事后持续披露标准）等七个方面，覆盖一个资管产品从形成到结束的所有核心环节，主要涉及银行理财、券商资管、信托产品、保险资管、私募基金和金融资产管理公司资管等资管产品。实施穿透式监管在适应混业经营监管需求、规避监管盲区和防范系统性风险等方面都将发挥着重要作用。

参考文献

［1］项峥．"影子银行"风险凸显综合监管之紧迫［J］．中国金融家，2013（4）：141．

［2］项峥．"刚性兑付"难掩影子银行风险［J］．中国经济周刊，2014（6）：18．

［3］曹源芳，蔡则祥，王家华．跨市场资产管理业务的风险控制与政府审计［J］．山西大学学报，2017（1）：109－114．

［4］陈彬．资管行业混业经营的风险隐患及监管应对——兼论金融体制改革［J］．经济法论坛，2016（1）：73－92．

［5］张红力．大资管行业应完善全托管机制［J］．中国银行业，2016（3）：21－27．

［6］罗钢青，蔡年华，杨睿．资管业务发展的挑战［J］．中国金融，2017（8）：29－30．

［7］谢凌峰，李高勇．"大资管"背景下资产管理行业风险现状与建议［J］．中国管理信息化，2016，19（6）：139－140．

［8］李文红，王珤．资管业务监管的国际经验［J］．中国金融，2017（5）：42－44．

［9］徐诺金．资产管理乱象之治［J］．征信，2017，35（8）：6－10．

［10］曾刚．交叉金融创新与风险管控［J］．中国金融，2016（5）：31－33．

［11］谭人友，叶瑶，于涛．"穿透式"监管的内涵、目的与实践［J］．甘肃金融，2017（9）：25－30．

［12］唐彦斌，谢识予．刚性兑付问题的经济学本质探究及影响分析［J］．商业时代，2015（4）：71－74．

［13］倪银辉．我国资管市场的发展及风险管理探析［D］．浙江大学，2016．

［14］王烨．宏观审慎资本监管框架下的银行业资产管理问题及对策——来自中国银行业的经验证据［J］．理论探讨，2014（20）：65－67．

［15］伍戈，严仕锋．跨境资本流动的宏观审慎管理探索——基于对系统性风险的基本认识［J］．新金融，2015（10）：14－18．

［16］苟文均. 穿透式监管与资产管理［J］. 中国金融，2017（8）：17－20.

［17］马理，李书灏. 资产管理业务对商业银行收益与风险的影响效应研究［J］. 统计研究，2016，33（11）：32－41.

［18］马勇，陈雨露. 宏观审慎政策的协调与搭配：基于中国的模拟分析［J］. 金融研究，2013（8）：57－69.

［19］De Nicolo，Gianni，Kwast. Moro Systemic Risk and Financial Consolidation：Are They Related?［J］. Journal of Banking & Finance，2002（36）：861－880.

［20］Crockett，Andrew. Market Discipline and Financial Stability［J］. Journal of Banking & Finance，2002（26）：42－37.

［21］Oliver Hart，Luigi Zingales. How to Avoid a New Financial Crisis［R］. Working Paper，2009.

金融市场长期风险测度研究

尚玉皇　邹义宏　李成鸿

【摘要】测度金融市场长期风险是经济金融发展的必然要求，是维护金融安全与稳定的必要保证。深度认识金融市场长期风险不仅可以理解金融市场资产价格与实体经济的作用机制，而且有助于中央银行或者货币当局制定审视宏观监管政策，监测金融安全态势，维护金融稳定。因此如何全面反映金融市场风险状况需要基于可观测的经济金融指标构造出能够反映金融市场长期风险的综合指标。对中国来说，考察金融市场长期风险是一项非常重要的研究课题，对该问题进行深入研究对于金融市场参与者的决策行为具有很好的现实指导意义。

本文主要结论可概括如下：第一，基于极差信息的 GARCH – MIDAS 模型对我国股市波动率具有更好的拟合效果，而且能够合理测度中国股市波动率的长期成分，说明基于极差信息的混频波动率模型在刻画中国股市波动率方面的适用性与合理性。第二，GARCH – MIDAS 模型的拟合效果受到低频变量最优滞后阶数的影响，具有较长最优滞后阶数的 GARCH – MIDAS 模型能够得到更好的拟合效果，而且相应的最优权重分布呈平滑衰减趋势。第三，基于深证成指信息的稳健性分析进一步证实基于极差信息的混频波动率模型的良好表现，其在刻画中国股市波动率的长期风险拟合效果方面具有令人满意的结果。第四，与传统短期利率模型相比，BHK – MIDAS 模型对短期利率波动具有良好的样本内拟合效果。混频模型能够识别出短期利率波动的长期风险，而长期风险主要来源于宏观因子的贡献。第五，稳健性分析表明 BHK – MIDAS 模型在刻画中国短期利率波动长期风险的适用性及可靠性上，充分体现出引入宏观因子测度债券市场长期风险的现实意义。

一、研究背景

（一）维护金融安全的内在要求

2017 年在全国金融工作会议上，中共中央总书记习近平发表重要讲话。他强调，金融是国家重要的核心竞争力，金融安全是国家安全的重要组成部分，金融制度是经济社会发展中重要的基础性制度。习总书记进一步指出，防止发生系统性金融风险是金融工作的永恒主题。要把主动防范化解系统性金融风险放在更加重要的位置，科学防范，早识别、早预警、早发现、早处置，着力防范化解重点领域风险，着力完善金融安全防线和风险应急处置机制。牢牢守住不发生系统性风险的底线。

金融风险是金融市场活动中普遍存在的现象，金融风险的聚集与传染进一步导致金融危机，从而影响一国的金融安全。现如今，金融全球化的浪潮使得一国金融市场风险传染和聚集的可能性大大加强，而金融安全的脆弱性也随之提高。近年来，金融危机对各国经济产生深远影响。金融危机不但对金融体系的稳定产生冲击，影响宏观经济增长，而且金融危机还有可能酝酿深层次的经济危机甚至社会政治危机。世界各国政府、中央银行、国际金融组织密切关注金融危机，预警金融危机，防范金融危机。因为在金融危机期间货币政策的实施往往效果欠佳，各国政府面对金融市场股价暴跌、银行挤兑等行为，往往无能为力。

针对股票市场可能出现的金融安全问题各国金融监管部门都制定了相应的政策，如上市企业的信息披露、抑制市场过度投机等措施。但是制定相应的金融监管措施维护金融稳定必须对现实的金融发展态势有所了解，否则金融货币当局制定相关金融监管政策有可能会产生负面作用。

如何及时有效地了解国内和国际金融发展及金融运行态势，对各国中央银行制定监管政策、实现金融实时监测显得十分重要。监测金融安全就需要基于宏观经济及金融指标计算相应的金融市场风险量化度量指标，以更好地衡量宏观经济与金融市场的传染机制，及时对金融市场安全预警，制定合理的金融审慎监管措施。为此，各国中央银行及金融监管部门特别重视金融风险的研究工作。

值得注意的是，并非所有金融风险都会对金融安全产生影响。金融市场上短暂的随机冲击所产生的金融风险不会对金融安全产生实质性的影响。实际上，金融市场上所蕴含的与实体经济密切相关的长期风险才是影响一国金融安全的关键性因素。曾康霖（2008）进一步指出，实体经济周期波动是产生金融危机进而影响金融安全的首要因素。因为这些长期风险最终转化为系统性风险进而危及金融安全。如何识别与测度金融市场长期风险进而构建金融安全预警监测指标便成为我们亟待解决的重要问题。

（二）金融市场发展的必然要求

长期以来，许多国家中央银行或者货币当局以通货膨胀作为货币调整的主要目标，并且非常重视利率指标的作用。2008 年之后，美国出现次贷危机，欧盟地区则出现了欧债危机并进一步蔓延成全球性金融危机。面对这种金融形势，以美国为代表的一些主要国家实施了一系列量化宽松的货币政策，这表明世界主要国家金融状况正在发生深刻的变化。为了克服金融危机的冲击，金融市场价格波动受到世界各国的普遍关注，在世界各国货币政策实践中，金融资产价格发挥着越来越重要的作用。

与此同时，近 30 年来金融自由化、市场化深刻影响着各国宏观经济形势，对世界经济发展起到了很大的促进作用。Alchian 和 Klein（1973）首次指出，仅仅使用 CPI 作为通货膨胀指标反映的主要是实体部门的价格变化情况，而金融市场或者金融部门的一些价格变化也应该受到货币当局的重视。资产价格对货币政策的影响受到越来越多学者们及金融市场参与者的关注。金融市场资产价格的长期风险需要引起足够的重视。

就中国的经济金融实践而言，我国货币当局也面临着严峻挑战。随着我国经济综合实力的不断提升，金融市场规模不断增加，金融产品日趋丰富，尤其是股票市场发展规模日益壮大，可以说股票市场发行为家庭居民投资股票及其衍生品提供了可靠保障，改变着居民家庭的资产配置结构。但值得注意的是，金融市场是一把"双刃剑"，在丰富金融资产配置的同时也蕴藏着巨大的潜在风险。

股票、房地产、债券等金融资产在中国居民财富中的比例日益增加。国家统计局的统计数据表明中国居民家庭财产中，有相当一部分投资于金融产品，在所有金融产品中股票的投资比例最高。由此可见，房地产市场和股票市场等金融市场已经成为影响我国宏观经济及金融形势的重要指标，这必将对系统性金融风险产生重大影响。

二、文献综述

长期风险测度主要涉及股票市场和债券市场，本报告主要从宏观经济与金融市场关联性方面，梳理相关文献。

（一）经济理论假说

股市波动与宏观经济的理论假说主要基于一般均衡模型或者理性预期模型。在金融学理论中，一些经典的资本资产定价理论阐述了宏观经济与股市波动的关系，如基于消费的资本资产定价（CCAPM）模型（Breeden，1979）等。首先，在 Lucas（1978）模型的框架下，Breeden（1979）提出基于消费的资本资产定价模型，该模型指出风险溢价的时变特征受到消费风险及风险厌恶偏好的显著影响，当宏观经济发生变化时，人们消费储蓄意愿及风险厌恶偏好随之改变，进而影响风险溢价；Campbell（1991）提出一种股利贴现模型，认为当宏观经济基本面发生变化时，必将对企业的现金流和股利支付产生冲击，意味着宏观经济将对股票的未预期收益产生冲击，进而引起股市波动；最后，Bansal 和 Yaron（2004）提出一种长期风险模型，假设股利支付率受长期可预期成分和宏观经济波动成分的影响，该文献认为宏观经济不确定性是解释股票市场异常现象的重要源泉。

此外，一些研究也从其他角度解释宏观经济与股市波动的关联性以及金融市场中的经典悖论。例如 Barro（2006）提出特定灾难风险（Rare Disasters）模型以解释股市异常现象；Wachter（2013）进一步构建出时变特定灾难风险模型来解释股市波动行为。

除股票市场之外，大量经验研究告诉我们，短期利率与宏观经济及货币政策之间存在密切联系。费雪效应阐释了名义利率和通货膨胀的关联性，Bandi（2002）认为短期利率是关联名义与实体经济行为的重要指标。而 Carr（2011）则证实短期利率与通胀预期之间的同向运动趋势，说明了费雪效应的存在性。进一步地，Chua（2013）指出，短期利率动态受到货币政策及通胀预期的影响。基于 Taylor 规则可以发现，通货膨胀与实际产出均会对短期利率产生影响。Duan 等（2014）认为，许多宏观因子（如 GDP、CPI 等）均与基准利率存在密切相关关系。由此可见，忽视宏观经济及货币政策的作用将不利于我们揭示短期利率波动背后的经济逻辑，同时也会对利率波动拟合及预测效果产生不良影响。如何构建包含宏观因子的短期利率模型是本文关注的核心问题。

（二）经济计量方法

基于时间序列信息的波动率模型层出不穷，如 Bollerslev（1986）的广义自回归条件异方差（Garch）模型、Harvey 等（1994）的随机波动率（SV）模型以及近年来出现的基于高频数据信息包含跳跃过程的波动率模型（Andersen 等，2007）。

考虑到传统波动率方法无法解释和说明波动率的形成原因和经济含义，Engle 和 Lee（1999）认为有必要对波动率进行成分分解。Engle 等（2009）进一步指出波动率成分分解为关联股市波动与宏观经济提供了新的线索。实际上，关于股市波动的大量经验研究表明宏观基本面是股市的主要波动源，如 Beltratti 和 Morana（2006）、Engle 和 Rangel（2008）等。因此，如何将宏观经济信息引入至波动率模型中将有助于我们更好地解释股市波动成因，进而可能带来估计效果和预测精度的提高。

就债券市场而言，Vasicek（1977）、Cox 等（1985）分别提出 Vasicek 模型和 CIR 模型。为了更好地进行经验研究，学者们对这些经典的短期利率模型进行离散化，如 Chan 等（1992）提出的 CKLS 模型。需要指出的是，早期的短期利率模型忽视了利率波动时变行为。而自 Bollerslev（1986）提出 Garch 模型以来，出现了大量关注短期利率波动时变特征的金融计量模型，如 Brenner 等（1996）提出的 BHK 模型、Aït-Sahalia（1996）提出的非线性漂移模型、Bali（2003）提出的短期利率 SV 模型、Kalimipalli 和 Susmel（2004）提出的区制转移 SV 模型等。

（三）经验研究

更多的学者主要通过经验研究考察宏观基本面对股市波动的影响，这里我们将对发达经济体和新兴市场国家股票市场的研究现状分别予以概括与归纳。

就目前经验文献来看，大部分研究关注美国等发达资本市场宏观经济对股票波动率的影响。Beltratti 和 Morana（2006）的研究发现，产出波动对于美国股市波动具有很强的因果关系，而且产出波动对股市波动既有持续性又有非持续性的影响；Engle 等（2009）指出工业生产增长率和通货膨胀率对美国股票市场波动率均有显著影响，而且工业增加值波动对股市波动有正向影响关系；Morelli（2002）发现英国宏观经济波动对股市波动具有显著影响，而 Errunza 和 Hogan（1998）指出欧洲股市波动受到货币或者实体宏观经济因子的显著影响。

对新兴市场经济体的研究近年来越来越多。Wongbangpo 和 Sharma（2002）通过对亚洲 5 国（印度尼西亚、马来西亚、菲律宾、新加坡、泰国）的股市波动率进行研究发现，重要宏观经济因子如 GDP 等对股市波动率的影响起到决定性作用；Engle 和 Rangel（2008）基于 Spline – Garch 模型分析了包括大部分新兴市场和发达经济体近 50 个国家和地区的情况，结果表明，当 GDP 或通货膨胀等宏观变量波动增加时波动率的低频波动成分也会随之增加。

作为重要新兴市场经济体之一的中国，其股市波动与宏观经济的关联性问题也得到了国内学者的许多关注，但国内学者对该问题研究视角各不相同。首先，部分学者侧重从经济周期的角度考察宏观经济与股市波动的关联性（刘玉军，2011）。其中，赵可和丁安华（2013）探讨了经济周期与股市波动的传导机制，并认为不确定性的反周期性是研究宏观经济波动与股市波动的关键所在。其次，宏观经济变量对股市波动的直接解释能力引起其他学者的关注。赵振全和张宇（2003）采用多元回归和 VAR 模型研究发现中国宏观经济波动对股市波动的解释能力偏弱；最后，还有部分学者强调宏观经济政策在关联宏观基本面与股市波动方面的作用（唐平和刘燕，2008；陈其安等，2010）。如顾巧明（2011）认为货币政策的调整对股市波动存在显著的非对称效应，并且利率调整较之于准备金率调整对市场的影响更为显著。这些文献丰富了关于中国宏观经济与股市波动关联性问题的研究，但是大部分研究忽略了对波动率不同成分的分解，而且在关联宏观经济与波动率的研究中仅使用低频波动率，损失高频波动率的有效信息。

（四）小结

宏观经济指标相对于高频波动率数据频率较低，关联宏观经济变量与股市波动的分析主要采用同频（低频）VAR 模型，如 Errunza 和 Hogan（1998）、Wang（2011）等。为克服同频数据建模无法直接利用高频股市波动率信息的不足，Engle 等（2009）提出了一种新的成分波动率模型即 GARCH – MIDAS 模型，该模型区分了高频波动率的长期成分和短期成分，将低频波动率或宏观变量作为单个因子来刻画长期成分，并采用 MIDAS（混频数据抽样）方法关联单因子与长期成分。在混频数据问题的处理方法上，由 Ghysels 等（2004，2007）提出的混频数据抽样模型（MIDAS）在实际经济问题的分析中得到广泛应用。例如，刘汉和刘金全（2011）采用该方法对中国 GDP 进行混频预测分析；彭伟（2013）利用 MIDAS 等模型对中国上市商业银行股票日收益风险价值进行预测分析。

债券市场方面，短期利率与宏观经济及货币政策具有密切关联性的经验事实已被学术界广为接受，但是现实经济中宏观、金融指标数据发布频率的非同步性为我们构建包含宏观因子的短期利率模型提出了严峻挑战。例如，宏观经济指标多按月度（CPI）或者季度（GDP）发布，而短期利率等金融指标则可以获得日度，甚至更高频率的数据信息。此时若采用传统的同频（低频）建模方法即临时加总则会损失重要的高频数据信息（Ghysels，2004、2007），而损失的高频数据信息可能会对我们所关注问题的估计和（即时）预测起到关键作用（Fuleky 和 Bonham，2013）。也就是说，考虑宏观指标在短期利率建模中的作用，往往以损失短期利率的高频信息为代价，同时也会失去模型预测的时效性及精确性，从而无法及时满足经济行为人的迫切要求。如何运用不同频率的宏观经济指标构建短期利率模型的问题依旧悬而未决，文献中迄今仍未给出令人满意的答案。

三、长期风险模型

本报告主要利用 MIDAS 方法对股票市场和债券市场波动率进行分解，提取与宏观经济密切相关的长期稳定成分。

（一）股票波动长期成分

在资本资产定价模型中，未来现金流和折现因子是决定股票价格的两个核心要素。基于对数线性化的方法，Campbell 和 Shiller（1988）提出一种经典的股利贴现模型，其公式如下：

$$r_{i,t} - E_{i-1,t}(r_{i,t}) = (E_{i,t} - E_{i-1,t}) \sum_{j=0}^{\infty} \rho^j \Delta d_{i+j,t} - (E_{i,t} - E_{i-1,t}) \sum_{j=1}^{\infty} \rho^j r_{i+j,t} \tag{1}$$

式（1）中，$r_{i,t}$ 表示在 t 月（季度、年）第 i 天时股票的对数收益率；$d_{i,t}$ 表示处于 t 月（季度、年）第 i 天时股票的对数股利支付；$E_{i,t}$ 表示给定对应时期信息集的条件期望；Δ 表示一阶差分算子；ρ 表示贴现因子。

Campbell（1991）认为未预期收益可以由未来股利支付和预期折现因子的冲击来解释，也就是说未预期收益可以被看作是对于股票收益率的一种冲击。根据式（1）我们可以得知某一信息事件对预期股利的冲击与未预期收益正相关，而对折现因子的冲击则与其负相关。进一步地，Engle 和 Rangel（2008）认为收益率的冲击会表现出时变方差特征，该方差会受到某一信息事件对收益率冲击的作用强度（Intensity）和作用乘子（Impact Multiplier）的影响，而某一信息事件的作用乘子依赖于宏观经济环境。如果使用状态变量 z_t 表示整个宏观经济环境，那么 Engle 和 Rangel（2008）将收益率的冲击表示为

$$r_{i,t} - E_{i-1,t}(r_{i,t}) = \sqrt{\tau_1(z_t)} \eta_{i,t} \tag{2}$$

式（2）中，$\eta_{i,t}$ 表示某个信息事件对收益率冲击的作用强度；$\tau_1(z_t)$ 表示该信息事件的作用乘子。由于信息事件本身（强度和大小）也受到宏观经济或者其他不可观测的状态变量的影响，则有 $\eta_{i,t} = \sqrt{\tau_2(z_t) g_{i,t}} \varepsilon_{i,t}$。这里 g_t 可以看作非负的时间序列（如 GARCH 过程），$\varepsilon_{i,t}$ 为白噪音过程。在没有其他更多信息的情况下这两种成分 $\tau_1(z_t)$ 和 $\tau_2(z_t)$ 很难识别。令 $\tau(z_t) = \tau_1(z_t)\tau_2(z_t)$，可得

$$r_{i,t} - E_{i-1,t}(r_{i,t}) = \sqrt{\tau(z_t) g_{i,t}} \varepsilon_{i,t} \tag{3}$$

式（3）中的波动率包含两种成分，即 $g_{i,t}$ 表示短期的日度高频波动，$\tau(z_t)$ 表示某种长期的低频波动。短期波动成分一般会受到股票市场日度流动性及其他短期因子的影响，如 Chordia 等（2002）的研究表明，流动性对于市场波动率有重要影响；长期波动成分则与未来现金流和折现率密切相关，更为重要的是宏观基本面信息可以看作是股票市场的波动源（Engle 等，2009）。

1. 低频波动率 GARCH – MIDAS 模型。在式（3）的基础上，Engle 等（2009）提出了一种新的成分模型，称为 GARCH – MIDAS 模型。Engle 和 Rangel（2008）指出低频波动率可以反映宏观经济行为，如果采用低频已实现波动率来刻画股票市场波动率的长期成分则会得到基于已实现波动率的 GARCH – MIDAS 模型。

$r_{i,t}$ 依旧表示在 t 月（季度、年）第 i 天股票的对数收益率，即 $r_{i,t}$ 为日度频率数据，并假设在时期 t 内总共有 N_t 天。于是，将式（3）略作修改整理可得，对任意 $i = 1, \cdots, N_t$ 有

$$r_{i,t} = \mu + \sqrt{\tau_t g_{i,t}}\, \varepsilon_{i,t} \tag{4}$$

其中，扰动项 $\varepsilon_{i,t}$ 假设服从条件标准正态分布，即 $\varepsilon_{i,t} \mid \psi_{i-1,t} \sim N(0,1)$。进一步地，假设日度波动率短期动态成分 $g_{i,t}$ 服从 GARCH（1，1）过程，即

$$g_{i,t} = (1 - \alpha - \beta) + \alpha (r_{i-1,t} - \mu)^2 / \tau_t + \beta g_{i-1,t} \tag{5}$$

在 GARCH – MIDAS 模型中，τ_t 表示波动率的长期成分，其可由某个低频变量刻画。参考 Ghysels 等（2004、2007）提出的 MIDAS（混频数据抽样）回归方法，可以使用基于收益率的已实现波动率 $RV_t = \sum_{i=1}^{N} r_{i,t}^2$ 来刻画长期成分 τ_t。其公式如式（6）所示，该式混频波动率文献中称为 MIDAS 滤波。

$$\tau_t = m + \theta \sum_{k=1}^{K} \varphi_k (\omega_1, \omega_2) RV_{t-k} \tag{6}$$

式（6）中，K 表示低频变量的最大滞后阶数（MIDAS 滞后年），而 $\varphi_k(\omega_1, \omega_2)$ 表示基于 Beta 函数构造的权重方程，即

$$\varphi_k (\omega_1, \omega_2) = \frac{f(k/K, \omega_1, \omega_2)}{\sum_{k=1}^{K} f(k/K, \omega_1, \omega_2)} \tag{7}$$

其中：

$$f(x, a, b) = \frac{x^{a-1} (1 - x)^{b-1} \Gamma(a + b)}{\Gamma(a) + \Gamma(b)} \tag{8}$$

上述式（4）至式（8）共同构成基于收益率信息已实现波动率的 GARCH – MIDAS 模型。与基本的 GARCH 模型相比，GARCH – MIDAS 模型的主要特点是增加了成分方程的设定。

另外，通过对式（6）进行对数化处理便可得到如下形式的已实现波动率 GARCH – MIDAS 模型：

$$\log \tau_t = m + \theta \sum_{k=1}^{K} \varphi_k (\omega_1, \omega_2) RV_{t-k} \tag{9}$$

考虑对数化的 GARCH – MIDAS 模型可以更好地匹配宏观经济变量。与波动率指标不同，宏观经济变量的符号可以为负也可以为正，采用对数形式可以更好地适用任何符号的变量，而在 $\log \tau_t$ 指数化之后，其所刻画的波动率长期成分 τ_t 始终为正值，符合混频波动率模型设定长期成分的基本要求。

2. 多因子 GARCH – MIDAS 模型。上述模型均是使用单变量（低频波动率或者宏观经济变量）进行混频波动率建模，本文视之为单因子 GARCH – MIDAS 模型。然而，单因子混频波动率模型无法同时捕捉多个变量的边际贡献，设定多因子混频波动率模型有助于我们更好地捕捉股市波动的运行态势，深入认识宏观基本面对高频波动率的作用机制，同时还可以提高混频波动率模型的估计效果，从而改进现有波动率模型的样本外预测精度。

另外，我们需要注意的是构建多因子 GARCH – MIDAS 模型虽然重要，但如何处理不同变量数据类型对设定多因子混频波动率模型来说也不容忽视。因为股市低频波动率与宏

观经济变量数据类型迥然不同，如果我们使用原始数据直接建模，无法在同一标准下衡量不同因子之间的边际贡献，甚至会导致模型的估计精度较差。

假设有 N 个因子共同作用于长期成分，则长期成分方程的一般形式设定如下：$log\tau_t = \tilde{m} + \sum_{i=1}^{N} \tilde{\theta}_i \sum_{k=1}^{K} \varphi_k(\omega_{1,i}, \omega_{2,i}) X_{t-k}^i$，其中权重方程 $\varphi_k(\omega_{1,i}, \omega_{2,i})$ 的形式与前文中式（7）和式（8）的设定形式一样。例如双因子 GARCH - MIDAS 模型中刻画长期成分的方程设定如下：

$$log\tau_t = \tilde{m} + \tilde{\theta}_R \sum_{k=1}^{K} \varphi_k(\omega_{1,R}, \omega_{2,R}) RV_{n,t-k} + \tilde{\theta}_M \sum_{k=1}^{K} \varphi_k(\omega_{1,M}, \omega_{2,M}) X_{n,t-k}^m \qquad (10)$$

其中，$RV_{n,t-k}$ 表示相对当期（t 期）滞后 k 期标准化的对数低频波动率（这里 n 为变量的标准化标识）；$X_{n,t-k}^m$ 表示相对当期（t 期）滞后 k 期标准化的宏观经济变量（水平值和波动率）；$\tilde{\theta}_R$ 和 $\tilde{\theta}_M$ 分别表示低频波动率和宏观经济变量对长期成分的边际贡献。因此，式（4）、式（5）、式（7）、式（8）和式（10）共同构成双因子 GARCH - MIDAS 模型。

（二）债券波动长期成分

1. 传统的短期利率模型。许多短期利率模型均假设短期利率的瞬时变化由随机差分方程（SDE）描述。Chen 等（1992）提出的 CKLS 模型具有如下 SDE 形式：

$$dr_t = (\mu + \eta r_t) dt + \sigma r_t^{\gamma} dW_t \qquad (11)$$

式（11）中，μ 和 η 表示刻画利率变化条件均值的参数；σ 为利率波动参数；γ 则称为弹性参数，其度量了利率波动对利率水平的敏感度[①]；W 表示布朗运动过程。文献中，$\mu + \eta r_t$ 称为漂移项，σr_t^{γ} 则被视作扩散项。

进一步地，他们借助欧拉方法将连续时间条件下的 CKLS 模型离散化，得到如下方程设定形式。

$$\Delta r_t = \mu + \eta r_{t-1} + \sigma r_{t-1}^{\gamma} \varepsilon_t \qquad (12)$$

$$\varepsilon_t \sim iidN(0,1) \qquad (13)$$

其中，$\Delta r_t = r_t - r_{t-1}$。离散化模型中待估参数的基本含义等同于连续时间模型。离散化的 CKLS 模型为经验研究的学者们提供了便利，使得短期利率模型的应用价值得以充分体现，同时也有利于我们检验与评判短期利率理论模型设定的合理性。

实际上，短期利率波动的时变特征这一典型事实已被普遍接受。为了刻画短期利率波动的时变性，Brenner 等（1996）同时引入水平效应和 GARCH 效应提出了 BHK 模型或水平 GARCH 模型。该模型可由如下方程表示：

$$\Delta r_t = \mu + \eta r_{t-1} + \sigma_t r_{t-1}^{\gamma} \varepsilon_t \qquad (14)$$

$$\sigma_t^2 = \varphi + \alpha u_{t-1}^2 + \beta \sigma_{t-1}^2 \qquad (15)$$

$$\varepsilon_t \sim iidN(0,1) \qquad (16)$$

---

① 文献中通常将利率波动对利率水平的敏感度称为水平效应。

其中，$\Delta r_t = r_t - r_{t-1}$，$u_t = \sigma_t r_{t-1}^{\gamma} \varepsilon_t$。与 CKLS 模型不同，该模型假设短期利率波动受到利率水平和信息冲击的共同影响。大量经验研究证实引入 GARCH 效应可以更好地描述短期利率的波动行为。

2. 混频 BHK 短期利率模型。虽然 BHK 模型可以刻画短期利率波动的时变特征，但是其完全忽略了宏观因子对利率波动的影响。我们可以假设状态变量 z_l 表示整个宏观经济环境[①]，则短期利率的波动成分可以表示为 $u_{t,l} = \sqrt{\tau_1(z_l)} r_{t-1}^{\gamma} \delta_{t,l}$。此时，$\delta_{t,l}$ 表示信息冲击的作用强度，其本身也会受到宏观经济状态的影响，则有 $\delta_{t,l} = \sqrt{\tau_2(z_l) g_{t,l}} \varepsilon_{t,l}$。在没有其他更多信息的情况下，$\tau_1(z_l)$ 和 $\tau_2(z_l)$ 两种成分一般难以识别。因此，令 $\tau(z_l) = \tau_1(z_l) \tau_2(z_l)$，则有

$$\Delta r_{t,l} = \mu + \eta r_{t-1,l} + \sqrt{\tau(z_l) g_{t,l}} r_{t-1}^{\gamma} \varepsilon_{t,l} \tag{17}$$

其中，$\Delta r_{t,l}$ 表示在 l 月（季度、年）第 t 天的短期利率变化。$\varepsilon_{t,l}$ 依旧假设服从条件标准正态分布。$g_{t,l}$ 可视为非负的时间序列（如 GARCH 过程），其表示短期的日度高频波动。该短期成分一般会受到利率市场日度流动性等其他短期因子的影响。$\tau(z_l)$ 表示受宏观因子显著影响的长期成分。

对比式（17）与式（14），我们可以发现式（17）可以作为式（14）的一般化形式，当长期成分 $\tau(z_l)$ 恒定为某一常数即不存在长期成分时，式（17）退化为式（14）。由此可见，我们通过对信息冲击进行成分分解，合理引入宏观信息来刻画短期利率波动行为。该方程不但包含了传统 BHK 模型中的水平效应和 GARCH 效应，而且基于长期成分强调了宏观因子的贡献。

对于短期成分 $g_{t,l}$ 可设定为如下 GARCH（1，1）过程：

$$g_{t,l} = (1 - \alpha - \beta) + \alpha(\Delta r_{t,l} - \mu - \eta r_{t-1,l})/\tau_l + \beta g_{t-1,l} \tag{18}$$

进一步地，参考 Engle 等（2013），我们采用 Ghysels 等（2004，2007）提出的 MIDAS（混频数据抽样）方法刻画长期成分 τ_l。为了更好地适用任何符号的宏观变量，我们将长期成分的对数形式设定如下：

$$\log(\tau_l) = m + \theta \sum_{k=1}^{K} \varphi_k(\omega_1, \omega_2) X_{l-k} \tag{19}$$

式（19）中，X_l 代表标准化的低频宏观变量；K 表示低频宏观因子的最大滞后信息阶数（文献中一般称为 MIDAS 滞后年）；$\varphi_k(\omega_1, \omega_2)$ 表示基于 Beta 函数构造的权重方程即

$$\varphi_k(\omega_1, \omega_2) = \frac{f(k/K, \omega_1, \omega_2)}{\sum_{k=1}^{K} f(k/K, \omega_1, \omega_2)} \tag{20}$$

其中，

---

① 本文规定状态变量 z_l 的下标 l 表示该状态变量的数据频率。一般而言，宏观经济变量的数据频率低于利率等其他金融市场收益率指标。

$$f(x,a,b) = \frac{x^{a-1}(1-x)^{b-1}\Gamma(a+b)}{\Gamma(a)+\Gamma(b)} \tag{21}$$

上述式（17）至式（21）共同构成混频宏观 BHK – MIDAS 短期利率模型，本文将其简称为 BHK – MIDAS 模型。对于该模型的参数估计，我们将基于极大似然估计方法加以实现。值得注意的是，BHK – MIDAS 模型中波动率部分由引入宏观变量的 GARCH 类波动率成分方程予以刻画，其由式（18）至式（21）构成。但是式（17）至式（21）中的所有参数需要同时估计。

四、数据

（一）股票市场数据

本研究报告选取的样本原始数据主要包括上海证券交易所综合指数和深圳证券交易所成分指数，数据频率为日度。基于这些数据信息，本报告将采用 GARCH – MIDAS 类模型测度股票市场的长期成分。本文实证需要使用收盘价、最高价及最低价共计三种价格信息。以上原始数据均来源于万得（Wind）金融数据库。

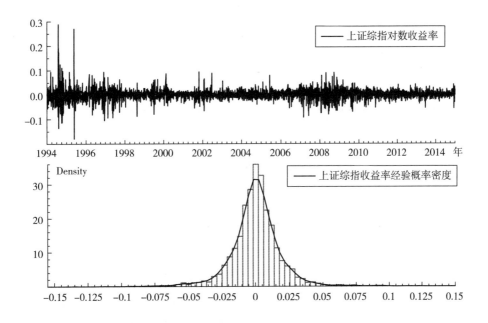

图1　上证综指对数收益率及经验概率密度

根据上证综合指数的收盘价信息，我们可计算得到每个交易日上证综合指数的对数收益率，并进一步计算出基于收益率的月度已实现波动率；同时利用上证综指最高价和最低价信息，可计算得到基于极差波动率。根据收盘价信息可计算得到对数收益率，并进一步计算出基于收益率的月度已实现波动率。由于收益率指标仅考虑收盘价的信息，忽略了某一时段内价格变动信息即极差（range）信息。

考虑到极差信息在构建波动率方面的明显优势（Parkinson，1980），本文还将构建如下已实现极差作为低频波动率的代理变量，即 $RV_t = (4\log2)^{-1} \sum_{i=1}^{N_t} [\log(H_{i,t}) - \log(L_{i,t})]^2$。具体构建细节可参考 Martens 和 Dijk（2007）的做法，限于篇幅及重要性这里不再赘述。其中 $H_{i,t}$ 和 $L_{i,t}$ 分别表示在 t 月（季度、年）第 i 天股票交易的最高价和最低价。以上原始数据均来源于锐思（RESSET）金融研究数据库。我们基于深证成分指数信息同样可以计算得到相应的对数收益率、已实现波动率及极差波动率。

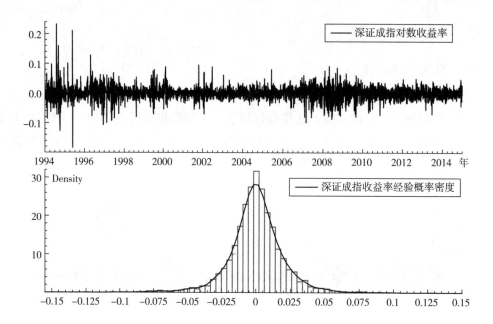

图2　深证成指对数收益率及经验概率密度

（二）债券市场数据

本文实证研究选取的样本数据主要包括日度 Shibor（上海银行间同业拆借利率）数据以及通货膨胀等月度低频宏观经济指标。

首先，关于短期利率的经验研究中，国外学者通常使用以下三个指标作为短期利率的代理变量。一是期限为 3 个月的国债利率（Hou 和 Suardi，2011）；二是联邦基金利率（Bali 和 Wu，2006；Duan，2014）；三是 7 天欧元利率（Aït-Sahalia，1996；Hong 和 Li，2005）。而国内的相关经验研究主要采用银行间同业拆借利率或者 Shibor，参见郑挺国和宋涛（2011）、李旭超和蒋岳祥（2014）、孔继红（2014）等。本文将选取期限分别为 7 天和 30 天的 Shibor 作为短期利率的代理变量。样本区间为 2006 年 10 月 8 日至 2015 年 2 月 28 日。数据均来源于 Wind 金融资讯数据库。图 3 给出期限分别为 7 天和 30 天的 Shibor 的日度信息。我们可以发现短期利率的变化具有明显的波动聚类现象，而且利率水平值越高，利率波动越大。

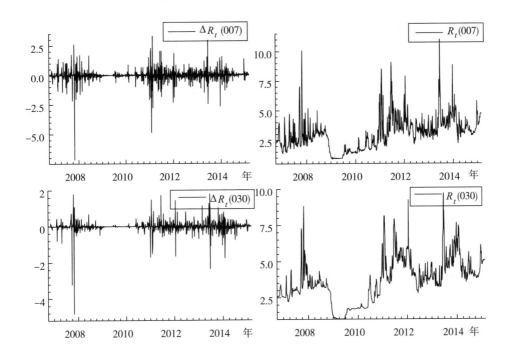

图 3　Shibor 日度信息（7 天和 30 天）

（三）宏观经济数据

　　鉴于股市波动、短期利率与宏观经济的关联性，本文实证研究将采用宏观基本面、通货膨胀及货币供应量共计三类指标。我们采用宏观经济景气一致指数①作为宏观基本面的代理变量，其数据频率为月度。样本区间为 2004 年 10 月至 2015 年 2 月。数据均来源于中国经济景气月报、Wind 金融资讯数据库。消费者价格指数（CPI）的月度同比增长率将作为通货膨胀的代理变量。样本区间为 2004 年 10 月至 2015 年 2 月。数据均来源于 Wind 金融资讯数据库。本文还将选取不同口径的货币供应量即 M1 和 M2 的月度同比增长率作为货币政策的代理变量。其样本区间为 2004 年 10 月至 2015 年 2 月。数据均来源于 Wind 金融资讯数据库。总之，参照经验研究文献并依据金融学基本原理，我们考虑了三类宏观指标。其分别代表了实体经济、价格水平及货币政策对短期利率的影响。图 4 描述了三类宏观变量的月度数据信息。

---

　　①　中国经济景气监测中心一致指数由工业企业利润、居民可支配收入、进出口、投资等宏观指标构建；先行指数则由货币供应量、工业产品产销率、消费者预期指数、恒生中国内地物流指数等指标构建。代表宏观基本面的指标还可以选取季度 GDP 和月度工业增加值等指标。但是 GDP 为季度数据，相对于其他月度频率的宏观变量通常表现出时效性差的劣势。若选取工业增加值（IP）等指标来代替 GDP 又不能全面反映宏观经济运行状况。

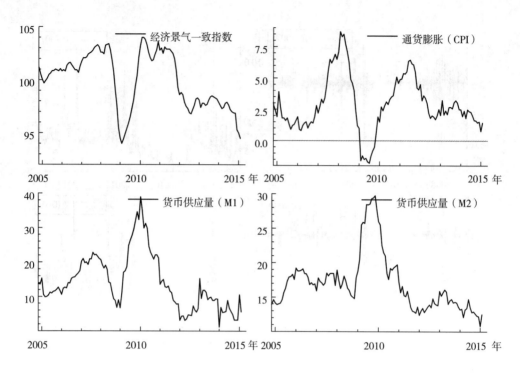

图4 宏观经济指标月度信息

五、实证结果分析

（一）股票市场长期风险测度

1. 参数估计结果。基于上证综指相关信息对 GARCH – MIDAS（P，Q，S）模型进行极大似然估计，其中 P 和 Q 的取值均为 1，S 的取值分别为 1 和 2。我们基于极大似然估计便可得到 GARCH – MIDAS（1，1，1）和 GARCH – MIDAS（1，1，2）模型的参数估计结果。表1 报告了基于极差信息和已实现波动利率信息构建的 GARCH – MIDAS 的结果。

表1 **GARCH – MIDAS 模型估计结果：基于上证综指信息**

	G – M – Ra （1，1，1）	G – M – Re （1，1，1）	G – M – Ra （1，1，2）	G – M – Re （1，1，2）
$\mu \times 10^{-2}$	0.0245 （0.0512）	0.0248 （0.0183）	0.0262 （0.1326）	0.02681 （1.3938）
α	0.1047 *** （0.0070）	0.1027 *** （0.0100）	0.1170 ** （0.0565）	0.1137 *** （0.0114）
β	0.8314 *** （0.0225）	0.8355 *** （0.0167）	0.8065 *** （0.1325）	0.8167 *** （0.0228）
$\tilde{m}$	– 8.3969 *** （0.1157）	– 8.7313 *** （0.0540）	– 8.3634 *** （0.3148）	– 8.6353 *** （0.0648）

续表

	G－M－Ra (1, 1, 1)	G－M－Re (1, 1, 1)	G－M－Ra (1, 1, 2)	G－M－Re (1, 1, 2)
$\tilde{\theta}$	1. 0714 ***	0. 9569 ***	0. 8457 ***	0. 7910 ***
	(0. 0213)	(0. 0469)	(0. 0080)	(0. 0358)
$\tilde{\omega}$	1. 2439 ***	1. 1448 ***	7. 1275 ***	5. 6046 ***
	(0. 0712)	(0. 0816)	(0. 6168)	(0. 5060)
Obs	4 853. 00	4 853. 00	4 602. 00	4 602. 00
Log－L	17 837. 05	17 836. 39	17 065. 77	17 062. 27
AIC	－ 7. 3485	－ 7. 3482	－ 7. 4141	－ 7. 4125
H－Q	－ 7. 3456	－ 7. 3454	－ 7. 4111	－ 7. 4096

注：①G－M－Ra、G－M－Re 分别表示基于极差信息、已实现波动率信息构造的 GARCH－MIDAS 模型，这里 MIDAS 滞后年取 1 和 2。②Obs 表示模型估计的样本量，Log－L 表示相应的对数似然函数，AIC 和 HQ 分别表示两种信息准则。③括号内的值表示稳健标准误差，*、**、*** 分别表示在 10%、5%、1% 的显著性水平下是显著的。

如表 1 所示，我们可以得知：首先，模型参数的估计结果大都具有统计意义上的显著性，其中参数 $\tilde{\omega}$ 表示极大似然函数估计得到的混频波动率模型的最优估计权重，参数 $\tilde{\theta}$ 的估计结果表明基于极差等信息构建的低频波动率对高频波动率长期成分具有显著正向影响。其次，在给定样本量等其他条件不变的情况下，依据 AIC 和 H－Q 信息准则，可以发现 G－M－Ra 模型总是优于 G－M－Re 模型，例如 G－M－Ra (1, 1, 1) 的对数似然函数大于 G－M－Re (1, 1, 1) 的估计结果，与此同时，G－M－Ra (1, 1, 1) 的 AIC 和 H－Q 信息准则相对较小，这体现出基于极差信息构建的混频波动率模型在刻画中国股市波动率方面的适应性。最后，在给定其他条件不变的情况下，基于 AIC 和 H－Q 信息准则可知，GARCH－MIDAS (1, 1, 2) 模型的拟合效果总是优于 GARCH－MIDAS (1, 1, 1) 模型的拟合效果，例如 G－M－Ra (1, 1, 2) 模型的 AIC 和 H－Q 信息准则小于 G－M－Ra (1, 1, 1) 模型的相应结果。这充分说明滞后信息对混频波动率模型拟合产生重要影响，当采用更多滞后信息时，混频模型的拟合效果会得到改进。

我们可以基于模型估计的最优分布权重进一步论证这一结果。图 5 给出上述模型的最优权重估计结果，我们可以发现 GARCH－MIDAS (1, 1, 1) 模型的最优权重分布较为平坦，并在最后一期迅速降为 0 值，而 GARCH－MIDAS (1, 1, 2) 模型的最优权重分布均呈现平滑衰减趋势，并且在第 12 期之后依旧存在有效信息，至第 15 期衰减至 0 值。由此可见，在构建 GARCH－MIDA 模型分析中国股市波动率时，我们应该尽可能选择权重分布较长的模型设定形式。

通过以上分析，我们可以得知基于极差信息的混频波动率模型具有更好的拟合效果，而且基于极差信息构建的低频波动率对高频波动率的长期成分具有显著的正向影响。那么基于极差信息构建混频波动率模型能否实现中国股市波动率长期成分和短期成分的合理分

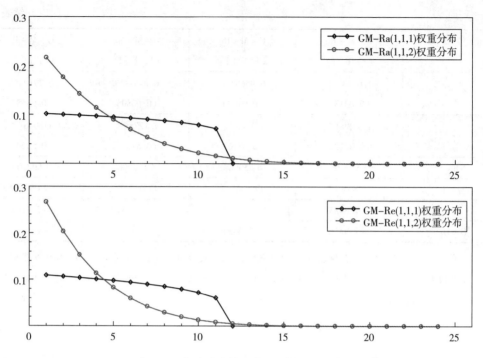

图 5　混频波动率模型最优滞后权重分布

解，是我们迫切关心的问题。

2. 长期风险分析。进一步地，为直观说明基于极差信息构建的混频波动率模型在刻画中国股市波动率长期成分方面的表现，我们规定 $\sqrt{\tau_t g_{i,t}}$ 和 $\sqrt{\tau_t}$ 分别表示日度对数收益率的条件方差和长期成分，以此分析条件方差与长期成分的波动趋势。图 6 中描述了基于极差信息的混频波动率模型即 G－M－Ra（1，1，2）模型估计的条件方差和长期成分，其估计的样本区间为 1996 年 1 月 5 日至 2014 年 12 月 31 日。

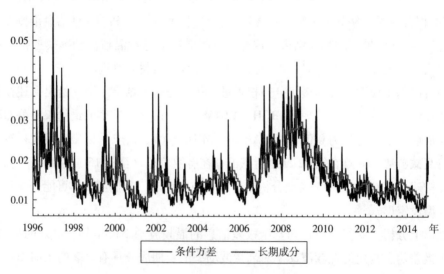

图 6　股市波动率的条件方差与长期成分

如图 6 所示，我们可以发现：长期成分相比于条件方差的波动范围较小，波动趋势更加平滑，而且长期成分与条件方差的高低起伏基本吻合，这一现象反映出长期成分与条件方差具有协同变化的趋势，意味着长期成分对股市波动具有重要影响。这进一步说明基于极差信息构建 GARCH – MIDAS 模型在刻画中国股市高频波动率长期成分方面的适应性。

3. 稳健性分析。上述分析结果表明，基于极差信息的 GARCH – MIDAS 模型对中国股市波动率具有更好的样本内拟合效果，而且能够合理识别出中国股市高频波动率的长期成分。为了进一步说明以上分析结果的可靠性，本文基于深证成指的相关信息进行稳健性分析。表 2 给出了 GARCH – MIDAS 模型的估计结果。这里我们依旧对 GARCH – MIDAS（P，Q，S）模型进行极大似然估计，其中 P 和 Q 的取值均为 1，S 的取值分别为 1 和 2。

表 2   **GARCH – MIDAS 模型拟合结果：基于深证成指信息**

	G – M – Ra (1, 1, 1)	G – M – Re (1, 1, 1)	G – M – Ra (1, 1, 2)	G – M – Re (1, 1, 2)
Obs	4 845.00	4 845.00	4 601.00	4 601.00
Log – L	17 349.65	17 332.88	16 539.71	16 533.04
AIC	– 7.1594	– 7.1525	– 7.1870	– 7.1841
H – Q	– 7.1566	– 7.1497	– 7.1841	– 7.1812

注：①G – M – Ra、G – M – Re 分别表示基于极差信息、已实现波动率信息构造的 GARCH – MIDAS 模型，这里 MIDAS 滞后年取 1 和 2。②Obs 表示模型估计的样本量，Log – L 表示相应的对数似然函数，AIC 和 HQ 分别表示两种信息准则。③括号内的值表示稳健标准误差，*、**、*** 分别表示在 10%、5%、1% 的显著性水平下是显著的。

基于表 2 报告的结果，我们可以发现：首先，在给定样本量等其他条件不变的情况下，依据 AIC 和 H – Q 信息准则，可以得知与表 1 的结论相一致，G – M – Ra 模型依旧占优于 G – M – Re 模型，相对而言，基于极差信息估计的对数似然函数值明显大于基于已实现波动率的估计结果，而基于极差信息计算得到的 AIC 和 H – Q 信息准则值则相对较小。这再一次体现出基于极差信息构建的混频波动率模型在刻画中国股市波动率方面的适应性及可靠性。其次，与表 1 中估计结果相一致的是，当给定其他条件不变的情况下，基于 AIC 和 H – Q 信息准则可以得知 GARCH – MIDAS（1，1，2）模型的拟合效果依旧优于 GARCH – MIDAS（1，1，1）模型的拟合效果。这进一步体现出滞后信息对混频波动率模型拟合产生重要影响，也就是说当我们采用更多滞后信息时，混频模型的拟合效果会得到改进。

上述基于表 2 的稳健性分析结果表明基于极差信息的混频波动率模型对拟合上海和深圳股市波动均具有令人满意的结果。正如上文中提到的那样，合理分解波动率长期和短期成分是衡量混频波动率模型优劣的重要标准，那么，基于极差信息的混频波动率模型是否能够合理提取深证成指波动率的长期成分呢？我们将基于图 7 报告的结果给出答案。

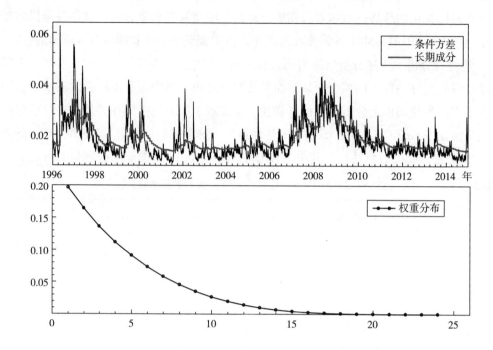

图7　深证股市波动率的条件方差与长期成分及最优权重分布

与上文中做法相同，依旧规定 $\sqrt{\tau_t g_{i,t}}$ 和 $\sqrt{\tau_t}$ 分别表示日度对数收益率的条件方差和长期成分，图7中描述了基于极差信息的混频波动率模型，即 G–M–Ra（1，1，2）模型计算得到的条件方差和长期成分，其样本区间依旧为 1996 年 1 月 5 日至 2014 年 12 月 31 日。如图7所示，我们可以发现：与上海证券市场的估计结果类似，深证股市波动率的长期成分相比于条件方差的波动范围较小，波动趋势依旧平滑，能够捕捉到长期成分与条件方差之间协同变化的趋势。此外，与上海证券市场的估计结果相同的是，G–M–Ra（1，1，2）模型计算得到最优权重分布依旧呈现出平滑衰减的趋势。这进一步说明基于极差信息构建 GARCH–MIDAS 模型在刻画中国股市高频波动率长期成分方面的稳健性。

（二）债券市场长期风险拟合

1. 参数估计结果。我们分别使用 BHK 模型和包含宏观因子的 BHK–MIDS 模型对 7 天 Shibor 进行样本内拟合。其中，BHK–MIDS 模型分别引入经济景气一致指数（Con）、CPI、M_1、M_2 作为低频宏观因子并进行标准化处理。这里给出 BHK–MIDAS（1，1，2）模型的估计结果，如表3所示。

表 3   **BHK – MIDAS 模型估计结果：7 天 Shibor**

	BHK (1, 1)	BHK – M – Con (1, 1, 2)	BHK – M – CPI (1, 1, 2)	BHK – M – M_1 (1, 1, 2)	BHK – M – M_2 (1, 1, 2)
μ	0.0039 (0.0060)	0.0059 (0.0049)	0.0098 *** (0.0023)	0.0005 (0.0656)	0.0015 (0.0087)
η	0.0019 (0.0034)	– 0.0037 (0.0511)	– 0.0088 (0.0135)	0.0034 (0.0231)	0.0034 (0.0112)
γ	1.0001 *** (0.0616)	0.8021 *** (0.0632)	0.2722 *** (0.0058)	1.1915 *** (0.0488)	1.1695 *** (0.0766)
φ	0.0004 *** (0.0001)				
α	0.0140 *** (0.0038)	0.0582 *** (0.0193)	0.3270 *** (0.0068)	0.0089 *** (0.0015)	0.0087 *** (0.0022)
β	0.8299 *** (0.0158)	0.6376 *** (0.0312)	0.6325 *** (0.0102)	0.8172 *** (0.0161)	0.8283 *** (0.0223)
m		– 5.5687 *** (0.1378)	– 3.6525 *** (0.0374)	– 6.5122 *** (0.0720)	– 6.4516 *** (0.1028)
θ		0.9963 *** (0.1946)	1.4605 *** (0.0185)	0.6608 *** (0.2003)	0.7705 *** (0.0708)
ω		34.1073 * (18.3630)	49.5443 *** (0.6034)	4.6125 *** (0.4206)	0.9582 *** (0.0366)
Log – L	1 924.8721	2 029.7011	2 016.8752	1 969.3062	1 946.5222
AIC	– 1.8284	– 1.9263	– 1.9141	– 1.8688	– 1.8471
H – Q	– 1.8225	– 1.9185	– 1.9062	– 1.8609	– 1.8392

注：①BHK (1, 1) 表示波动率部分设定为 GARCH (1, 1) 的 BHK 模型；BHK – M – Con、BHK – M – CPI、BHK – M – M1、BHK – M – M_2 分别表示包含宏观景气一致指数、通货膨胀、货币供应量 M_1、货币供应量 M_2 的 BHK – MIDAS 模型。②Log – L 表示对数极大似然值；AIC 和 H – Q 分别表示模型选择信息准则。③括号内的值表示稳健标准误差，*、＊＊、＊＊＊ 分别表示待估参数在 10%、5%、1% 的显著性水平下是显著的。

表 3 中第 2 ~ 5 列分别报告了包含宏观景气一致指数、通货膨胀、货币供应量 M_1、货币供应量 M_2 的 BHK – MIDAS 模型估计结果。我们可以发现：首先，混频模型的多数参数估计值均能够表现出统计意义上的显著性。参数 ω 的估计结果表示低频宏观因子的最长滞后阶数，反映出宏观因子对波动率长期成分的作用期限。特别地，参数 θ 的估计结果表明宏观因子对长期成分具有显著影响，充分体现出引入宏观因子的合理性。其次，依据 AIC 和 HQ 信息准则，可以得知各类混频模型的拟合效果均优于同频 BHK 模型，说明混频模型在刻画中国短期利率波动方面的明显优势。最后，就宏观因子本身而言，包含宏观基本面和价格水平的 BHK – MIDAS 模型的拟合值优于基于货币供应量信息的相应结果，这表明中国宏观经济更加依赖于泰勒规则的作用机制影响短期利率波动尤其是短期利率波动的

长期成分。

2. 长期风险分析。进一步地，为了更加直观地说明宏观因子基于长期成分对短期利率波动的贡献，我们分别计算出各类混频模型条件标准差及长期成分等信息①，见图 8。如图 8 所示，基于 CPI 信息的条件标准差与残差绝对值高度吻合，说明中国短期利率波动时变特征被各类混频模型所捕捉。尤为重要的是，各类混频模型所刻画的长期成分并非某恒定常数而是具有时变特征，其呈现出与条件标准差大体一致的变化趋势。这表明混频模型可以提取出传统 BHK 模型所无法识别的时变长期成分，并进一步将长期成分的变化归因于宏观基本面等因素。

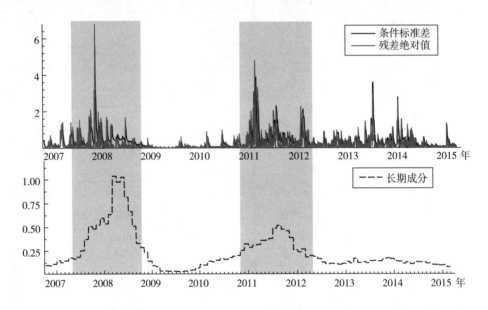

图 8　BHK - M - CPI （1，1，2） 模型估计的方差信息

3. 稳健性分析。上述分析结果体现了 BHK - MIDAS 模型在刻画中国短期利率波动方面的良好表现。为说明该模型分析中国短期利率波动方面的适用性及以上研究结论的可靠性，本文将从低频指标最优滞后阶数及短期利率期限两个方面进行稳健性分析。

表 4　　　　　　　　　　　　BHK - MIDAS 模型估计结果：7 天 Shibor

	BHK - M - Con (1，1，0.5)	BHK - M - Con (1，1，1)	BHK - M - CPI (1，1，0.5)	BHK - M - CPI (1，1，1)
μ	0.0060 * (0.0033)	0.0059 (0.0063)	0.0098 (0.0060)	0.0098 (0.1361)
η	- 0.0037 (0.0023)	- 0.0037 (0.0042)	- 0.0088 *** (0.0024)	- 0.0088 (1.1148)

---

① 限于篇幅及重要性，这里仅对 BHK - M - CPI （1，1，2） 模型的计算结果予以展示，对其他模型的计算结果感兴趣的读者可以向作者索取。

续表

	BHK – M – Con (1, 1, 0.5)	BHK – M – Con (1, 1, 1)	BHK – M – CPI (1, 1, 0.5)	BHK – M – CPI (1, 1, 1)
γ	0.7984 *** (0.0275)	0.8010 *** (0.0480)	0.2696 *** (0.0370)	0.2714 *** (0.1082)
α	0.0591 *** (0.0063)	0.0584 *** (0.0225)	0.3271 *** (0.0415)	0.3271 *** (0.0022)
β	0.6371 *** (0.0255)	0.6375 *** (0.1291)	0.6353 *** (0.0213)	0.6332 *** (0.0223)
m	– 5.5648 *** (0.0885)	– 5.5675 *** (0.0841)	– 3.6039 *** (0.9428)	– 3.6383 *** (0.9658)
θ	1.0008 *** (0.0145)	0.9977 *** (0.1105)	0.6608 *** (0.2003)	1.4623 * (0.8413)
ω	6.6653 *** (0.2825)	15.8035 (10.1951)	1.4667 *** (0.0862)	22.6904 *** (5.2787)
Log – L	2 029.8323	2 029.7399	2 017.1714	2 016.9527
AIC	– 1.9265	– 1.9264	– 1.9144	– 1.9142
H – Q	– 1.9186	– 1.9185	– 1.9065	– 1.9063

注：①BHK – M – Con、BHK – M – CPI 分别表示包含宏观景气一致指数、通货膨胀的 BHK – MIDAS 模型。②Log – L 表示对数极大似然值；AIC 和 H – Q 分别表示模型选择信息准则。③括号内的值表示稳健标准误差，*、**、*** 分别表示待估参数在 10%、5%、1% 的显著性水平下是显著的。

表 4 报告了基于景气一致指数、通货膨胀的 BHK – MIDAS 模型估计结果。与表 1 不同的是，这里模型估计选取的低频宏观指标最大滞后阶数分别为 6 个月和 12 个月。低频指标滞后阶数的选择具有明显的经济意义，这表明了宏观指标对长期成分有效作用期限。对比表 1 和表 3 的相应估计结果，可以发现混频模型拟合结果依旧占优于同频模型。另外，随着滞后阶数的减少，模型拟合效果随之改善。这表明宏观基本面和通胀指标对短期利率长期成分的作用期限较短，滞后 6 个月的信息可以很好地刻画长期成分，而滞后期更长的宏观信息不会影响长期成分。类似地，表 4 报告出货币供应量指标的相应估计结果。与表 4 中宏观基本面及通胀指标不同的是，随着滞后阶数的减少，模型拟合效果则会随之变差。这说明滞后更长期的货币供应量信息还会贡献于短期利率波动的长期成分，意味着货币供应量信息对短期利率波动作用期限更长。

稳健性分析方面，我们还考察 BHK – MIDAS 模型对不同期限短期利率的估计情况。表 5 报告了期限为 30 天 Shibor 的估计结果。首先，混频模型的关键参数估计值依旧具有统计意义上的显著性；其次，与 BHK 模型相比，各类混频模型仍然表现出更优的拟合效果；最后，包含宏观基本面和价格水平的 BHK – MIDAS 模型的拟合值依旧优于基于货币供应量信息的估计结果。总之，选择不同期限的短期利率同样可以得到类似的研究结论，充分说明了 BHK – MIDAS 模型适用性及研究结论的可靠性。

表5   **BHK – MIDAS 模型估计结果：30 天 Shibor**

	BHK (1, 1)	BHK – M – Con (1, 1, 2)	BHK – M – CPI (1, 1, 2)	BHK – M – M$_1$ (1, 1, 2)	BHK – M – M$_2$ (1, 1, 2)
μ	0.0042 *** (0.0015)	– 0.0058 *** (0.0007)	0.0003 (0.0077)	0.0019 (0.0178)	0.0016 (0.0052)
η	– 0.0045 *** (0.0007)	0.0018 *** (0.0004)	– 0.0011 (0.1485)	– 0.0034 (0.0074)	– 0.0016 (0.0030)
γ	0.3894 * (0.2118)	0.2559 *** (0.0162)	0.2673 *** (0.0058)	0.3426 *** (0.0153)	0.3044 *** (0.0766)
$\varphi \times 10^{-4}$	0.1656 *** (0.1126)				
α	0.3899 *** (0.2247)	0.3451 *** (0.0128)	0.3667 *** (0.0140)	0.3599 *** (0.0140)	0.3732 *** (0.0301)
β	0.6101 *** (0.0147)	0.6527 *** (0.0128)	0.6308 *** (0.0143)	0.6397 *** (0.0138)	0.6005 *** (0.0267)
m		– 4.6874 *** (0.4014)	– 3.0306 *** (0.5170)	– 4.6859 *** (1.7670)	– 4.7346 *** (0.7197)
θ		4.0935 *** (0.2380)	1.3484 *** (0.0612)	0.6608 *** (0.2003)	– 1.2436 *** (0.2175)
ω		2.7596 *** (0.1469)	8.7283 *** (1.2452)	1.0119 *** (0.0868)	59.9053 *** (13.1909)
Log – L	3 474.0672	3 604.7267	3 569.5205	3 491.9814	3 549.7099
AIC	– 3.3045	– 3.4271	– 3.3935	– 3.3197	– 3.3747
H – Q	– 3.2986	– 3.4192	– 3.3857	– 3.3118	– 3.3668

注：①BHK (1, 1) 表示波动率部分设定为 GARCH (1, 1) 的 BHK 模型；BHK – M – Con、BHK – M – CPI、BHK – M – M$_1$、BHK – M – M$_2$ 分别表示包含宏观景气一致指数、通货膨胀、货币供应量 M$_1$、货币供应量 M$_2$ 的 BHK – MIDAS 模型。②Log – L 表示对数极大似然值；AIC 和 H – Q 分别表示模型选择信息准则。③括号内的值表示稳健标准误差，＊、＊＊、＊＊＊分别表示待估参数在 10%、5%、1% 的显著性水平下是显著的。

六、结论与启示

（一）研究结论

对中国这样的新兴市场国家来说，考察金融市场波动率的影响是一项非常重要的研究课题，对该问题进行深入研究对于金融市场参与者的决策行为具有很好的现实指导意义。为了充分利用各类混频数据信息，本文使用混频波动率成分模型即 GARCH – MIDAS 模型来研究极差信息对股市波动率长期成分及波动率本身拟合效果的贡献。

根据股票市场长期风险的实证分析，本文主要结论可概括如下：第一，基于极差信息的 GARCH – MIDAS 模型对我国股市波动率具有更好的拟合效果，而且能够合理测度中国股市波动率的长期成分，说明基于极差信息的混频波动率模型在刻画中国股市波动率方面的适用性与合理性；第二，GARCH – MIDAS 模型的拟合效果受到低频变量最优滞后阶数的影响，具有较长最优滞后阶数的 GARCH – MIDAS 模型能够得到更好的拟合效果，而且相应的最优权重分布呈平滑衰减趋势；第三，基于深证成指信息的稳健性分析进一步证实基于极差信息的混频波动率模型的良好表现，其在刻画中国股市波动率的长期成分及波动率拟合效果方面均有令人满意的结果。

对于债券市场长期风险而言，本报告的主要结论如下：

首先，与传统短期利率模型相比，BHK – MIDAS 模型对短期利率波动具有良好的样本内拟合效果。特别地，与货币供应量指标相比，宏观基本面及价格水平指标的拟合效果更好。其次，混频模型能够识别出短期利率波动的长期成分，而长期成分主要来源于宏观因子的贡献。最后，稳健性分析表明 BHK – MIDAS 模型在刻画中国短期利率长期风险方面的适用性及可靠性，充分体现出引入宏观因子构建混频短期利率模型的现实意义。

（二）政策建议

综上关于金融市场长期风险文献梳理及实证研究，我们得到如下政策建议。

1. 重视金融资产长期风险与宏观经济的关联性。基于本研究项目的分析结果，我们可以发现金融资产长期风险受到宏观经济的显著影响，利用宏观经济计算出的金融资产长期风险能够反映出中国宏观经济及金融市场波动态势。因此，货币当局需要重视金融市场波动与宏观基本面的关联性。

2. 重视长期风险对金融安全的预警作用。金融安全对国家金融平稳有序发展及社会经济发展具有重要影响。合理测度金融市场长期风险能够反映整体金融风险情况，而且长期风险与宏观基本面相关，这对于金融状况具有明显的预警作用，有助于我们及时发现宏观经济运行实际情况。特别是宏观经济出现下行时，有助于货币当局及金融监管部门及时调整相关政策，防止出现金融危机等深层次问题。因此，货币当局及监管部门需要密切关注金融市场长期风险，并以此来制定更加科学合理有效的货币政策及金融监管政策，确保我国金融市场平稳有序运行。

参考文献

［1］刁节文，章虎. 基于金融形势指数对我国货币政策效果非线性的实证研究［J］. 金融研究，2012（4）：32 – 44.

［2］卜志村，孙慧智，曹媛媛. 金融形势指数与货币政策反应函数在中国的实证检验［J］. 金融研究，2012（8）：44 – 55.

［3］巴曙松，韩明睿. 基于 SVAR 模型的金融形势指数［J］. 宏观经济研究，2011（4）：26 – 31，79.

［4］李成，王彬，马文涛. 我国金融形势指数的构建及其与宏观经济的关联性研究［J］. 财贸经济，2010（3）：20 – 26.

[5] 封北麟, 王贵民. 货币政策与金融形势指数FCI: 基于VAR的实证分析 [J]. 数量经济技术经济研究, 2006 (11): 142 – 150.

[6] 张楠, 许学军. 基于国内大宗商品价格的中国金融形势指数构建研究 [J]. 科技与管理, 2014 (6): 116 – 121.

[7] 刁节文, 魏星辉. 基于FCI将我国货币政策纳入麦卡勒姆规则的实证研究 [J]. 上海金融, 2013 (7): 47 – 53, 117.

[8] 王维国, 王霄凌, 关大宇. 中国金融条件指数的设计与应用研究 [J]. 数量经济技术经济研究, 2011 (12): 115 – 131.

[9] 王婷. 中国金融条件指数FCI文献综述 [J]. 全国商情 (理论研究), 2013 (20): 39.

[10] 费兆奇, 殷剑峰, 刘康. 新形势下中国金融条件的测度与分析 [J]. 金融评论, 2013 (2): 28 – 36, 124.

[11] 封思贤, 蒋伏心, 谢启超, 张文正. 金融状况指数预测通胀趋势的机理与实证——基于中国1999—2011年月度数据的分析 [J]. 中国工业经济, 2012 (4): 18 – 30.

[12] 徐国祥, 郑雯. 中国金融状况指数的构建及预测能力研究 [J]. 统计研究, 2013 (8): 17 – 24.

[13] 许涤龙, 欧阳胜银. 金融状况指数的理论设计及应用研究 [J]. 数量经济技术经济研究, 2014 (12): 55 – 71.

[14] 栾惠德, 侯晓霞. 中国实时金融状况指数的构建 [J]. 数量经济技术经济研究, 2015 (4): 137 – 148.

[15] 周德才, 冯婷, 邓姝姝. 我国灵活动态金融状况指数构建与应用研究——基于MI – TVP – SV – VAR模型的经验分析 [J]. 数量经济技术经济研究, 2015 (5): 114 – 130.

[16] 彭伟. 我国上市商业银行股票日收益风险价值研究——基于AR、HAR和MIDAS模型的分析 [J]. 金融监管研究, 2013 (3).

[17] 唐平, 刘燕. 基于宏观经济变量的中国股市波动分析 [J]. 财经科学, 2008 (6).

[18] 王博, 伍楠林. 我国股指期货收益与宏观经济关系的实证分析 [J]. 国际贸易问题, 2012 (6).

[19] 赵可, 丁安华. 经济周期与股市波动传导机制的概念模型构建 [J] 中南大学学报 (社会科学版), 2013 (2).

[20] 赵振全, 张宇. 中国股票市场波动和宏观经济波动关系的实证分析 [J]. 数量经济技术经济研究, 2003 (6).

[21] 肖强, 司颖华. 我国FCI的构建及对宏观经济变量影响的非对称性 [J]. 金融研究, 2015 (8): 95 – 108.

[22] 郭琨, 成思危. 金融状况指数研究评述 [J]. 国际金融研究, 2011 (5): 67 – 73.

[23] 陆军, 梁静瑜. 中国金融状况指数的构建 [J]. 世界经济, 2007 (4): 13 – 24.

[24] 刘汉, 刘金全. 中国宏观经济总量的实时预报与短期预测——基于混频数据预测模型的实证研究 [J]. 经济研究, 2011 (3): 4 – 17.

[25] 郑挺国, 尚玉皇. 金融指标对中国GDP混频预测分析 [J]. 金融研究, 2013 (9): 16 – 29.

[26] 徐剑刚, 张晓蓉, 唐国兴. 混合数据抽样波动模型 [J]. 数量经济技术经济研究, 2007 (11): 77 – 85.

［27］郑挺国，王霞. 中国经济周期的混频数据测度及实时分析［J］. 经济研究，2013（6）：58 – 70.

［28］洪永淼，林海. 中国市场利率动态研究——基于短期国债回购利率的实证分析［J］. 经济学（季刊），2006（1）：511 – 532.

［29］孔继红. 基于非对称扩散跳跃过程的利率模型研究［J］. 数量经济技术经济研究，2014（11）：103 – 117 + 145.

［30］李旭超，蒋岳祥. SHIBOR 的波动特征和动态风险分析——基于 AR – TARCH – EVT 模型的实证研究［J］. 南方经济，2014（5）：42 – 51 + 68.

［31］杨宝臣，苏云鹏. SHIBOR 市场利率期限结构实证研究［J］. 电子科技大学学报（社科版），2010（5）：39 – 45.

［32］Adrian, T. , and H. S. Shin, 2010, "Liquidity and leverage," Journal of Financial Intermediation, 19（3）, July, 418 – 437.

［33］Aruoba, S. B. , F. X. Diebold, and C. Scotti, 2009, "Real – time Measurement of Business Conditions," Journal of Business and Economic Statistics, 27, 4, 417 – 427.

［34］Aruoba S B, Diebold F X, Scotti C. Real – time Measurement of Business Conditions［J］. Journal of Business & Economic Statistics, 2009, 27（4）：417 – 427.

［35］Andreou E, Ghysels E, Kourtellos A. Forecasting with Mixed – frequency Data［J］. Oxford Handbook of Economic Forecasting, 2011：225 – 245.

［36］Aruoba S B, Diebold F X. Real – time Macroeconomic Monitoring：Real Activity, Inflation, and Interactions［R］. National Bureau of Economic Research, 2010.

［37］Bernanke, B. and M. Gertler, 1999, Monetary Policy and Asset Price Volatility, Economic Review, Federal Reserve of Kansas City, Fourth Quarter, 17 – 51.

［38］Bernanke, B. and M. Gertler, 2001, Should Central Banks Respond to Movements in Asset Prices?, American Economic Review Papers and Proceedings, 91（2）, 253 – 257.

［39］Bean, C. , 2003, Asset Price Financial Imbalances and Monetary Policy：Are Inflation Targets enough?, Paper Presented at the Conference "Asset Prices and Monetary Policy" 18 – 19 August, Reserve Bank of Australia.

［40］Clark, P. , C. Goodhart, and H. Huang, 1999, Optimal Monetary Policy Rules in a Rational Expectations Model of the Phillips Curve, Journal of Monetary Economics 43, 497 – 520.

［41］Conover M. , G. Jensen, R. Johnson, 1999, Monetary Environments and International Stock Returns, Journal of Banking and Finance 23, 1357 – 1381.

［42］Ely, D. P. and K. J. Robinson , 1989, The Stock Market and Inflation：A Synthesis of the Theory and Evidence, Economic Review, Federal Reserve Bank of Dallas, March, 17 – 29.

［43］Foroni C, Marcellino M. A Comparison of Mixed Frequency Approaches for Modelling Euro Area Macroeconomic Variables. Working Papers 2012.

［44］Gilchrist, S. and J. Leahy, 2002, Monetary Policy and Asset Prices, Journal of Monetary Economics 49, 75 – 97.

［45］Goodhart, C. and B. Hofmann, 2000, Financial Variables and the Conduct of Monetary Policy, Sveriges Riskbank Working Paper No. 12.

［46］ Goodhart, C. and B. Hofmann, Asset prices, Financial Conditions, and the Transmission of Monetary Policy, Paper Presented at the Conference on Asset Prices, Exchange Rates and Monetary Policy, Stanford University, March 2 – 3, 2001.

［47］ Goodhart, C. and B. Hofmann, Deflation, Credit and Asset Prices, Hong Kong Institute for Monetary Research Working Paper 13/2003.

［48］ Mayes, D. G. and M. Virén, 1998, The Exchange Rate and Monetary Conditions in the Euro Area, Bank of Finland, Discussion Paper 27/98.

［49］ Mayes, D. G. and M. Viren, 2001, Financial Condition Index, Bank of Finland, Discussion Paper 17/01.

［50］ Rudebusch, G., 2002, Term Structure Evidence on Interest Rate Smoothing and Monetary Policy Inertia, . Journal of Monetary Economics, 49 (3), 1161 – 1187.

［51］ English, W., K. Tsatsaronis, and E. Zoli, 2005, "Assessing the Predictive Power of Measures of Financial Conditions for Macroeconomic Variables," BIS Papers: No. 22.

［52］ Friedman, M., and A. Schwartz, 1963, A Monetary History of the United States, 1867 – 1960 (Princeton, NJ: Princeton University).

［53］ Gambacorta, L., and P. Mistrulli, 2004, "Does Bank Capital Affect Lending Behavior?" Journal of Financial Intermediation, Vol. 13 (October), 436 – 457.

［54］ Gauthier, C., C. Graham, and Y. Liu, 2004, "Financial Conditions Indexes for Canada," Bank of Canada Working Paper 2004 – 2022.

［55］ Gertler, M., and S. Gilchrist, 1994, "Monetary Policy, Business Cycles, and the Behavior of Small Manufacturing Firms," Quarterly Journal of Economics, Vol. 109 (May), 309 – 340.

［56］ Mayes, D. and M. Virén, 2001, "Financial Conditions Indexes," Bank of Finland Discussion Paper No. 2001 – 2017.

［57］ Mody, A., and M. Taylor, 2003, "The High – Yield Spread as a Predictor of Real Economic Activity: Evidence of a Financial Accelerator for the United States," IMF Staff Papers, Vol. 50 (No. 3), 373 – 402.

［58］ Pesaran, H., and Y. Shin, 1998, "Generalized Impulse Response Analysis in Linear Multivariate Models," Economics Letters, Vol. 58 (January), 17 – 29.

［59］ Strongin, S., 1995, "The Identification of Monetary Policy Disturbances: Explaining the Liquidity Puzzle," Journal of Monetary Economics, Vol. 35 (August), 463 – 497.

［60］ Taylor, J., and J. Williams, 2008, "A Black Swan in the Money Market," Federal Reserve Bank of San Francisco Working Paper 2008 – 04.

［61］ Goodhart, C. and B. Hofmann (2000), Financial Variables and the Conduct of Monetary Policy, Sveriges Riskbank Working Paper No. 12.

［62］ Goodhart, C. and B. Hofmann (2001), Asset Prices, Financial Conditions, and the Transmission of Monetary Policy, Paper Presented at the Conference on Asset.

［63］ Prices, Exchange Rates and Monetary Policy, Stanford University, 2001.

［64］ Goodhart, C. and B. Hofmann (2002), Asset Prices and the Conduct of Monetary Policy, Royal Economic Society Annual Conference 2002, 88, Royal Economic Society.

［65］Hatzius, J., Hooper, P., Mishkin, F., Schoenholtz, K. and M. Watson (2010), Financial Conditions Indexes: A Fresh Look After the Financial Crisis, NBER Working Paper Series, WP 16150.

［66］Kiyotaki, N. and J. Moore (1997), Credit Cycles, Journal of Political Economy, 105 (2), 211 – 248.

［67］Matheson, T. (2011), Financial Conditions Indexes for the United States and Euro Area, IMF Working Paper, WP/11/93.

［68］Mayes D. and M. Viren (2001), Financial Condition Indexes, Bank of Finland Working Paper, 17.

［69］Napolitano, A. and O. Montagnoli (2004), Financial Condition Index and Interest Rate Settings: A Comparative Analysis, Working Paper.

［70］Oliner, S. D. and G. D. Rudebusch (1995), Is there a Bank Lending Channel for Monetary Policy?, Economic Review Federal Reserve Bank of San Fransisco, 2.

［71］Ghysels E, Santa – Clara P, Valkanov R. The MIDAS touch: Mixed data sampling regression models, 2004. , mimeo, Chapel Hill, N. C.

［72］Ghysels E, Sinko A, Valkanov R. MIDAS regressions: Further results and new directions ［J］. Econometric Reviews, 2007, 26 (1): 53 – 90.

［73］Frale, C and Monteforte, L. Famidas: A Mixed Frequency Factor Model with MIDAS Structure. 2010: Working Paper No. 3. Available at SSRN.

［74］Galvão A B. The Role of High Frequency Data and Regime Changes in Predicting Economic Activity with Financial Variable ［R］. Working Paper, 2010.

［75］Ghysels E. Mixed frequency vector autoregressive Models ［R］. Mimeo, 2012.

［76］Guérin P, Marcellino M. Markov – switching MIDAS Models ［J］. Journal of Business & Economic Statistics, 2013, 31 (1): 45 – 56.

［77］Brenner, R. J., Harjes, R. H., Kroner, K. F. 1996. "Another Look at Models of the Short – term Interest rate." Journal of Financial and Quantitative Analysis, 31 (1): 85 – 107.

［78］Bollerslev, T. 1986. "Generalised Autoregressive Conditional Heteroskedasticity." Journal of Econometrics, 31 (3): 307 – 327.

［79］Bali T G. 2003. "Modeling the stochastic behavior of short – term interest rates: Pricing implications for discount bonds." Journal of banking and finance, 27 (2): 201 – 228.

［80］Bandi F. M. 2002. "Short – term Interest Rate Dynamics: a Spatial Approach." Journal of Financial Economics, 65 (1): 73 – 110.

［81］Carr, J. 2011. "Money Supply, Interest Rates and the Yield Curve." Journal of Money, Credit and Banking, 4 (3): 582 – 594.

［82］Chan, K. C., Karolyi, G. A., Longstaff, F. A., Sanders, A. B. 1992. "An Empirical Comparison of Alternative Models of the Short – term Interest Rates." Journal of Finance, 47 (3): 1209 – 1227.

［83］Chua C L, Suardi S, Tsiaplias S. 2013. "Predicting Short – term Interest Rates Using Bayesian Model Averaging: Evidence from Weekly and High Frequency Data." International Journal of Forecasting, 29 (3): 442 – 455.

［84］Cox, J., Ingersoll, J., Ross, S. 1985. "A Theory of the Term Structure of Interest Rates." Econometrica, 53 (2): 385 – 407.

［85］Clements M P, Galvão A B. Macroeconomic Forecasting with Mixed – frequency Data: Forecasting Output growth in the United States ［J］. Journal of Business & Economic Statistics, 2008, 26 （4）: 546 – 554.

［86］Clements M P, Galvão A B. Forecasting US output growth using leading indicators: An appraisal using MIDAS models ［J］. Journal of Applied Econometrics, 2009, 24 （7）: 1187 – 1206.

［87］Ghysels E, Wright J H. Forecasting Professional Forecasters ［J］. Journal of Business & Economic Statistics, 2009, 27 （4）: 504 – 516.

［88］Engle R F, Ghysels E, Sohn B. Stock Market Volatility and Macroeconomic Fundamentals ［J］. Review of Economics and Statistics, 2013, 95 （3）: 776 – 797.

［89］Ghysels, E.; Arthur, S. and Rossen, V. "MIDAS Regressions: Further Results and New Directions." Econometric Reviews, 2007, 26 （1）, pp. 53 – 90.

［90］Ghysels, E. "Macroeconomics and the Reality of Mixed Frequency Data." Manuscript, University of North Carolina at Chapel Hill. Working Paper, 2012.

［91］Hamilton, J. D. and Lin, G. "Stock Market Volatility and the Business Cycle." Journal of Applied Econometrics, 1996, 11 （5）, pp. 573 – 593.

［92］Harvey, A.; Ruiz, E. and Shephard, N. "Multivariate Stochastic Variance Models." The Review of Economic Studies, 1994, 61 （2）, pp. 247 – 264.

［93］Hansen, P. R. "A Test for Superior Predictive Ability." Journal of Business and Economic Statistics, 2005, 23 （4）, pp. 365 – 380.

［94］Kim, Y. and Nelson, C. R. "Pricing Stock Market Volatility: Does It Matter Whether the Volatility is Related to the Business Cycle?" Journal of Financial Econometrics, 2014, 12 （2）, pp. 307 – 328.

［95］Lucas, R. E. "Asset Prices in an Exchange Economy." Econometrica, 1978, 46 （6）, pp. 1429 – 1445.

［96］Martens, M. and Dijk, V. D. "Measuring Volatility with the Realized Range." Journal of Econometrics, 2007, 138 （1）, pp. 181 – 207.

［97］Morelli, D. "The Relationship between Conditional Stock Market Volatility and Conditional Macroeconomic Volatility: Empirical Evidence Based on UK Data." International Review of Financial Analysis, 2002, 11 （1）, pp. 101 – 110.

［98］Parkinson, M. "The Extreme Value Method for Estimating the Variance of the Rate of Return." Journal of Business, 1980, 53, pp. 61 – 65.

［99］Schwert, G. W. "Why Does Stock Market Volatility Change Over Time?" The Journal of Finance, 1989, 44 （5）, pp. 1115 – 1153.

［100］Shyu, Y. W. and Hsia, K. "Does Stock Market Volatility with Regime Shifts Signal the Business Cycle in Taiwan?" International Journal of Electronic Finance, 2008, 2 （4）, pp. 433 – 450.

［101］Wachter, J. "Can Time – Varying Risk of Rare Disasters Explain Aggregate Stock Market Volatility?" Journal of Finance, 2013, 68 （3）, pp. 987 – 1035.

［102］Wang, X. "The Relationship between Stock Market Volatility and Macroeconomic Volatility: Evidence from China." Journal of Chinese Economics and Finance, 2011, 2, pp. 67 – 77.

［103］Mariano R S, Murasawa Y. A new Coincident Index of Business Cycles Based on Monthly and Quarterly

Series ［J］. Journal of Applied Econometrics, 2003, 18 (4): 427 – 443.

［104］Proietti T, Moauro F. Dynamic Factor Analysis with Non – linear Temporal Aggregation Constraints ［J］. Journal of the Royal Statistical Society: Series C (Applied Statistics), 2006, 55 (2): 281 – 300.

［105］Camacho M, Perez – Quiros G. Introducing the Euro – sting: Short – term Indicator of Euro Area Growth ［J］. Journal of Applied Econometrics, 2010, 25 (4): 663 – 694.

［106］Moench E, Ng S. A Hierarchical Factor Analysis of US Housing Market Dynamics ［J］. The Econometrics Journal, 2011, 14 (1): C1 – C24.

［107］Jungbacker B, Koopman S J, Van der Wel M. Maximum Likelihood Estimation for Dynamic Factor Models with Missing Data ［J］. Journal of Economic Dynamics and Control, 2011, 35 (8): 1358 – 1368.

［108］Foroni, C. and M. Marcellino. Mixed Frequency Structural Models: Estimation, and Policy Analysis. Norges Bank Working Papers 2013.

［109］Stock J H. Forecasting and Now – casting with Disparate Predictors: Dynamic Factor Models and Beyond ［J］. Manuscript, Department of Economics, Harvard University, 2006.

［110］Kim, T. B. . Bayesian Mixed Frequency Estimation of DSGE models. Working Papers Duke University 2010.

［111］Aït Sahalia, Y. 1996. "Testing Continuous – time Models of the Spot Interest Rate. " Review of Financial Studies, 9 (2): 385 – 426.

［112］Andritzky J R, Bannister G J, Tamirisa N T. 2007. "The Impact of Macroeconomic Announcements on Emerging Market Bonds. " Emerging Markets Review, 8 (1): 20 – 37.

［113］Bali T G, Wu L. 2006. "A Comprehensive Analysis of the Short – term Interest – rate Dynamics. " Journal of Banking and Finance, 30 (4): 1269 – 1290.

［114］Brenner, R. J. , Harjes, R. H. , Kroner, K. F. 1996. "Another Look at Models of the Short – term Interest Rate. " Journal of Financial and Quantitative Analysis, 31 (1): 85 – 107.

［115］Bollerslev, T. 1986. "Generalised Autoregressive Conditional Heteroskedasticity. " Journal of Econometrics, 31 (3): 307 – 327.

［116］Bali T G. 2003. "Modeling the Stochastic Behavior of Short – term Interest Rates: Pricing Implications for Discount Bonds. " Journal of Banking and finance, 27 (2): 201 – 228.

［117］Bandi F. M. 2002. "Short – term Interest Rate Dynamics: A Spatial Approach. " Journal of Financial Economics, 65 (1): 73 – 110.

［118］Carr, J. 2011. "Money Supply, Interest Rates and the Yield Curve. " Journal of Money, Credit and Banking, 4 (3): 582 – 594.

［119］Chan, K. C. , Karolyi, G. A. , Longstaff, F. A. , Sanders, A. B. 1992. "Anempirical Comparison of Alternative Models of the Short – term Interest Rates. " Journal of Finance, 47 (3): 1209 – 1227.

［120］Chua C L, Suardi S, Tsiaplias S. 2013. "Predicting Short – term Interest Rates Using Bayesian Model Averaging: Evidence from Weekly and High Frequency Data. " International Journal of Forecasting, 29 (3): 442 – 455.

［121］Cox, J. , Ingersoll, J. , Ross, S. 1985. "A Theory of the Term Structure of Interest Rates. " Econometrica, 53 (2): 385 – 407.

基于"房地产—银行"
系统关联性视角的金融安全研究

李　雪　刘坤焱

一、引言

当前，国内外形势正在发生深刻复杂的变化，我国的发展仍处于重要战略机遇期，前景十分光明，挑战也十分严峻。在我国经济发展面临的众多挑战中，系统性金融风险无疑是其中一大隐患。面对国际金融危机持续影响和国内经济"三期叠加"的严峻挑战，第五次全国金融工作会议决定设立国务院金融稳定发展委员会，把主动防范化解系统性金融风险放在更加重要的位置。党的十九大明确提出："健全金融监管体系，守住不发生系统性金融风险的底线"。这是习近平新时代中国特色社会主义思想在金融领域的根本要求。

新时代意味着经济发展与经济稳定的平衡：一方面，我国经济增长速度进入换挡期，世界增长复苏乏力、人口红利下降、房地产高速增长不可持续等背景下，经济增长压力开始显现，我国经济增长动力也开始从要素规模驱动转向创新驱动；另一方面，经济增长压力必然带来经济的刺激政策，过多刺激政策虽然能推动经济增长企稳回升，但政策对经济结构和经济稳定带来的风险也不容小觑。在经济转型与下行压力、经济刺激政策与高杠杆并存的情况下，各类系统性金融风险隐患开始不断显现，体现为房地产泡沫日趋严重、僵尸企业、国有企业债务风险、地方政府债务高筑、金融过度化、影子银行风险上升等。

作为我国宏观经济政策取向最权威的风向标，2017年12月召开的中央经济工作会议围绕推动高质量发展的主线，从货币政策、供给侧改革、民生和对外开放等方面部署2018年经济工作，提出了"三大攻坚战"，其中排在首位的仍然是防范化解重大风险。由此可见，今后几年的首要任务仍是防控金融风险。纵观历史，很多金融风险的累积与爆发往往与房地产市场泡沫相关。因此，我国必须重视房地产泡沫日趋严重对我国金融安全的隐患。

自1998年住房制度改革后，国内的房地产消费需求得到巨大的释放，房地产市场也由于住房的市场化而日益繁荣。作为我国国民经济的支柱产业，房地产行业为国民经济的发展提供了持续和强劲的增长动力。房地产市场的健康发展不仅关系到人们的日常生活，更影响着国家的财政收入和国民经济的持续发展。在推动国民经济发展的同时，房地产业的繁荣也带动了金融市场的活跃，使金融业越来越多地参与到房地产市场中；同时，发达的金融市场也促进了房地产行业的繁荣发展。房地产业与金融业的具体关系如下：首先，金融业是房地产业发展的必要条件。房地产业作为资金密集型产业，其开发和经营、流通和消费都离不开金融业的支持，金融体系通过货币或资本市场提供筹集住房建设与消费资金的融资渠道，运用住房开发信贷、住房消费信贷、住房信托投资等形式，支持住房建设和住房消费。其次，房地产行业刺激金融业发展与金融市场业务范围扩大，成为金融业新的增长点。

然而，房地产行业本身及其导致的相关部门高杠杆却一直是诱发系统性金融风险的一个重要因素。首先，房地产企业过度负债，在金融领域体现为信用过快扩张；一旦房地产企业经营不善，将直接导致各金融机构资产负债表恶化，债券市场信用违约事件明显增加，以及整个金融体系受到威胁。其次，房价高企往往导致家庭部门杠杆率以及家庭部门和企业部门贷款能力的上升，从而引发整个经济部门的高杠杆现象。一旦房价遭受负面冲击，将可能引发贷款家庭的违约以及贷款家庭和企业的资产负债表恶化，并反馈至提供贷款的金融机构，导致这些金融机构的信贷紧缩以及信贷配给等。而这些金融机构资产负债表的恶化将由于业务关联、共同风险敞口以及溢出和传染效应等引发所有金融机构的连锁反应，这些连锁反应可能使金融风险蔓延至整个金融部门乃至实体经济。

以 2008 年国际金融危机为例，2001 年的衰退结束后，美国经济学家和政治家对次级抵押贷款市场的鼓吹，配合着不断上升的房价推动住房抵押贷款市场的迅速扩大。次级抵押贷款市场的增长与住房需求、住房价格的增长互相推动，导致了房地产价格泡沫。此外，住房抵押贷款的低利率也刺激了房地产市场发展。这种低利率的主要来源为以中国为首的国际资本流入，以及美国国会通过的鼓励房地美和房利美购入万亿美元的抵押支持证券的法律。低利率降低了购买住房的成本，从而增加了需求，推动房价上升。房价上升带来的结果是抵押贷款发起人和贷款人的利润的不断提高，以及次级抵押贷款审核和发放标准的不断降低，由此导致抵押贷款高风险化（抵押贷款相对于房产价值的比率持续上升），最后的情况是借款人不用投入任何资金就可以购买房产。2006 年后，房价封顶后下跌，房地产泡沫由此开始破裂，引发抵押贷款违约率的急剧上升，并最终导致了 2008 年国际金融危机的爆发。

表 1 　　　　　　　　　　　　　　2006—2016 年房地产对 GDP 的贡献

年份	房地产销售额（亿元）	房地产投资完成额（亿元）	GDP（亿元）	支出法结果（%）	生产法结果（%）
2006	20 825.96	19 422.92	219 438.50	9.49	8.85
2007	29 889.12	25 288.84	270 232.30	11.06	9.36
2008	25 068.18	31 203.19	319 151.50	7.85	9.77
2009	44 355.17	36 241.81	349 081.40	12.71	10.38
2010	52 721.24	48 259.40	413 030.30	12.76	11.68
2011	58 588.86	61 796.89	489 300.60	11.97	12.63
2012	64 455.80	71 803.79	540 367.40	11.93	13.29

年份	房地产销售额（亿元）	房地产投资完成额（亿元）	GDP（亿元）	支出法结果（%）	生产法结果（%）
2013	81 428.30	86 013.40	595 244.40	13.68	14.45
2014	76 292.41	95 035.61	643 974.00	11.85	14.76
2015	87 281.00	95 979.00	685 505.80	12.73	14.00
2016	117 627.00	102 581.00	744 127.00	15.80	13.80

注："支出法"表示房地产销售额/GDP，"生产法"表示房地产投资完成额/GDP。

资料来源：国家统计局。

表2　　　　　　　　　　　2014—2016 年入榜房企销售金额集中度

	2014 年	2015 年	2016 年	同比上升百分点
TOP10 企业	16.92%	17.05%	18.35%	1.30%
TOP20 企业	22.79%	23.06%	24.73%	1.67%
TOP30 企业	26.09%	26.60%	28.81%	2.21%
TOP50 企业	31.15%	32.07%	34.59%	2.52%
TOP100 企业	37.78%	40.05%	43.92%	3.87%
TOP200 企业	—	—	51.75%	—

注：金额集中度=入榜房企销售金额/统计局公布的全国商品房销售金额。

资料来源：CRIC，中国房地产测评中心。

　　我国房地产行业的另一特点是高度依赖于银行信贷以及信托资金，同时银行与信托行业对房地产行业风险敞口也较大，导致这些金融部门与房地产部门间具有较强的系统关联性。房地产行业属于资金密集型行业；在银行占主导地位的中国，银行信贷是支撑房地产企业正常运转的主要力量（武康平等，2004；王粟旸等，2012；肖斌卿等，2014）。就2016年而言，房地产开发资金来源中，国内贷款额为21 512万亿元，自筹资金和其他资金分别达到49 132万亿元和73 428万亿元。而其他资金的最主要部分则是购房订金及预收款，事实上，居民在购房时所缴纳的订金及预付款也有很高比例来自银行的按揭贷款。仅在2015年，主要金融机构的新增个人住房贷款就达到了26 600万亿元，而2016年新增贷款额的环比涨幅更高达186%，达到49 600万亿元。可以看出，从房地产企业到购房者，其贷款主要来源都是商业银行，单房地产开发资金这一项目就有60%以上是与银行相关。

　　同时，银行信贷业务的增长很大程度上依赖于房地产市场发展。有数据显示，2011年至今，我国房地产贷款余额占金融机构各项贷款余额的比重维持在20%左右（郑荣卿等，2016）。基于此，房地产和银行部门相互依存，具有同向增减的共生性（皮舜和武康平，2006；赵晗，2012）。

　　除了银行部门与房地产部门的系统关联性，信托部门与房地产部门的系统关联性也不容忽视。从2017年初开始，银监会就开始要求信托公司控制向房地产行业提供融资的行为，监管要求重点针对房地产行业（以及其他产能过剩行业）。银监会信托监督管理部指出，房地产信托的信用风险呈上升趋势。该监管部门的数据显示，截至 2016 年末，房地产信托余额 1.64 万亿元，同比增长 18.29%。但监管层认为，考虑到部分资金绕道投放至房地产领域，房地产信托的实际规模可能更大。房地产信托的风险主要为集中度、合规性和法律三方面。

由于金融部门的特殊性，金融机构间的关联往往比实体机构间更加紧密，因此，金融失衡更可能引发金融系统内部风险的传染，以及对实体经济的严重冲击。这意味着在整个金融系统内部，银行与信托部门的稳健性直接关系着证券与保险部门的稳健。一旦房地产泡沫破裂引发银行与信托部门的安全隐患，证券与保险部门也难免遭殃。因此，分析房地产与金融部门的系统关联性不应当局限于银行与信托部门，而应当全面关注银行、证券、保险与信托部门。

房地产行业与金融体系的系统关联性是其诱发系统性金融风险的最主要原因。系统关联性是现代风险计量和管理的核心，是系统性风险的一个关键要素（Diebold 和 Yilmaz，2014）。过度关联导致负面冲击在金融系统内部以及金融与实体部门间传导扩散，加剧了冲击的破坏程度，提高了风险传染以及系统性风险事件发生的概率。2008 年国际金融危机爆发后，系统关联性受到学术界、业界和监管当局前所未有的关注；学术界提出了"联系太紧而不能倒"（too interconnected to fail）的概念。系统关联性不同于相关系数，原因在于金融风险具有非线性和厚尾性，而相关系数只能测度线性且服从正态分布的变量间的关系。传统的系统关联性建模局限于金融部门内部，忽略了金融与实体部门的关联性。

Costeiu 和 Neagu（2013）强调，研究金融稳定性应当更多关注金融与实体部门的关联性。Glasserman 和 Young（2016）也认为应当区分金融系统内部的关联性和金融与非金融部门之间的关联性。因此，有必要对传统的金融部门内部的系统关联性理论进行拓展，定义跨房地产与银行部门的系统关联性。房地产与银行部门关联性过高可能导致两种后果。首先，房地产行业可能抢占信贷资源，"挤出"其他行业，造成信贷资源错配（Miao 和 Wang，2014）。其次，关联性过高意味着风险传染，易导致房地产或银行部门的局部风险迅速蔓延至金融系统乃至整个实体经济。

风险传染的一个主要渠道是金融摩擦，如 Bernanke、Gertler 和 Gilchrist（1999）的金融加速器会传导和放大初始冲击，造成经济衰退与金融风险累积相互增强的恶性循环。历史上不乏与房地产行业冲击密切相关的金融危机案例，如 20 世纪 90 年代早期的日本银行业危机（资产价格泡沫）和北欧银行业危机（房地产泡沫），2007 年爆发于美国并波及全球的次贷危机，以及由此引发的 2008 年爱尔兰金融危机等。针对中国，有研究发现房地产市场风险与系统性风险相关系数高达 0.7，同时金融机构风险与系统性风险相关系数也接近 0.7（陶玲和朱迎，2016）。

我国房地产企业与金融部门系统关联性过高的主要原因是房地产企业与家庭部门杠杆率过高。通过观察房地产企业近年来的资产负债率可以发现，国内房地产行业这一指标持续走高，在 2016 年已经达到其峰值 78.27%。截至 2017 年 9 月底，沪深两市 136 家上市房地产企业负债超过 6.04 万亿元，即 A 股平均每家上市房地产企业负债高达 445 亿元，有 36 家企业资产负债率超过 80%。需求方面，2016 年个人新增贷款占住宅销售额的 50%，比起 2015 年（37%）、2014 年（28%）和 2013 年（25%）都有巨幅提高。金融资本对实体经济具有"杠杆效应"，即资产价格泡沫的严重程度会被高杠杆、高利率和高金融投资加大，而实业投资比例的减小和投资收益率的下降将加强资产价格泡沫的自我维持能力。

国际上对于一个国家的房地产泡沫有一个通用的指标，即本国房地产总市值与本国 GDP 的比值，如果房地产的总市值远超 GDP，那么这个国家的房地产就有了泡沫。我国目前房地产（住宅）总市值大约在 300 万亿元人民币（43 万亿美元），而 2016 年 GDP 为 10.68 万亿美元，也就是说我国房地产总市值已经达到国内生产总值的 4 倍，这个比值远远高于美国（2.12 倍）、英国（2.63 倍）等发达国家。在又一次经历了一二线城市房价疯涨之后，截至 2016 年 11 月，一线城市百城住宅平均价格已经达到 40441 元/平方米，而同期人均收入最高的北京，其平均工资也只有 9000 元。

我国政府一直高度关注房地产市场杠杆比例过高、泡沫严重的现象，尤其是近年来，房地产行业过度繁荣、金融产品多样化速度加快，而与此同时，三线城市库存积累过多，金融监管体制的问题日益明显，控制好房地产市场更是成为防范系统性风险的必要条件。在 2016 年中国经济工作会议中就开始指出，化解房地产库存。要按照加快提高户籍人口城镇化率和深化住房制度改革的要求，通过加快农民工市民化，扩大有效需求，打通供需通道，消化库存，稳定房地产市场。要发展住房租赁市场，鼓励房地产开发企业顺应市场规律调整营销策略，适当降低商品住房价格，促进房地产业兼并重组，提高产业集中度。在党的十九大召开后，习近平总书记反复强调，"金融安全是国家安全的重要组成部分，健全金融监管体系，要坚决守住不发生系统性金融风险的底线。"随后银监会也提出，要坚决打赢银行业风险防范化解攻坚战，深入整治银行业市场乱象，有效防控银行业信用风险，妥善化解地方政府隐性债务风险，有效防控房地产领域风险，进一步规范交叉金融业务，稳妥有序推进非法金融活动整治。

考虑到我国银行业发展的历史特殊性，本课题将首先对金融行业内部的系统关联性进行全面分析。当前我国的上市商业银行主要有国有银行、股份制银行以及城市商业银行。这些银行的历史与属性的差异意味着其经济模式与稳健特征可能有所不同。鉴于我国银行业发展的历史特殊性，本课题将首先对银行部门内部（尤其是三类商业银行间）的系统关联性进行静态与动态分析；然后对金融行业内部（包括银行、证券、保险以及信托部门）的系统关联性进行静态与动态分析。

此外，本课题认为房地产市场稳健发展与宏观金融稳定相辅相成，有必要将房地产与金融部门间的系统关联性纳入系统性风险的监测与管理。基于这一思想，本项目将对传统的金融机构间的系统关联性理论进行拓展，构建"房地产—金融"系统关联性度量的理论框架，以完善系统性风险理论；对前述系统关联性进行静态和动态分析，以把握"房地产—金融"系统性风险的现状与演化规律。从而为有效防范系统性金融风险、保证我国金融安全提供科学依据和政策建议。

二、研究目标和思路

本课题旨在构建体现我国银行业特征的金融行业系统关联性度量的理论框架，以及"房地产—金融"系统关联性度量的理论框架，以完善系统性风险理论；对前述系统关联性进行静态和动态分析，以把握"房地产—金融"系统性风险的现状与演化规律，从而为有效防范系统性金融风险提供科学依据和政策建议。

基于上述研究目标，本课题将首先基于上市房地产企业年报中长期贷款明细构建全国房地产信贷网络拓扑结构，以识别"房地产—金融"系统关联性导致的银行间风险关联程度，以及系统重要性银行，并考察房地产信贷网络拓扑结构的动态变化，尤其是当重大环境要素突变（如 2008 年国际金融危机、2015 年股灾等）时。

接着，基于金融市场数据首先分析金融行业内部的系统关联性，然后分析房地产行业与金融行业间的系统关联性。由于金融行业大致分为四个部门，包括银行、证券、保险与信托，同时我国的上市商业银行又大致包括国有银行、股份制银行以及城市商业银行，因此，本课题将首先利用 Diebold 和 Yilmaz（2012，2014）提出的方差分解网络分析法分析我国各大商业银行间的系统关联性，然后分析三类商业银行（国有、股份制、城商行）间的系统关联性，随后，分析四大金融部门间（包括银行、证券、保险和信托）的系统关联性，最后，分析"房地产—银行"以及"房地产—金融"系统关联性。每个系统关联性的分析中，都包括静态和动态分析，并关注 2008 年国际金融危机以及 2015 年股灾对系统性金融风险的影响。针对重要的系统关联性分析（例如所有商业银行间以及"房地产—金融"等），将比较 2008—2017 年每年的关联网络图，以把握相关系统关联水平的时变特征。

三、研究方法

系统关联性涉及金融风险传染，是系统性风险的一个关键要素，因此系统关联性的度量方法属于系统性风险度量方法的一个子集。Freixas 等（2015）将系统性风险的度量方法分为三类，分别刻画系统性风险的三个方面，即金融系统的整体稳健性、单个金融机构的风险以及金融机构间的系统关联性（IMF，2009；Gerlach，2009）。前两类度量方法主要包括边际期望损失（MES）和系统性期望损失（SES）（Acharya 等，2010，2012）、条件在险价值（CoVaR）（Adrian 和 Brunnermeier，2012）以及系统性风险指标（SRISK）（Brownless 和 Engle，2015）等。这两类方法测度金融系统的整体稳健性及其与单个机构风险的关系。

IMF（2009）概括了金融机构间系统关联性的四类度量方法，包括网络分析法、共同风险模型、违约强度模型和困境依赖模型。Glasserman 和 Young（2016）总结了利用网络拓扑结构度量系统关联性的具体方法，并将网络分析法分为直接法和间接法。直接法利用金融机构间的财务关联数据来刻画机构间风险敞口，从而构建金融网络结构。但这种方法对数据要求较为苛刻，针对这种不便，大量研究提出了利用市场数据间接推导出关联网络结构的方法。这些方法或基于联动性、尾部风险、推定损失数据、节点信息，或基于网络内部的不确定性。其中，基于联动性的间接网络分析法又分为基于格兰杰因果关系网络、方差分解（构建网络拓扑结构）以及融资成本相关性（推导出融资成本溢出效应）。

　　系统关联性的四类度量方法各有优缺点。首先，网络分析法可识别系统重要性机构，也可用来绘制传染效应的"风险地图"，但其直接法依赖于机构间风险敞口数据；所幸学者们提出了大量基于市场数据的间接法，克服了直接法的缺陷。其次，共同风险模型虽也能绘制"风险地图"，并能反映金融机构间的相互依赖风险，但其效果受市场效率的影响因素制约。再次，违约强度模型虽能刻画机构间直接和间接联系的影响，也具有很好的预测能力，但它是一种简约化模型。最后，困境依赖模型虽能同时分析线性和非线性相关性，也能反映困境依赖的时变性，但其基于的信用违约掉期（CDS）数据可能高估客观违约概率。

　　文献中大量对网络分析法的研究说明网络分析法已成为系统关联性的主要研究工具。同时，本项目拟构建"房地产—银行"关联网络，并绘制跨区域的"房地产—银行"传染效应"风险地图"，因此网络分析法最适用。下面，对网络分析法的核心文献进行评述。Billio 等（2012）利用主成分分析（PCA）和二元 Granger 因果检验构建机构间风险传染和信息溢出网络。此方法虽不受变量排序影响，但忽略了扰动项的协方差矩阵信息，且只能刻画两两机构间的关联性，也不能区分关联性的强度。基于此，Diebold 和 Yilmaz（2012，2014）利用不受变量排序影响的广义方差分解（FEVD）（Koop 等，1996；Pesaran 和 Shin，1998）构建机构间的风险传染矩阵，然后将其映射到网络结构以对各类有向关联性进行可视化操作。

　　Diebold 和 Yilmaz（2012，2014）的广义方差分解方法有以下优点。首先，他们巧妙地结合了方差分解理论和网络拓扑理论，其构建的风险传导矩阵的行或列可以加总，且兼具计量理论和经济学含义。其次，可从多角度刻画系统关联性，如任意两机构间（或部门间、或区域间）的系统关联性、系统的总关联性及其与单个机构风险的关系。最后，此方法整合了系统性风险的两个著名指标，即 MES 和 CoVaR。事实上，Diebold 和 Yilmaz 的方法已被 IMF 在其《全球金融稳定报告》中积极推介。

　　因此，本课题基于数据可得性，将分别采用网络分析法的直接法和间接法分析金融部门内部以及"房地产—金融"系统关联性。具体而言，首先基于上市房地产企业 2007—2013 年年报中的长期借款明细，利用网络分析法（直接法）构建其与银行间的房地产信贷网络拓扑结构。然后，基于各上市金融机构以及上市房地产企业 2007 年 9 月 25 日至 2017 年 12 月 19 日的日度股价收益的波动率，利用 Diebold 和 Yilmaz（2012，2014）提出的基于广义方差分解的网络分析法（间接法）度量金融机构间和"房地产—金融"部门间的总风险溢出程度以及净风险溢出方向及程度，并构建金融机构间以及"房地产—金融"部门间的风险关联网络图。

　　网络分析法的直接法较为直观，因此本课题将详细介绍 Diebold 和 Yilmaz（2012，2014）提出的基于向量自回归模型（VAR）的方差分解，并利用市场数据的网络分析法的间接法。作者提出了一个 DY 溢出指数，这一指数是根据与 N 个变量向量自回归相关的方差分解这一概念得出的。然而相比 DY 指数注重简单 VAR 模型框架（最终的结果存在潜在的秩序依赖）中的总溢出，我们运用一般化的 VAR 模型来测量有向溢出，去除了秩序依赖的可能性。

考虑一个协方差平稳的包含 N 个变量的 VAR（p），$\chi_t = \sum_{i=1}^{p} \phi_i x_{t-i} + \varepsilon_i$，其中 $\varepsilon \sim (0, \sum)$ 是代表独立分布扰动项的矢量。滑动平均表示为 N×N 系数矩阵，遵循 $A_i = \phi_1 A_{i-1} + \phi_2 A_{i-2} + \cdots + \phi_p A_{i-p}$，$A_0$ 是一个 N×N 单位矩阵，且对所有 $i < 0$，$A_i = 0$。滑动平均系数（或脉冲响应函数和方差分解一类的变换）对于理解系统的动态变化非常重要。我们运用方差分解将每个变量的预期误差方差分为多个部分，探究各个部分对系统冲击的贡献。通过方差分解，我们可以评估 x_j 受到的冲击对预测 x_i 产生的 H 步误差方差，$\forall j \neq i$。

对方差分解的计算需要在正交上有所创新，而我们的 VAR 创新在于使得它们是同时相关的。基于 Cholesky 因式分解的识别方法使得变量有了正交性，但方差分解结果会依赖于变量的秩序。我们通过运用一般化的 VAR 模型来克服这一问题。在经过 Koop，Pesaran 和 Potter（1996）、Pesaran 和 Shin（1998）以及 KPPS 的不断完善之后，一般化的 VAR 模型可以保证方差分解的结果独立于变量秩序。这种一般化的方法并不会将冲击正交化，而是允许冲击之间相互关联，但会运用误差的历史分布来合理地解释它们。由于对每个变量的影响是非正交的，对预测误差的方差的总贡献（方差分解表中每一横排所有元素的总和）并不一定等于 1。

Diebold 和 Yilmaz（2012，2014）提出的方法中相关核心概念如下所述。

（一）方差份额

作者将自有方差份额定义为 x_i 本身所受到的冲击对预测 x_i 产生的 H 步误差方差的部分，（$i = 1$，2，$\cdots$，N），将交叉方差份额（又称溢出）定义为 x_j 所受到的冲击对预测 x_i 产生的 H 步误差方差的部分（i，$j = 1$，2，$\cdots$，N 且 $i \neq j$）。

将 KPPS H 步预测误差方差分解记为 $\theta_{ij}^g(H)$，$H = 1$，2，$\cdots$，有

$$\theta_{ij}^g(H) = \frac{\sigma_{ii}^{-1} \sum_{h=0}^{H-1} \left(e'_i A_h \sum e_j \right)^2}{\sum_{h=0}^{H-1} \left(e'_i A_h \sum A_h e_j \right)} \tag{1}$$

其中，$\sum$ 为误差向量 ε 的方差矩阵；σ_{ii} 是第 i 个等式误差项的标准差；e_i 是选择向量，第 i 个元素为 1，其他均为 0。如前所述，方差分解表中每一横排的元素总和不等于 1：$\sum_{j=1}^{N} \theta_{ij}^g(H) \neq 1$。为了能够运用方差分解矩阵中可获得的信息来计算基础指数，作者将方差分解矩阵中每个元素按照总和进行标准化：

$$\tilde{\theta}_{ij}^g(H) = \frac{\theta_{ij}^g(H)}{\sum_{j=1}^{N} \theta_{ij}^g(H)} \tag{2}$$

注意，这一结构下，$\sum_{j=1}^{N} \theta_{ij}^{g}(H) = 1$ 且 $\sum_{j=1}^{N} \tilde{\theta}_{ij}^{g}(H) = N$。

（二）总溢出

用 KPPS 方差分解中波动率贡献，我们可以构造出总波动溢出指数：

$$S^{g}(H) = \frac{\sum_{\substack{i,j=1 \\ i \neq j}}^{N} \tilde{\theta}_{ij}^{g}(H)}{\sum_{i,j=1}^{N} \tilde{\theta}_{ij}^{g}(H)} \times 100 = \frac{\sum_{\substack{i,j=1 \\ i \neq j}}^{N} \tilde{\theta}_{ij}^{g}(H)}{N} \times 100 \qquad (3)$$

总溢出指数可度量相关金融资产收益波动率冲击的溢出对总预测误差方差的贡献。

（三）有向溢出

虽然研究总波动率溢出已经足以让我们知道波动率受到的冲击多大程度上会溢出而影响主要的几种资产种类，但一般化的 VAR 方法还使我们能够知道波动率溢出的方向。由于一般化脉冲响应和方差分解不受变量的秩序影响，我们可以用一般化后的方差分解矩阵中标准化元素来计算有向溢出。我们用 $S_{i \cdot}^{g}(H)$ 来测量市场 i 受到的来自其他市场 j 的有向波动率溢出：

$$S_{i \cdot}^{g}(H) = \frac{\sum_{\substack{j=1 \\ j \neq i}}^{N} \tilde{\theta}_{ij}^{g}(H)}{\sum_{j=1}^{N} \tilde{\theta}_{ij}^{g}(H)} \times 100 \qquad (4)$$

类似地，作者使用 $S_{\cdot i}^{g}(H)$ 来测量市场 i 传导给其他市场 j 的有向波动率溢出：

$$S_{\cdot i}^{g}(H) = \frac{\sum_{\substack{j=1 \\ j \neq i}}^{N} \tilde{\theta}_{ji}^{g}(H)}{\sum_{j=1}^{N} \tilde{\theta}_{ji}^{g}(H)} \times 100 \qquad (5)$$

可以将这一系列有向溢出想作是将总溢出分解为特定来源处收到的（或发出的）溢出。

（四）净溢出

通过下式可得到市场 i 向其他市场 j 发出的净波动率溢出：

$$S_{i}^{g}(H) = S_{\cdot i}^{g}(H) - S_{i \cdot}^{g}(H) \qquad (6)$$

净波动率溢出只是一个市场向其他所有市场发出的总波动率冲击与收到的来自其他所有市场的总波动率冲击之间的差值。

（五）净对点溢出

净溢出（6）描述了每个市场对其他所有市场的波动的净贡献，同样，还需要测量市场之间两两净溢出：

$$S_{ij}^{g}(H) = \frac{\tilde{\theta}_{ij}^{g}(H)}{\sum_{K=1}^{N} \tilde{\theta}_{ik}^{g}(H)} - \frac{\tilde{\theta}_{ji}^{g}(H)}{\sum_{K=1}^{N} \tilde{\theta}_{jk}^{g}(H)} \times 100 \qquad (7)$$

市场 i 和 j 间的净对点波动率溢出是市场 i 向市场 j 传递出的波动率冲击与市场 j 向市场 i 传递出的波动率冲击的差值。

计算出净对点溢出之后，则可以构建出以净对点溢出值构成的有向的净溢出矩阵，在净溢出矩阵中，若 S_{ij}^g（H）>0，则表明市场 i 向市场 j 传递出冲击，记（i, j）$= S_{ij}^g$（H），与此同时有（j, i）$=0$，（$i≠j$），此外，净溢出矩阵对角线元素均记为 0。

利用净溢出矩阵，我们可以构建出整个系统中各市场溢出关系的有向网络结构图，网络图中各节点代表各个市场，若两个节点之间存在连线，则表示节点所代表的两个市场间存在溢出关系，连线的方向表示波动率溢出方向。比如，若节点 i 和 j 之间存在一条从节点 i 出发指向节点 j 的连线，则说明市场 i 对市场 j 有净波动率溢出。节点大小和颜色的深浅取决于节点的加权出度，即其所代表的市场的净溢出，净溢出越大，节点越大，其颜色越深；节点间的有向连线的粗细代表了净对点溢出的大小，净溢出越大，有向连线越粗。

四、实证分析

（一）房地产信贷网络结构

1. 房地产信贷网络图及其动态变化

本部分研究样本为我国沪深 A 股上市房地产公司和为其提供长期借款的金融机构。数据来自上市房地产公司年报中关于长期借款的披露，包括提供长期借款且金额前 5 名的金融机构及借款额。样本期选择 2007—2013 年，选取原因一是因为 2007 年以前的房地产企业年报中对于长期借款的明细披露不完全，二是因为在样本期间内，中国房地产业处于疯狂的扩张期，信贷需求与日俱增，在此期间房地产信贷网络的结构也日趋复杂，构建出的相应的网络图更具代表性。

本研究对数据进行了初步处理：首先在 Wind 资讯中按证监会行业分类找到 131 家沪深 A 股上市房地产公司，剔除当年不属于房地产行业的上市公司和存在长期借款但未列清借款额前五名金融机构的上市公司，并将当年长期借款中属于一家金融机构的合并为一笔贷款。样本期内共统计 1 411 笔贷款，具体年度分布和金融机构性质分布见表3、表4。

表3　　　　　　　　　沪深 A 股上市房地产公司及金融机构分布

年份	上市公司	金融机构	信贷笔数	二分网络节点	单顶点网络节点
2007	17	12	43	29	12
2008	51	40	154	91	40
2009	74	53	257	127	53
2010	82	78	294	160	78
2011	91	99	328	190	99
2012	89	102	335	191	102
2013	88	96	330	184	96

表4　　　　　　　　房地产信贷网络中金融机构按性质划分类别

年份	国有、股份制银行	城商行、农商行和合作社	政策性银行	外资银行	资管、信托、基金公司	财务、投资公司	合计
2007	8	1	1	1	1	0	12
2008	16	17	1	3	1	2	40
2009	16	20	2	4	9	2	53

续表

年份	国有、股份制银行	城商行、农商行和合作社	政策性银行	外资银行	资管、信托、基金公司	财务、投资公司	合计
2010	18	26	2	4	22	6	78
2011	18	25	2	8	39	7	99
2012	17	32	2	5	38	8	102
2013	18	21	2	3	47	5	96

本部分研究先以上市房地产公司和金融机构为节点，以信贷关系为边构建二分网络。由于网络中上市房地产公司和金融机构是两类不同的节点，因此将二分网络矩阵投影形成单顶点网络以实现研究房地产信贷关系的网络图。

将房地产公司—金融机构二分网络投影为房地产信贷网络的基本原则为：

（1）将上市房地产公司和金融机构两类节点投影为只含有金融机构一类节点。

（2）如果两家金融机构同时与一家房地产公司之间存在信贷关系，则两家金融机构之间会形成一条边表示其共同贷款关系，而连边的权值则代表着两家金融机构共同贷款的房地产公司数量。

房地产信贷网络呈现出网络演化特征，表现在上市房地产公司与金融机构之间的借贷关系在不断发生变化，有新的金融机构加入到信贷网络中，通过成为上市房地产公司的债权人而与其他金融机构产生联系，同时也有旧的金融机构离开，或是贷款额下降，不再成为一公司的主要借款对象。新的金融机构的介入及旧金融机构的退出在信贷网络图上则表现为一节点与其他节点连边的产生与消失。

首先运用 Ucinet 软件将二分网络矩阵投影为单顶点网络的对称矩阵，再运用 Pajek 软件分别绘制 2007 年至 2013 年的房地产信贷网络图（见图 1 至图 7），部分网络图中含有孤立点，其存在表明某个金融机构只与一家上市房地产公司存在借贷关系，而该公司在其他金融机构也不存在长期借款。

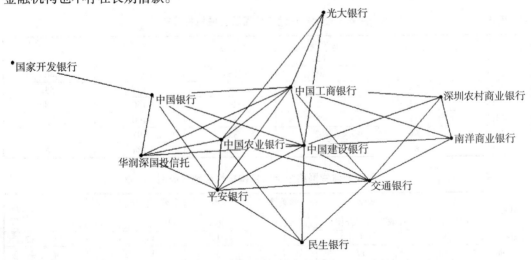

图 1　2007 年房地产信贷网络

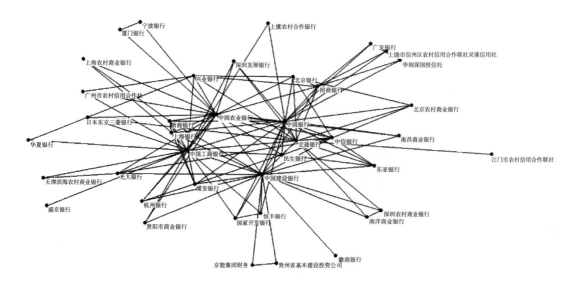

图2 2008年房地产信贷网络

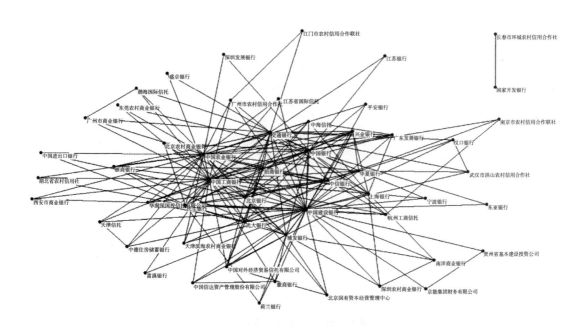

图3 2009年房地产信贷网络

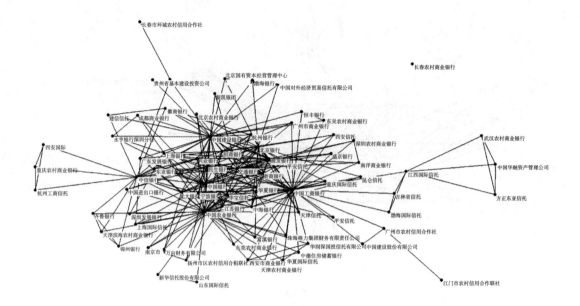

图4 2010年房地产信贷网络

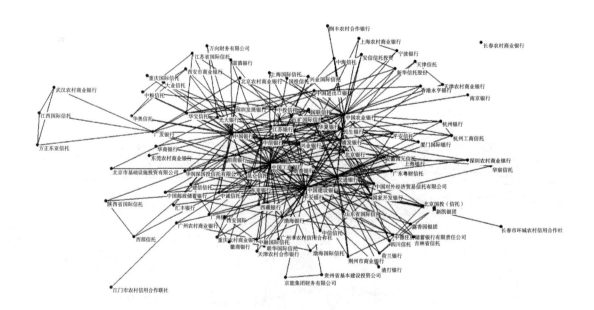

图5 2011年房地产信贷网络

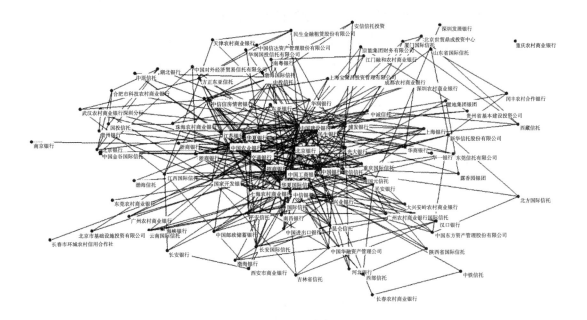

图 6　2012 年房地产信贷网络

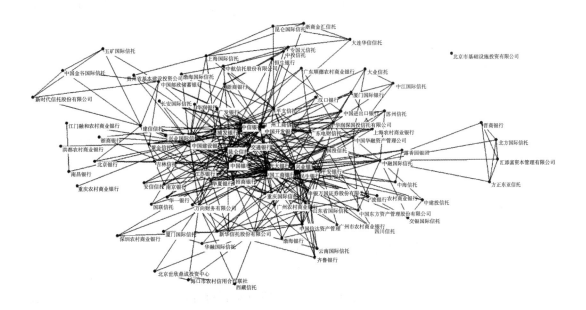

图 7　2013 年房地产信贷网络

2007 年以来，房地产信贷网络的最大子连通图的复杂程度在不断加大，主要体现为网络中节点数以及单个节点与其他节点的连边数的明显增加。结合表 4 可以发现，2008 年网络结构开始变复杂的主要原因是国有股份制银行和城商行、农商行及各地的信用合作社的信贷扩张，上市房地产公司不只是向最大的几家国有银行进行长期借款，而是扩大了借款选择范围。2009 年以后，网络结构的复杂化主要来自于资产管理公司、信托公司、基金公司数量的急剧增加，尤其是 2010 年开始，其数量已经超过大型国有银行数量，在短短五年内占据了全部金融机构一半的比例。除了数量上有明显变化以外，其在信贷网络中的重要性也逐日攀升，通过将 2009 年房地产信贷网络图与 2011 年以后各个网络结构相比较可以发现，各个信托公司的位置由网络图边缘逐渐向中心聚拢，它们所代表的节点的连边数在不断上升，这也表示这类公司在整个信贷网络中占据着日益重要的位置。

2. 房地产信贷网络特征与演化规律。复杂网络具有很多与规则网络和随机网络不同的统计特征，其中最重要的是 Watts 和 Strogatz 提出的用来表示网络间各点关联性的小世界效应以及 Barabasi 和 Albert 提出的无标度特性。

（1）小世界效应。1969 年，Travers 和 Milgram 通过小群体实验得出一个著名论断，"世界上人和人之间都通过大约 6 步就可以建立联系"，因此，整个世界是小世界。30 年之后，Watts 总结了网络的小世界现象的四个特点：

①整个网络巨大，含有多个节点。

②网络是稀疏的，平均来说，网络中每个参与者接触到的其他参与者只是整体网络中的一小部分。

③网络是去中心化的，即不存在核心点。

④整个网络却是高度聚类的，大多数参与者的交际圈都有重叠。

衡量一个网络是否具有小世界效应，主要是指计算该网络是否具有较小的平均路径长度和较大的聚类系数这两个统计特征。具有小世界效应的网络被称为小世界网络。

- 平均路径长度。网络中，节点 i 和 j 之间的距离 d_{ij} 为连接着两个节点的最短路径上所包含的边的数目。网络的平均路径长度 L 指网络中任意两个节点的距离 d_{ij} 的平均值，即

$$L = \frac{1}{\frac{1}{2}n(n+1)} \sum_{i>j} d_{ij}$$

其中，n 为网络节点数量。房地产信贷网络的 L 是指网络中任意两家金融机构最短路径的平均值，它反映了金融机构关联的平均远近程度，是房地产信贷网络的全局特性。

- 聚类系数。节点 i 的聚类系数 C_i 是指与该节点相邻的所有节点之间最大可能连边数目的比例。网络中，假如节点 i 有 k_i 个节点与之相连，则这 k_i 个节点就称为节点 i 的邻居节点。k_i 个节点之间最大可能连边数目为 $\frac{k_i(k_i-1)}{2}$，记 k_i 个节点之间实际连边数目为 E_i。则

$$C_i = \frac{2E_i}{k_i(k_i - 1)}$$

整个网络的聚类系数 C 是所有节点 i 的聚类系数 C_i 的平均值，即 $C = \frac{1}{n}\sum_i C_i$，反映了房地产信贷网络的总体紧密性。

● 小世界效应的度量。小世界网络是介于规则网络与随机网络之间的网络结构，根据小世界现象的定义，具有小世界效应的网络应该具有较短的平均路径长度和较大的聚类系数，而这两个概念都是相对于随机网络而言的。如果一个网络具有小世界效应，则应该符合以下准则：

$$L > L_{random} \cap C \gg C_{random}$$

其中，$L_{random} = \frac{\ln N}{\ln k}$，$C_{random} = \frac{k}{N}$，$L_{random}$ 和 C_{random} 分别表示和被度量的目标网络具有相同节点数和平均度的随机网络的平均路径长度和聚类系数，N 和 k 分别表示网络的总节点数和平均度。本研究使用 Ucinet 对对称化后的房地产信贷网络矩阵的平均路径长度 L 及聚类系数 C 进行计算，并与同等规模随机网络的 L_{random} 和 C_{random} 进行对比，将结果列入表5。

表5　　　　　　　　　　　　　房地产信贷网络与同等规模
随机网络的平均路径长度和聚类系数（2007—2013 年）

年份	L	L_{random}	C	C_{random}
2007	1.5606	1.172	0.8004	0.6944
2008	2.0654	1.6126	0.8245	0.2463
2009	1.9569	1.5105	0.8326	0.2613
2010	2.3052	1.7814	0.8302	0.1479
2011	2.3659	2.001	0.7819	0.1004
2012	2.3505	1.982	0.7911	0.1011
2013	2.3673	1.9126	0.7669	0.1133

通过表5可知，2008 年至 2013 年的房地产信贷网络均满足小世界效应的判断准则，即具有较长的平均路径长度和较大的聚类系数。而 2007 年聚类系数只是稍大于同等规模随机网络的聚类系数，其原因应该来自于 2007 年构建的房地产信贷网络中节点数目太少，不满足小世界现象中"网络规模大"这一特点。

不难发现，随着年份的增加，信贷网络的平均路径长度也基本呈上涨趋势。除 2007 年为 1.56 以外，2008 年以后基本上都在 2 及以上，这说明任意两家金融机构之间平均通过一家金融机构可以发生关联。一般来说，网络的平均路径长度越大，节点之间的距离越远，而节点相互之间产生的影响程度的大小和作用时间会因为路径的长短而变化，就本研究的房地产信贷网络而言就意味着，在其他条件不变的情况下，平均路径长度值越大，金融机构间需要通过多次金融机构—房地产—金融机构这样的传导机制产生联系，机构间的风险传导越慢，单个金融机构发出的风险会经过削弱再影响到其他机构。

　　然而我国目前信贷网络的平均路径长度虽然大于随机网络的值，但仍然远小于节点数，也就是说金融机构之间通过房地产公司的借款联系紧密，一旦一家金融机构受到冲击，与之相连的金融机构很快也会受到影响。虽然 2010 年以后平均长度略有上升，但相比于大幅增加的金融机构数量和扩大的网络规模，并不能明显减小相互间的影响。信贷网络的聚类系数峰值为 2009 年的 0.8326，最低值在 2013 年达到 0.7669，聚类系数作为反映网络关联性的主要参数，其数值越接近 1 则整个网络的关联性越高。一方面，表 5 中显示聚类系数有逐年下降的趋势，尤其是在 2010 年有比较明显的下降，主要原因是从 2010 年开始，资产管理、信托和基金公司开始逐渐成为上市房地产公司的新目标，比较有效地扩大了长期借款的范围，使得整个房地产信贷网络更加健全。

　　另一方面，样本期间的网络结构聚类系数一直维持在 0.8 左右，整个信贷网络仍然具有较高的关联性，而金融机构之间需要通过房地产公司才会产生联系，因此信贷网络的高度关联性意味着如果两家金融机构同时为一家房地产公司提供贷款，那么有很大可能它们也同时为其他房地产公司提供贷款；从另一个角度可以理解为一家优秀的企业往往会吸引来自多个金融机构的贷款，从而使多个节点两两相连。房地产行业作为一个典型的资金密集型产业，本身面临自有资金不足、需要大量融资的问题，近年来房地产行业发展火热，房地产成为大量金融机构眼中的优质资产，上市房地产公司自然更加成为了各金融机构竞争的重要资源，房地产公司的借款需求和各金融机构的贷款倾向导致一家上市房地产公司负有多个金融机构的债务。对于金融机构而言，一家房地产公司如果常年获得某家机构贷款，在一定程度上可以说明该企业信用状况良好，与这样的企业发生借贷关系可以节省贷款对象的筛选成本。

　　根据表 5 中的统计数据可以看出，信贷网络的节点呈数倍增加，然而平均路径长度并未明显增加，聚类系数也没有发生显著下降，这也更加说明，新增加的金融机构虽然与新上市的房地产企业发生信贷关系，将网络规模进行了扩张，但是与此同时也在积极与上市多年、已经获得其他金融机构贷款的企业展开业务往来。这也是为何虽然近年来我国房地产业和金融业都发展迅猛，但是信贷网络图中少有孤立点的原因。如果金融机构选择承担一家房地产企业的全部债务，就意味着它会承担比同行业其他机构大得多的风险：房地产行业的自有资金比例不高，借款量巨大，每项借款都达几亿元甚至上十亿元，成为其唯一一家借款机构意味着该金融机构本身的资金会有很大比例投入到一项资产上，一旦企业资金流动性下降，金融机构的资金链也会发生问题。

　　（2）无标度特征。无标度网络具有明显异质性，其各节点之间的连接状况（度数）具有严重的不均匀分布性：网络中少数称为点的节点拥有极其多的连接，而大多数节点只有很少量的连接。少数高度数点对无标度网络的运行起着主导的作用。一般而言，将度分布符合幂律分布的复杂网络称为无标度网络。实证研究发现，大量真实的金融系统复杂网络的度都服从幂律分布，即网络中大多数节点的度都比较小，只有少数节点的度比较大。

表6统计了各年房地产信贷网络中度排前五名的金融机构，显示出房地产信贷网络中，国有五大商业银行（中国建设银行、中国工商银行、中国农业银行、中国银行和交通银行）和少数股份制商业银行（平安银行、兴业银行、中信银行和民生银行）占据了绝对的主导地位，它们的度远远超过了整个网络的平均值。各年网络的平均度一共发生了两次明显上升，第一次是在2009年，节点平均度由6上升至7.74，第二次是在2013年，节点度由7.47上升至8.17，但两者上升有一些不同。2009年主要是因为更多的金融机构参与到为上市房地产发放贷款中来，各大房地产公司在2008年时的大额借款项目一般为2～3笔，但2009年借款项数目突然增加，在二分网络中与各个房地产公司相连的金融机构数量增加，投影到单顶点网络中则表现为从各个金融机构出发的连线的增减，进而节点平均度增加。

表6　　　　　　房地产信贷网络中度排名前五名的金融机构（2007—2013年）

2007 年		2008 年		2009 年		2010 年	
节点	度	节点	度	节点	度	节点	度
中国建设银行	10	中国建设银行	22	中国建设银行	38	中国工商银行	42
中国工商银行	9	中国工商银行	21	中国工商银行	33	中国农业银行	42
中国农业银行	8	中国农业银行	21	中国农业银行	30	中国建设银行	33
平安银行	7	中国银行	21	交通银行	23	中国银行	29
交通银行	7	交通银行	16	中国银行	23	交通银行	24
平均	5.67	平均	6	平均	7.74		7.23
2011 年		2012 年		2013 年			
节点	度	节点	度	节点	度		
中国工商银行	47	中国建设银行	51	中国工商银行	45		
中国建设银行	47	中国工商银行	42	中国农业银行	42		
中国农业银行	37	交通银行	34	中国建设银行	38		
中国银行	34	中国银行	31	兴业银行	29		
交通银行	30	中信银行	31	民生银行	26		
平均	6.99	平均	7.47	平均	8.17		

而2013年的信贷网络中节点数比起2012年还稍有减少，平均节点度仍然增加则是因为各大房企更多地选择了向网络边缘的金融机构借款，使原本只通过大型商业银行间接相连的各个金融机构之间直接产生了联系，从而大幅增加节点间的连边数。将各公司2012年和2013年年报中的具体借款明细进行对比可以发现，很多公司中、小金额的融资不再来自国有、股份制商业银行，而是转向城市商业银行和信托公司，而最大额度的贷款基本上仍然来自大型商业银行。

为了验证房地产信贷网络是否具有无标度特性，需要检验节点度是否服从幂律分布。节点度的分布函数一般用分布函数 $P(k)$ 表示，其含义为：一个任意选择的节点度恰好为 k 的概率，也等于网络中度数为 k 的节点的个数占网络中节点总个数的比值。如网络度服从幂律分布，则 $P(k) \propto k^{-\gamma}$，也可以等价于 $P(k) \propto -\gamma logk$，其中 γ 为幂律指数，满足 $2 << \gamma << 3$。表 5 给出了 2007 年至 2013 年房地产信贷网络的幂指数。表 7 显示，2007 年至 2012 年这六年内幂律指数 γ 皆处于有效范围内，即对应网络的度分布服从幂律分布，而 2013 年的幂律指数大于 3，不服从幂律分布。也就是说在 2013 年以前，网络中极少数关键点与非常多的节点相连，节点度大的节点在网络中占有绝对优势，房地产信贷网络都是典型的无标度网络。

表 7 房地产信贷网络的幂律指数 （2007—2013 年）

年份	2007	2008	2009	2010	2011	2012	2013
幂律指数 γ	2.62	2.61	2.5	2.57	2.94	2.98	3.1

房地产信贷网络的这种无标度特性会使得金融系统具有稳健且脆弱的倾向，即无标度网络具有很强的容错性，但是对基于节点度值的选择性攻击而言，其抗攻击能力相当差。高度数节点的存在极大地削弱了网络的稳健性，一个恶意攻击者只需选择攻击网络很少的一部分高度数节点，就能使网络迅速瘫痪。

无标度网络的稳健性表现为对随机故障的抵抗力强。直观来看，2007 年以来房地产信贷网络的演变很明显地展现出中心性越来越强的趋势，虽然节点数目在不断增加，但是新增的各个节点几乎都出现在中心以外的区域，形成了从外到内由稀疏到密集的网络结构。当波动来自非关键节点所代表的金融机构时，由于与它们相连的节点个数有限，因此往往只会影响到它们自身周围的几家金融机构，当波动通过与之相连的金融机构再传导出去时，已经被分散和消化了很大部分，因此对整个信贷网络的影响是微弱的。

其次，整个房地产信贷网络受到的随机冲击在本研究中的上市房地产企业信贷网络中难以体现，因为单个企业出现现金枯竭、资金链断裂的情况往往只发生在中小房企中：对于这类房企来说，它们高度依赖于单项目的融资，在最初的拿地阶段，由于缺少抵押物和信用很难向银行融资，一般是通过信托、基金或民间借贷等高成本手段融资，之后也会面临建设时期审批、开发遇阻等问题，不确定的时间成本往往带来难以承受的高融资成本，一旦无法进入到销售阶段，房企难以回款，则会发生资金链断裂。此外，总体来讲，房地产企业的获利能力变化较大。成本和利润的不确定性使得房地产企业的资金松紧容易出现较大波动，从而影响与之相连的金融机构。但是，由于我国有楼盘销售的开发商有几万家，与金融机构组成的信贷网络更是复杂，因此单个房地产开发商的资金问题并不会使整个网络产生巨大波动。

同时，无标度网络在蓄意攻击面前表现出脆弱性。"蓄意攻击"在信贷网络中表现为与某个金融机构相连的多个上市房企都发生违约现象，导致该金融机构的资产负债表上出现大量呆账、坏账，当这种强烈的冲击发生在节点度高的金融机构时，风险会迅速传导至整个信贷网络中与之相连的大中小型金融机构，从而引发网络的大面积甚至全部崩溃。具体来讲，表 6 中所列出的几大商业银行是整个网络中表现脆弱性的关键性节点，由于大型商业银行受国家政策调控，贷款对象的选择与一般金融机构相比要严苛得多，因此其多选择向财务报表透明、销售业绩良好的大型上市房地产企业贷出巨额资金。高节点度金融机构对上市房地产企业的青睐也意味着其经营状况与上市房企的销售状况息息相关。

相比依靠单项目赚取利润的小型房地产开发商，大型地产集团依靠其财务透明、信用良好等优势而具有低得多的融资成本，再由于其项目总数多，即使单个项目的资金流出现了困难，还可以用其他资金充裕的项目对冲，所以地产集团很少因为单个项目而资金链断裂。地产集团面临资金链断裂一般有两个原因：第一是可能该企业在融资端口上过于激进，进行大规模的高成本融资，加大企业杠杆，使得企业负债率失衡；第二是在投资端口上过于激进，高价拿下大量地皮，导致现金枯竭。但是，本身拥有的大量资产使得大型房企就算现金流枯竭也不至于直接倒下，它们面临的风险主要来自系统性因素，即如果遇到政策调控和市场遇冷，导致销售回款枯竭，整个企业难以为继。

还应注意的是，虽然各年度的网络图几乎都呈现出无标度特性，但是每年的幂律指数都在发生变化，由 2.6 上升至 3.1（不再很好地服从幂律分布），结合节点平均度的不断升高，可以得出我国房地产信贷网络的无标度特性正在变得不明显，即在 2009 年、2010 年等时期，某个节点受到冲击可能不会对整个网络造成实质损害，但截至 2013 年，该网络已经不具有明显的稳健且脆弱性，即传染性违约很有可能大规模蔓延，甚至伤害到整个系统。这一变化在高节点度节点受到冲击时有利于保护整体稳定，即整个网络整体性更强，风险分散机制得到强化，某个主要金融机构受到冲击之后，其受到的影响会部分由未受影响的网络中其他机构承担。然而一旦风险发生在任意局部网络中，对数个金融机构同时造成影响，风险的传播速度就会远远快于其无标度网络中传播的速度，更直接、迅速地席卷房地产信贷网络。

尤其是在 2012 年以后，虽然房地产也一直处于上行阶段，但不同城市间的房价涨幅差距巨大，我国一线城市与二三线城市住宅价格差距开始扩大。此外，相对快速上涨的地价，二三线城市的房价上涨速度有所不足，房价和地价之间的"剪刀差"明显，购地成本的上升带来的则是各房企逐渐缩减的销售利润。不同城市房地产行业状况的不同形成的局面就是，尽管目前全国楼市不太可能同时遇冷，但地方性风险却很有可能发生，一旦当地房地产企业经营困难，与之相邻的金融机构就会比以前更有能力将风险扩大到全国金融机构。

（3）度的相关性。仅仅将度分布的幂律分布作为无标度网络的定义有其不够完善之处。由于幂律分布是方差可能无穷的高可变分布，对于度分布是同一个幂律分布的不同网络，其拓扑结构和特性可能存在巨大的差异，因此测量网络结构还需要引入度的相关性（又称为同配性与异配性）。"在不改变节点度分布的情况下，可以使度大的节点倾向于和其他度大的节点连接"，网络中的这个重要的结构特性，称为节点之间的相关性。如果网络中的节点趋于和它近似的节点相连，就称该网络是同配的；反之，就称该网络是异配的。网络同配性（或异配性）的程度可用同配系数（也称皮尔森系数）r 来刻画，对于 r 有

$$r = \frac{M^{-1} \sum_i j_i k_i - [M^{-1} \sum_i \frac{1}{2}(j_i + k_i)]^2}{M^{-1} \sum_i \frac{1}{2}(j_i^2 + k_i^2) - [M^{-1} \sum_i \frac{1}{2}(j_i + k_i)]^2}$$

其中：$-1 \leqslant r \leqslant 1$；$j_i$，$k_i$ 为第 i 条边所连接的两个节点的度值（$i = 1$，$\cdots$，M，M 为总边数）。如果皮尔森系数为正 $r > 0$，则表示整个网络呈现同配性结构，度值大的节点倾向于和度值大的节点相连；反之，如果皮尔森系数为负 $r < 0$，则整个网络呈现异配性，度值大的节点倾向于与度值小的节点连接；$r = 0$ 时网络结构不存在相关性。

表 8 给出了不同年份房地产信贷网络的皮尔森系数，很明显每一年的系数都为负值，即节点度小的金融机构更多地与节点度大的金融机构产生连接。结合图 1 至图 7 可以发现，金融机构节点的度数与金融机构规模的大小几乎是成正比的，每年的房地产信贷网络中都存在度明显大于其他节点的金融机构，它们往往是大型国有商业银行或较大的股份制商业银行，如中国农业银行、中国工商银行、中国建设银行、交通银行、浦发银行等。这类大型金融机构度数很高，就意味着与它们有联系的金融机构很多，这其中不仅仅是它们之间互相连接，还有很大一部分是它们与规模较小的金融机构相连，这类金融机构一般是其他股份制商业银行、较大的城市银行以及信托公司、资产管理公司，例如中国邮政储蓄银行、广发银行、上海银行、平安信托、国投信托等。这些中等规模的金融机构，在整个网络结构中除了各自与一两个大型金融机构相连以外，更多的是与网络图边缘的度更小的金融机构（大多数为信用合作社和小规模信托公司）相连。处于房地产信贷网络图最外围的大多数点之间互相没有连线，它们有的直接与国内的大型商业银行相连，有的则是与中等规模的金融机构产生联系。

表 8　　　　　　　　　　房地产信贷网络同配系数（2007—2013 年）

年份	2007	2008	2009	2010	2011	2012	2013
r	-0.3232	-0.4038	-0.4030	-0.3211	-0.2892	-0.2340	-0.1650

针对这个现象，可能的解释如下。首先，由于各家上市房地产企业并不是集中在一个省市，而是遍布全国，而随着各个地方的信用社、农商行增加对房地产企业的贷款，各家上市房企除了向最大的几家商业银行寻求贷款以外，就会选择公司所在地的农商行和信用社。其次，各家上市房地产企业在中国房地产业迅速发展的时期内一直面临着不断缩紧的信贷政策，商业银行融资渠道不断变窄、借款审核愈发严格、可贷资金受限使得各企业必须寻找新的融资渠道。

由于 2008 年和 2009 年这两年全国住宅价格增速暴涨，同时国际金融危机之后各大商业银行需要更加严格地管控自身资产防止风险发生。2009 年后半年，银监会第一次提出要确保固定资产贷款资金真正用于实体经济的需要，加强对房地产贷款资金的监管；2010 年起，政府开始对房地产行业进行更加严格的管制，在房地产信贷方面就体现为提高贷款利率，规定房企贷款的贷款抵押率，对有违规记录的房地产开发企业要暂停其发行股票、债券，各商业银行停止对其发放新开发项目贷款和贷款展期等。而信托公司、基金公司和财务公司等新兴的金融机构在当时受到的监管相对较少，对风险的管控不如大型商业银行严格，因此房地产企业开始向各个规模较小的金融机构长期借款。

主要融资渠道的收紧带来的最直接结果就是融资对象的增加，资金庞大的一些上市房企的长期借款对象由各大商业银行逐渐变为同时向大型商业银行和相对小的当地的农商行、信用社、信托公司等借款，这就导致了众多处于网络边缘的金融机构与网络中心的高度数的几个金融机构直接相连；而普通的房地产公司也同时向各股份制银行、外资银行、资管公司、基金公司等借款。

需要关注的另一点是，同配系数基本处于逐年下降的趋势，这主要是因为各上市房企的借款模式在逐渐发生变化。最初各企业需要大规模资金的时候，一般只有各商业银行才能提供，而信托公司和农商行等金融机构只有能力发放千万元级或一两亿元的贷款，企业在一般情况下会采取只向商业银行借款或商业银行、信托公司两者结合的借款组合；随着年份增加，信托公司自身的规模也在增加，一些信托公司实力增强，已经能够负担起商业银行之前扮演的发放大规模资金的角色，再加上相比商业银行，信托公司虽然融资成本更高，但是其放贷规模不受国家宏观调控的限制、抵押物更多元化（抵押品不仅限于实物资产，还包括未来现金流的收益权等）、手续便捷、放款速度更快等优势使更多公司不再从商业银行借款，而转向资管、信托公司，由此形成了处于网络结构中心之外的金融机构彼此之间连线增加、同配系数明显下降的现象。因此，虽然房地产信贷网络仍具有异配性，但是随着网络规模的扩大，这一特征不再特别显著。

（4）网络中心性。在刻画网络中某节点的重要性时，除了直接对节点的度进行测量以外，还有一个重要的指标称为节点的中介中心性。中介中心性又称为中介系数，主要是由美国社会学家林顿·弗里曼教授提出来的一个概念，该指标测量的是一个点在多大程度上位于图中其他"点对"的"中间"，刻画了一个节点担当链接两个节点的"中介"或"桥梁"的能力，反映了节点在网络中的枢纽性作用。他认为，起到中介作用的节点分为两种类型：一种是网络中度较大的节点，任意本身没有关联的行动者因为都与它相连而彼此间有了联系；还有一种可能是，如果一个行动者处于多对行动者之间，那么它的度数一般较低，这个相对来说度数比较低的点可能起到重要的"中介"作用，因而处于网络的中心，根据这个思路就可以测量点的中间中心性。节点的中介中心性定义为

$$Cb_i = \sum_{m>n} \frac{g_i(m,n)}{g(m,n)}$$

其中，$g(m,n)$ 为节点 m 和 n 之间的最短路径数；$g_i(m,n)$ 为节点 m 和 n 之间经过节点 i 的最短路径数。

房地产信贷网络中，绝大部分节点的中介中心性较小，只有小部分节点的中介中心性较大。2007 年至 2013 年的各信贷网络中，中介中心性为 0 的点个数分别为 6、27、31、52、64、64 和 55。与表 1 中单顶点网络节点数相比较可以发现，各个网络中起连通作用

的点不足网络全部节点数的一半，而在中介中心性不为 0 的这部分节点中，又有 40% 至 50% 不等的节点中介中心性小于 0.01，即在房地产信贷网络结构中，只有少数金融机构在网络中起到枢纽作用。表 9 列出了各年度房地产信贷网络中介中心性排名前五的金融机构，显示出国有五大行在网络中起到重要的中介作用，而结合表 6 中各主要金融机构的度可以发现，五大行的度在整个网络结构中也基本处于最高位置。因此，它们的中介作用主要是因为其本身规模庞大，处于网络最中心，网络边缘的节点都会与之相连，由于房地产信贷网络的平均路径长度约为 2，即任意两点之间平均经过一个点就能相互产生联系，因此各个节点之间的连边很大概率会经过几个度较大的中心节点。

表 9　　　　　房地产信贷网络排名前五名的金融机构（2007—2013 年）

2007 年		2008 年		2009 年	
节点	Cb_i	节点	Cb_i	节点	Cb_i
中国建设银行	0.1909	中国建设银行	0.2602	中国建设银行	0.2996
中国银行	0.1818	中国工商银行	0.2219	中国工商银行	0.1658
中国工商银行	0.1409	中国农业银行	0.2122	中国农业银行	0.1313
中国农业银行	0.0758	中国银行	0.1913	交通银行	0.094
交通银行	0.047	交通银行	0.1244	中国银行	0.0847
2010 年		2011 年		2012 年	
节点	Cb_i	节点	Cb_i	节点	Cb_i
中国工商银行	0.3441	中国工商银行	0.2529	中国建设银行	0.3338
中国农业银行	0.2452	中国建设银行	0.2298	中国工商银行	0.1567
中国建设银行	0.1871	中国农业银行	0.167	中国银行	0.1183
中信银行	0.0995	中国银行	0.1549	交通银行	0.1066
中国银行	0.08	交通银行	0.0907	北京银行	0.0729
2013 年					
节点	Cb_i				
中国工商银行	0.2263				
中国农业银行	0.1781				
中国建设银行	0.1759				
中融国际信托	0.091				
民生银行	0.0789				

但是在网络中起到重要作用的不仅是这几个大型金融机构，也有度较小、中介系数却相对很大的节点，如中融国际信托以及表 9 中未列出的广发银行、广州市农村信用合作社

等。这些节点的特征在于，虽然它们的度很小，只与一个网络中心节点和少数几个金融机构相连，但往往是多个边缘节点的中介点，即本应孤立在网络图外的节点因为与这些中介点相连，才得以与整个网络图中的其他节点产生联系。这部分节点度小，但是中介中心性强的节点对于整个网络图的关键性在于，当它们自身或者与自身相连的大型金融机构受到冲击时，虽然这种冲击难以对整个房地产信贷网络造成太大影响，但是会对以中介节点为中心构成的小范围局域网络中的各个金融机构造成较大打击。

以 2010 年网络图中的江西国际信托为例（见图 8），其通过与方正东亚信托等小规模金融机构和中国工商银行这一处于网络图中心的金融机构相连而具有了较高的中介中心性（中介系数为 0.0748）。一旦江西国际信托遭受风险，一方面，风险会较为迅速、直接地向方正东亚信托、武汉农村商业银行、中国华融资产管理公司传导，由于这几个金融机构之间互相构成一个封闭的网络，风险难以分散，因此这个局部网络会因为中介节点遭受风险而受到整体上的冲击。另一方面，虽然江西国际信托这一节点与中国工商银行相连，但是它只作为几十个与之相连的节点中的一个，其资金流动的变化难以对工商银行造成明显的损害，此外，工商银行还可以将风险进行分散，因此不会对整个网络造成太大的影响。

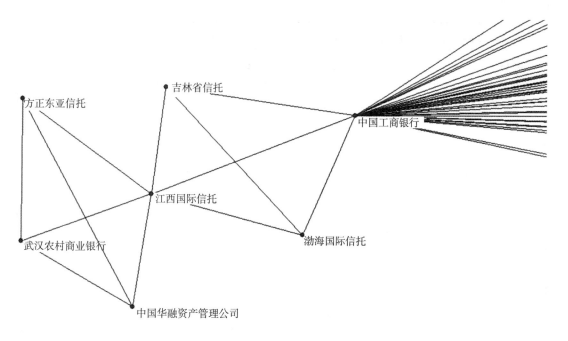

图 8　2010 年房地产信贷网络图（部分）

（二）金融行业系统关联性

本节分析选取 2007 年 9 月 25 日前上市的所有商业银行、证券公司、保险公司以及信托公司的日度股价最高价和最低价。样本中的金融机构及其全称和简称如表 10 至表 13 所示。国有商业银行中之所以未选择农业银行，是因为其上市时间为 2010 年 7 月 15 日，晚于样本起始日期 2007 年 9 月 25 日。

表 10　　　　　　　　　　　　　样本内 14 家上市商业银行

企业类型	企业简称	英文全称	名称缩写
国有商业银行 （State – owned Banks；SOB）	中国银行	Bank of China	BoC
	工商银行	Industrial and Commercial Bank of China	ICBC
	交通银行	Bank of Communications	BoCOMMU
	建设银行	China Construction Bank	CCB
股份制银行 （Joint – stock Banks；JSB）	中信银行	China CITIC Bank	CITIC
	华夏银行	Hua Xia Bank	HuaXia
	民生银行	China Minsheng Bank	MinSheng
	平安银行	Ping An Bank	PingAn
	浦发银行	Shanghai Pudong Development Bank	SPDB
	兴业银行	China Industrial Bank	CIB
	招商银行	China Merchants Bank	CMB
城商行 （City – commercial Banks；CComB）	北京银行	Bank of Beijing	BoB
	宁波银行	Bank of Ningbo	NingBo
	南京银行	Bank of Nanjing	NanJing

注：中国农业银行的上市日期为 2010 年 7 月 15 日，故未包含在样本内。

表 11　　　　　　　　　　　　　样本内九家上市证券公司

企业简称	英文全称
长江证券	Changjiang Securities
东北证券	Northeast Securities
广发证券	GuangFa Securities
国海证券	Sealand Securities
国金证券	Sinolink Securities
国元证券	Guoyuan Securities
海通证券	Haitong Securities
西南证券	Southwest Securities
中信证券	Citic Securities

表 12　　　　　　　　　　　　　样本内四家上市保险公司

企业简称	英文全称
平安保险	Ping An Insurance
人寿保险	Life Insurance
太平洋保险	Pacific Insurance
新华保险	New China Life Insurance

表 13   样本内三家上市信托公司

企业简称	英文全称
安信信托	Anxin Trust
经纬纺机	Jingwei Textile Machinery Company
陕国投	Shanxi International Trust

采用 Alizadeh、Bradnt 和 Diebold（2012）的方法，基于日度股票的最高价和最低价构建日度股票收益的波动率。构建方法如下：

$$\tilde{\sigma}_{it}^2 = 0.361 \left[\ln(P_{it}^{max}) - \ln(P_{it}^{min}) \right]^2$$

其中，P_{it}^{max} 表示股票 i 在第 t 天的最高股价；P_{it}^{min} 表示股票 i 在第 t 天的最低股价。由于 $\tilde{\sigma}_{it}^2$ 是股票 i 日度股价方差的估计值，因此相应的年化日度股价标准差（波动率）可表示为

$$\hat{\sigma}_{it}^2 = 100 \sqrt{365 \times \tilde{\sigma}_{it}^2}$$

根据 Diebold 和 Yilmaz（2012，2014）的做法，我们构建 VAR 模型，将滞后期选取为 4（变量数小于 10）或 2（变量数大于 10），在计算广义方差分解时预测时域为 10。

1. 银行部门系统关联性

（1）四家国有商业银行间系统关联性。图 9 展示了样本内四家上市商业银行（中国银行、工商银行、建设银行以及交通银行）自 2007 年 9 月 25 日至 2017 年 12 月 19 日的日度股价收益波动率（年化标准差；百分比）。由图 9 可见，所有国有商业银行的日度股价收益波动率呈现明显的关联性，这体现了金融市场内部尤其是国有银行部门内部的高度系统关联性。此外，在整个样本期内，多数国有银行在 2015 年股灾期间股价收益波动率呈现峰值，其中峰值最高的银行为建设银行（接近 200%）。另外，三家银行（包括工商银行、交通银行以及建设银行）的股价收益波动率在 2007 年或 2008 年呈现了另一峰值，这体现了这三家银行受 2008 年国际金融危机影响明显大于中国银行。因此，在所有国有商业银行中，中国银行更能有效应对国际金融危机。值得一提的是，工商银行和建设银行的股价收益波动率在 2008 年的峰值不亚于或甚至高于 2015 年股灾的峰值，这意味着在国有银行中，工商银行和建设银行受 2008 年国际金融危机的影响最大。

表 14 列出了 2007 年 9 月 15 日至 2017 年 12 月 19 日四家国有商业银行间日度股票收益波动率的溢出程度。由表 14 可见，整个样本期内每家国有银行从余下三家银行接受的风险总传染程度大致相同，均为 61% ~ 64%；每家银行对余下所有银行的风险总溢出度也大致相同，均为 59% ~ 65%，其中风险总溢出程度最大的为中国银行（65%），风险总溢出程度最小的为工商银行（59.3%）。

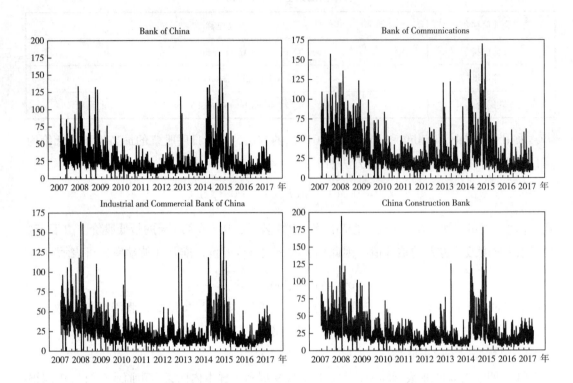

图9 样本内国有商业银行日度股价波动率（年化标准差；百分比）

表14 样本内国有商业银行间日度股价收益波动率的溢出表

	BoC	ICBC	BoCOMMU	CCB	From Others
BoC	37. 44	20. 08	21. 37	21. 10	62. 56
ICBC	21. 08	38. 19	19. 21	21. 52	61. 81
BoCOMMU	21. 99	18. 22	39. 46	20. 33	60. 54
CCB	21. 91	20. 99	21. 08	36. 02	63. 98
Contribution to others	64. 98	59. 30	61. 66	62. 95	248. 89
Contribution including own	102. 43	97. 49	101. 12	98. 96	62. 20%

为了刻画商业银行日度股价收益波动的总溢出程度的时变特征，本课题使用滚动窗口估计，窗口长度为200天。图10展示了样本内国有商业银行日度股价波动性的总溢出程度及其时变性。由图10可见，国有商业银行间的风险总溢出程度在2015年底呈现峰值，风险总溢出程度高达72%左右。2015年风险总溢出程度长期居于高位的原因在于2015年前半年的疯狂牛市以及后半年股灾的严重影响。

图11对比了2008年和2015年四家上市国有商业银行的有向网络关联图。网络图中各节点代表各个商业银行，若两个节点之间存在连线，则表示节点所代表的两家商业银行

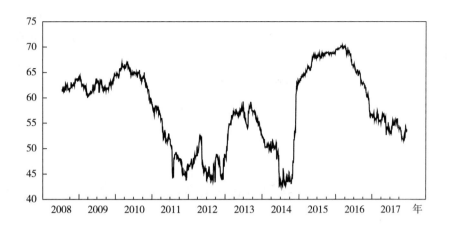

图 10　样本内国有商业银行日度股价波动性的总溢出程度

间存在风险（股价收益波动率）溢出关系，连线的方向表示风险溢出方向。比如，若节点 i 和 j 之间存在一条从节点 i 出发指向节点 j 的连线，则说明市场 i 对市场 j 有净波动率溢出。节点大小和颜色的深浅取决于节点的加权出度，即其所代表的市场的净溢出，净溢出越大，节点越大，其颜色越深；节点间的有向连线的粗细代表了净对点溢出的大小，净溢出越大，有向连线越粗。

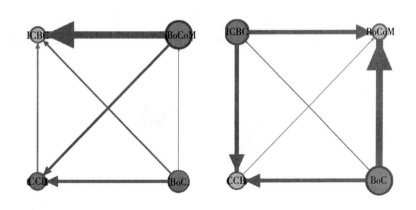

图 11　2008 年、2015 年四家国有商业银行的关联网络图

由图 11 可见，样本内四家国有商业银行间的风险关联形式和程度在 2008 年和 2015 年间明显不同。首先，2008 年风险净溢出程度最大的银行为交通银行，它对工商银行的风险溢出程度很高，而对中国银行和建设银行的风险溢出程度很低。而在 2015 年，风险净溢出程度最大的银行不再是交通银行，而是中国银行（以及工商银行）。并且，中国银行对交通银行的风险溢出程度最高，其次是中国银行对建设银行的风险溢出程度。而工商银行分别对建设银行和交通银行具有较高的风险溢出程度。值得一提的是，在 2015 年交通银行与建设银行以及中国银行与工商银行间的风险溢出程度很低。

（2）十四家商业银行间系统关联性。图 12 展示了 14 家上市商业银行自 2007 年 9 月 25 日至 2017 年 12 月 19 日的日度股价收益波动率（年化标准差；百分比）。由图 12 可见，所有商业银行的日度股价收益波动率呈现明显的关联性；此外，在整个样本期内，有两个时间段出现波动率峰值，一个为 2008 年国际金融危机时，另一个为 2015 年我国股灾时。高度关联性体现了金融市场内部尤其是银行部门内部的高度系统关联性。

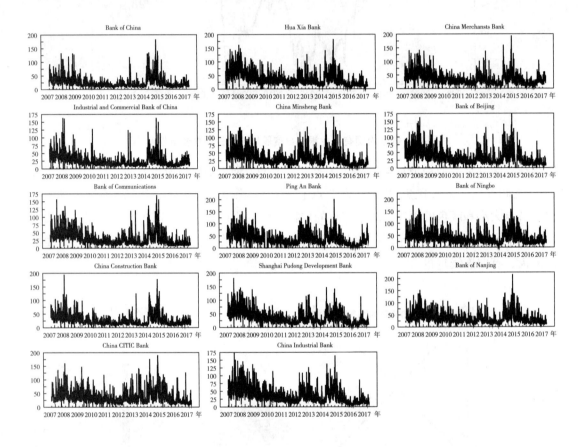

图 12　样本内商业银行日度股价波动率（年化标准差；百分比）

表 15 列出了 2007 年 9 月 15 日至 2017 年 12 月 19 日 14 家银行机构间日度股票收益波动率的溢出程度。由表 15 可见，整个样本期内每家银行从余下 13 家银行接受的风险总传染程度大致相同，均为 86% ～ 87%，但每家银行对余下所有银行的风险总溢出度有所区别，溢出程度最大的为浦发银行（100.76%），其次分别为兴业银行（98.81%）、华夏银行（95.86%）以及北京银行（93.52%）。风险总溢出度最小的银行为中信银行（72.74%）。然而，当我们使用滚动窗口估计系统关联性的动态变化时，会发现银行间的系统关联性以及网络中的系统重要性银行有所变化。

表 15　银行机构间日度股价收益波动率的溢出

	BoC	ICBC	BoCOMMU	CCB	CITIC	HuaXia	MinSheng	PingAn	SPDB	CIB	CMB	BoB	NingBo	NanJing	From Others
BoC	13.93	7.82	8.45	8.16	5.81	6.46	5.53	6.44	6.58	5.96	5.72	6.44	6.12	6.57	86.07
ICBC	8.97	13.77	7.80	8.54	4.32	6.22	5.53	6.56	6.91	6.46	6.73	6.34	5.95	5.89	86.23
BoCOMMU	7.50	5.98	12.04	6.70	5.68	7.37	6.50	6.70	7.79	7.19	6.15	7.51	5.98	6.90	87.96
CCB	8.49	7.80	8.07	12.54	5.17	6.63	5.51	6.36	6.78	6.49	6.73	6.52	6.28	6.62	87.46
CITIC	6.48	4.17	6.71	5.15	14.18	7.72	7.11	6.86	7.52	6.97	5.24	7.82	6.75	7.33	85.82
HuaXia	5.72	4.55	6.90	5.57	6.10	12.42	7.31	7.18	8.65	8.64	6.32	7.54	6.07	7.04	87.58
MinSheng	5.33	4.29	6.37	5.04	6.11	8.04	13.48	8.19	8.44	8.82	6.68	7.46	5.70	6.06	86.52
PingAn	5.77	4.94	6.48	5.46	5.29	7.27	7.56	14.62	7.93	9.50	7.16	6.46	6.06	5.50	85.38
SPDB	5.69	4.92	7.01	5.31	5.52	7.96	7.60	7.59	12.61	8.97	6.92	7.61	5.86	6.44	87.39
CIB	5.32	4.58	6.51	5.31	5.25	8.30	7.84	8.96	9.04	12.81	6.83	7.39	5.75	6.11	87.19
CMB	6.13	5.80	6.87	6.64	4.57	7.20	6.73	7.83	8.12	7.95	12.73	6.51	6.44	6.48	87.27
BoB	5.98	4.79	7.35	5.45	6.35	7.87	7.07	6.61	8.37	7.98	5.75	12.47	6.36	7.58	87.53
NingBo	6.23	5.05	6.77	6.14	6.21	7.09	6.05	6.74	7.11	7.05	6.22	7.59	13.04	8.71	86.96
NanJing	6.30	4.92	7.12	6.23	6.35	7.74	5.98	5.78	7.50	6.83	5.95	8.34	8.22	12.73	87.27
Contribution to others	83.93	69.60	92.42	79.71	72.74	95.86	86.32	91.80	100.76	98.81	82.39	93.52	81.54	87.23	1216.63
Contribution including own	97.85	83.37	104.46	92.25	86.92	108.29	99.79	106.42	113.36	111.63	95.11	106.00	94.58	99.96	86.9%

为了刻画商业银行日度股价收益波动的总溢出程度的时变特征，本课题使用滚动窗口估计，窗口长度为 200 天。图 13 展示了商业银行日度股价波动性的总溢出程度及其时变性。由图 13 可见，所有商业银行间的风险总溢出程度在 2010 年底和 2015 年呈现峰值，风险总溢出程度高达 90%。2010 年底总溢出程度呈现峰值的原因可能是 2010 年 11 月 18 日国务院表态抑制通胀，导致股市受挫，市场展开大幅调整并持续至年底。2015 年风险总溢出程度长期居于高位的原因在于 2015 年前半年的疯狂牛市以及后半年股灾的严重影响。

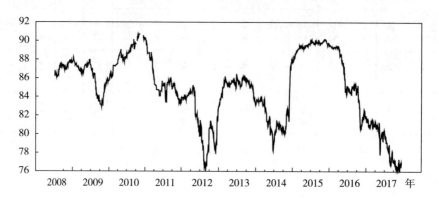

图 13　商业银行日度股价波动性的总溢出程度

图 14 对比了 2008—2013 年、2015 年和 2016 年的 14 家上市商业银行的有向网络关联图。网络图中各节点代表各个商业银行，若两个节点之间存在连线，则表示节点所代表的两家商业银行间存在风险（股价收益波动率）溢出关系，连线的方向表示风险溢出方向。比如，若节点 i 和 j 之间存在一条从节点 i 出发指向节点 j 的连线，则说明市场 i 对市场 j 有净波动率溢出。节点大小和颜色的深浅取决于节点的加权溢出度，即其所代表的市场的净溢出，净溢出越大，节点越大，其颜色越深；节点间的有向连线的粗细代表了净对点溢出的大小，净溢出越大，有向连线越粗。

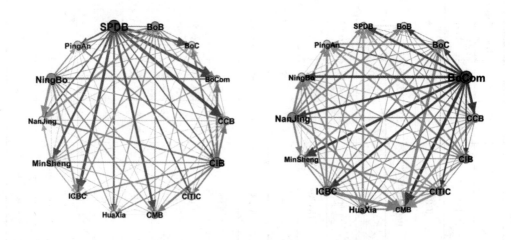

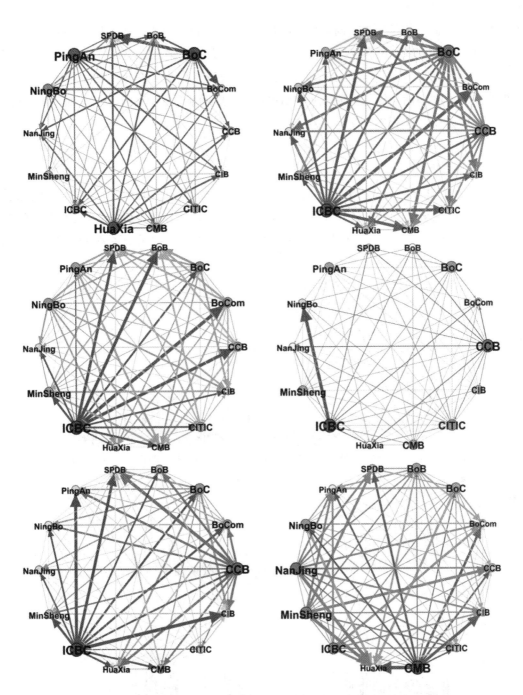

图 14 八个年份我国 14 家商业银行的关联网络图
（**从上至下从左至右依次为 2008—2013 年、2015 年和 2016 年**）

由图 14 可见，在不同年份我国商业银行间风险的关联形式和程度存在明显差异。总体而言，2011 年、2015 年和 2016 年这三年商业银行间风险的关联渠道较多、且程度较强。此外，在不同年份净风险溢出程度最大的银行也有明显变化。例如，2008 年风险净溢出程度最大的为浦发银行，而 2009 年风险净溢出程度最大的变为交通银行，2012 年又变为工商银行，2016 年又变为招商银行。而在其他年份同时存在 2～3 家风险净溢出程度较大的银行。例如，2010 年风险净溢出程度最大的三家银行分别为平安银行、中国银行以及华夏银行；而 2011 年风险净溢出程度最大的两家银行又变为工商银行和中国银行。值得一提的是，2013 年商业银行间风险净溢出渠道和程度明显低于其他年份，仅有工商银行对宁波银行存在较大的风险净溢出效应。

（3）三类商业银行间系统关联性。图 15 展示了三类上市商业银行（国有商业银行、股份制银行、城商行）自 2007 年 9 月 25 日至 2017 年 12 月 19 日的日度股价收益波动率（年化标准差；百分比）。由图 15 可见，三类商业银行的日度股价收益波动率呈现明显的关联性。高度关联性体现了金融市场内部尤其是银行部门内部的高度系统关联性。此外，在整个样本期内，国有商业银行和股份制商业银行的股价波动率在两个时间段出现波动率峰值，一个为 2008 年国际金融危机时，另一个为 2015 年我国股灾时。而城商行的股价波动率仅在 2015 年呈现峰值，这表明相对于国有商业银行和股份制商业银行而言，城商行受 2008 年国际金融危机的影响相对较小。

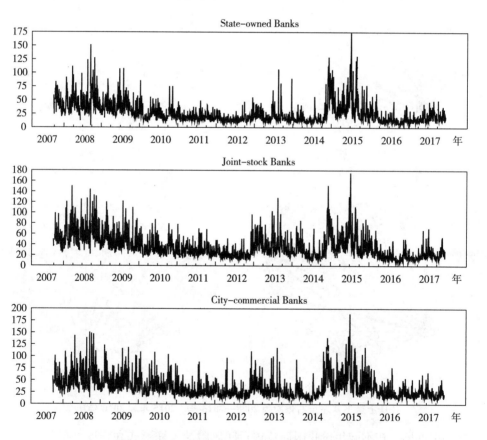

图 15　三类商业银行日度股价波动率（年化标准差；百分比）

表 16 给出了 2007 年 9 月 15 日至 2017 年 12 月 19 日三类商业银行间日度股票收益波动率的溢出程度。由表 16 可见，整个样本期内每类商业银行从另外两类银行接受的风险

总传染程度大致相同，均为 55% ~ 56%，但每家银行对余下所有银行的风险总溢出度稍有差异，溢出程度最大的为股份制商业银行（59.7%），其次分别为城商行（55.1%）和国有商业银行（52.8%）。

表 16　　　　　　　　　　三类商业银行间日度股价收益波动率的溢出表

	SOB	JSB	CComB	From Others
SOB	44.60	29.13	26.27	55.40
JSB	27.08	44.13	28.79	55.87
CComB	25.74	30.56	43.70	56.30
Contribution to others	52.82	59.70	55.06	167.57
Contribution including own	97.42	103.83	98.75	55.9%

图 16 展示了三类商业银行日度股价波动性的总溢出程度及其时变性。由图 16 可见，三类商业银行间的风险总溢出程度在 2008 年底和 2015 年底呈现峰值，风险总溢出程度高达约 62%。2008 年底总溢出程度呈现峰值是由于 2008 年国际金融危机波及中国股市；而 2015 年风险总溢出程度长期居于高位的原因在于 2015 年前半年的疯狂牛市以及后半年股灾的严重影响。

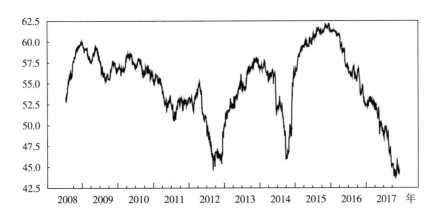

图 16　三类商业银行日度股价波动性的总溢出程度

2. 金融部门间系统关联性。图 17 展示了四个金融部门（银行、证券、保险、信托）自 2007 年 9 月 25 日至 2017 年 12 月 19 日的日度股价收益波动率（年化标准差；百分比）。由图 17 可见，这四个金融部门的日度股价收益波动率呈现明显的关联性。高度关联性体现了金融市场内部的高度系统关联性。此外，在整个样本期内，银行和证券部门的股价波动率在两个时间段出现波动率峰值，一个为 2008 年国际金融危机时，另一个为 2015 年我国股灾时；而保险和信托行业的股价波动率仅在 2015 年呈现峰值。这表明在我国金融系统中，相对于保险和信托行业，银行和证券行业受 2008 年国际金融危机影响相对较大。

表 17 给出了 2007 年 9 月 15 日至 2017 年 12 月 19 日四个金融部门（银行、证券、保险、信托）间日度股票收益波动率的溢出程度。由表 17 可见，整个样本期内银行、证券

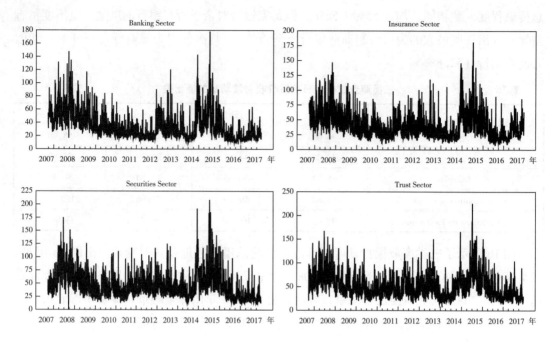

图 17　四个金融部门（银行、证券、保险、信托）日度股价波动率（年化标准差；百分比）

和保险行业分别从另外三个金融行业接收的风险总传染程度大致相同，均为 52% 左右，而信托行业从另外三个金融行业接收的风险总溢出程度相对较小，仅为 45% 左右。此外，前三个金融行业各自对其他所有金融行业的风险总溢出度均为 50% 多，其中总溢出度最大的为银行部门（59.4%）；而信托行业对其他三个金融行业的风险总溢出度仅为 37.1%。这表明银行、证券和保险行业间的系统关联性明显高于其与信托行业的系统关联性。其中一个原因可能在于我国上市信托公司只有三家，不完全具有行业代表性。现实经济中，整个信托行业与其他三个金融行业的关联程度可能更高。

表 17　　四个金融部门（银行、证券、保险、信托）间股价收益波动率溢出表格

	Bank	Securities	Insurance	Trust	From Others
Bank	47.86	17.43	22.90	11.81	52.14
Securities	18.86	47.22	18.78	15.13	52.78
Insurance	25.01	17.60	47.23	10.16	52.77
Trust	15.51	16.80	12.33	55.35	44.65
Contribution to others	59.38	51.83	54.01	37.11	202.33
Contribution including own	107.25	99.05	101.24	92.46	50.6%

　　图 18 给出了四个金融部门（银行、证券、保险、信托）间股价波动性的总溢出程度及其时变性。由图 18 可见，四个金融行业间的风险总溢出程度在 2013 年底和 2015 年底呈现峰值，风险总溢出程度高达约 62%。2015 年风险总溢出程度出现峰值的原因在于 2015 年前半年的疯狂牛市以及后半年股灾的严重影响。

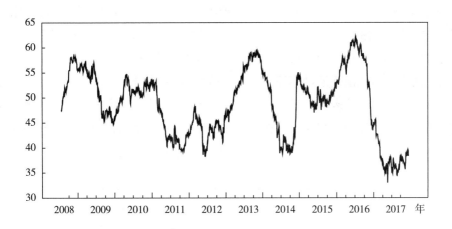

图 18　四个金融部门（银行、证券、保险、信托）股价波动性总溢出程度

（三）"房地产—金融"系统关联性

为分析房地产市场状况，考虑数据可得性，本课题选取了中国房地产业协会公布的2017 年中国房地产上市企业实力榜前 50 强中，在上海或深圳证券交易所上市，且上市时期为 2007 年 9 月 25 日前的 16 家房地产上市企业。具体名单如表 18 所示。房地产市场状况由样本内所有房地产上市企业日度股价收益波动率的平均值度量。

表 18　　　　　　　　　样本内房地产上市企业

排名	企业简称	英文全称
1	万科	Vanke Group
5	保利地产	POLY Real Estate
6	绿地控股	Greenland Group
7	华夏幸福	China Fortune Land Development
13	金地集团	Gemdale Group
17	中南建设	ZhongNan Construction
18	金科股份	Jinke Group
19	阳光城	Yango Group
24	首开股份	Beijing Capital Development Holdings
27	蓝光发展	Blue－ray Development
32	荣盛发展	RiseSun Real Estate Development
34	金融街	Financial Street Holdings
37	华侨城	Overseas Chinese Town Group
41	泛海控股	Oceanwide Holdings Group
43	新湖中宝	Xinhu Zhongbao
49	城投控股	Chengtou Holdings

1. "房地产—银行"系统关联性。图 19 展示了三类商业银行以及房地产部门自 2007

年 9 月 25 日至 2017 年 12 月 19 日的日度股价收益波动率（年化标准差；百分比）。由图 19 可见，这些部门间的日度股价收益波动率呈现明显的关联性，体现了金融市场内部的高度系统关联性，也体现了金融市场与房地产行业的密切关联。此外，在整个样本期内，各大部门在两个时间段出现波动率峰值，最高峰值为 2015 年股灾期间，次高峰值为 2008 年国际金融危机期间。这表明在我国金融市场、银行业以及房地产行业均受到 2008 年国际金融危机的影响。另外，相对于国有银行和股份制银行，城商行和房地产企业的股价收益波动性峰值更高（接近 200%），这表明这两类部门受 2015 年股灾影响更大。

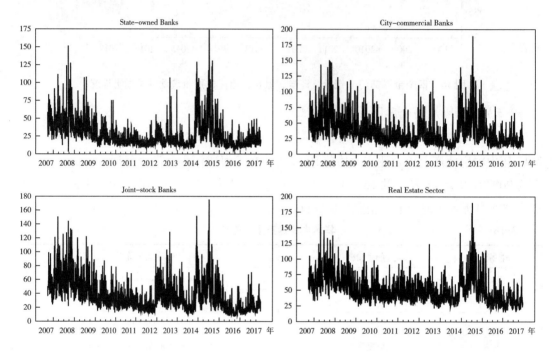

图 19 三类商业银行、房地产部门日度股价波动率（年化标准差；百分比）

表 19 给出了 2007 年 9 月 15 日至 2017 年 12 月 19 日三类商业银行以及房地产部门间日度股票收益波动率的溢出程度。由表 19 可见，整个样本期内三类商业银行分别从另外两类商业银行以及房地产部门接收的风险总传染程度大致相同，均为 61% 左右，而房地产行业从整个商业银行部门接收的风险总溢出程度相对较小，仅为 50% 左右。此外，三类商业银行各自对其他两类商业银行以及房地产部门的风险总溢出度均为 60% 多，其中总溢出度最大的为股份制商业银行（接近 70%）；而房地产部门对整个商业银行部门的风险总溢出度仅为 38.3%。这表明国有银行、股份制银行以及城商行间的系统关联性明显高于其与房地产行业的系统关联性。

表 19 三类商业银行以及房地产部门间股价收益波动率溢出表

	SOB	JSB	CMB	Real Estate	From Others
SOB	39. 38	25. 41	22. 72	12. 49	60. 62
JSB	23. 65	38. 74	24. 82	12. 79	61. 26
CMB	22. 37	26. 50	38. 07	13. 06	61. 93
Real Estate	16. 07	17. 73	15. 75	50. 45	49. 55
Contribution to others	62. 09	69. 64	63. 28	38. 35	233. 36
Contribution including own	101. 47	108. 38	101. 36	88. 80	58. 3%

图 20 给出了三类商业银行以及房地产部门间股价波动性的总溢出程度及其时变性。由图 20 可见，这些部门间的风险总溢出程度分别在 2008 年底和 2016 年初呈现峰值，风险总溢出程度高达约 66%。2008 年底风险总溢出程度出现峰值的原因在于整个金融市场、商业银行部门以及房地产部门都遭受 2008 年国际金融危机的影响。而 2016 年风险总溢出程度出现峰值的原因可能在于 2015 年后半年股灾的滞后影响。

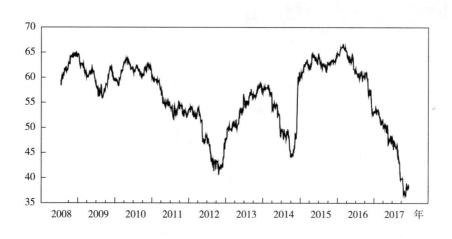

图 20 三类商业银行以及房地产部门间股价波动性总溢出程度

2. "房地产—金融"系统关联性。图 21 展示了四类金融行业以及房地产部门自 2007 年 9 月 25 日至 2017 年 12 月 19 日的日度股价收益波动率（年化标准差；百分比）。由图 21 可见，这些部门间的日度股价收益波动率呈现明显的关联性，体现了金融市场内部的高度系统关联性，也体现了金融市场与房地产行业的密切关联。此外，在整个样本期内，所有部门的股价收益波动率均在 2015 年底呈现峰值，体现了 2015 年股灾对整个金融市场以及房地产部门的影响。另外，在五个行业中，信托行业的峰值最高，约为 240%，体现出信托行业受股灾影响最大。而银行业的峰值仅为约 170%，体现出整个银行部门的相对稳健性。

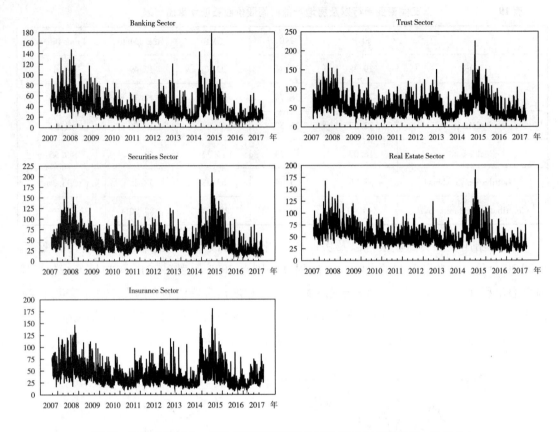

图 21　四类金融行业、房地产部门日度股价波动率（年化标准差；百分比）

　　表 20 给出了四类金融行业以及房地产部门间日度股票收益波动率的溢出程度。由表 20 可见，整个样本期内每个行业从其他所有行业接收的风险总传染程度大致相同，均为 50% 多，而其中信托行业从其他所有行业接收的风险总溢出程度相对较小，仅为 51.7% 左右。此外，各行业对其他所有行业的风险溢出程度差异较大。具体而言，总溢出度最大的为银行部门（68.3%），总溢出度最小的为信托行业（仅为 41.7%）。这表明在金融系统与房地产行业间，仅有信托行业与房地产行业的系统关联性较弱。

表 20　　　　　　　四类金融行业以及房地产部门间股价收益波动率溢出表

	Bank	Securities	Insurance	Trust	Real Estate	From Others
Bank	41.31	14.60	19.62	9.61	14.85	58.69
Securities	16.08	41.05	16.17	12.58	14.12	58.95
Insurance	21.93	15.27	42.00	8.59	12.21	58.00
Trust	13.00	14.07	10.44	48.34	14.16	51.66
Real Estate	17.34	14.55	12.63	10.92	44.56	55.44
Contribution to others	68.34	58.49	58.85	41.71	55.35	282.74
Contribution including own	109.65	99.55	100.85	90.05	99.91	56.5%

图 22 给出了四类金融行业以及房地产部门间股价波动性的总溢出程度及其时变性。由图 22 可见，这些部门间的风险总溢出程度 2016 年中呈现峰值，风险总溢出程度接近 70%。2016 年风险总溢出程度出现峰值的原因在于 2016 年房价暴涨，以及由此引发的各金融行业均向房地产行业提供大量融资的现象。

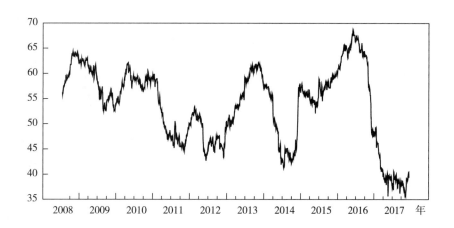

图 22　四类金融行业以及房地产部门间股价波动性总溢出程度

图 23 对比了 2008—2011 年、2015 年和 2017 年四类金融行业以及房地产部门的有向网络关联图。网络图中各节点代表各个商业银行，若两个节点之间存在连线，则表示节点所代表的两家商业银行间存在风险（股价收益波动率）溢出关系，连线的方向表示风险溢出方向。比如，若节点 i 和 j 之间存在一条从节点 i 出发指向节点 j 的连线，则说明市场 i 对市场 j 有净波动率溢出。节点大小和颜色的深浅取决于节点的加权溢出度，即其所代表的市场的净溢出，净溢出越大，节点越大，其颜色越深；节点间的有向连线的粗细代表了净对点溢出的大小，净溢出越大，有向连线越粗。

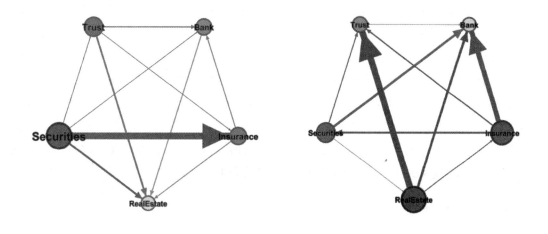

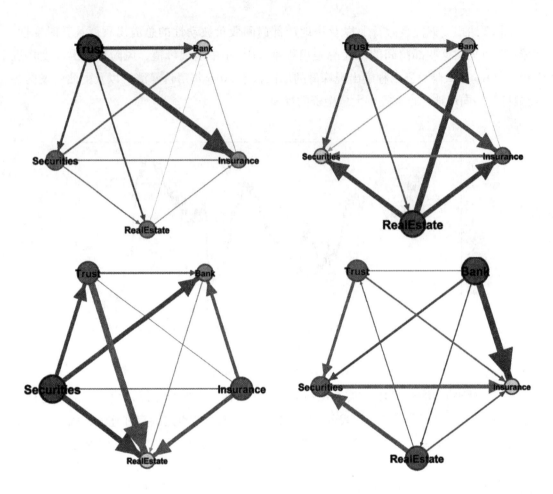

图 23　八个年份四类金融行业以及房地产部门的关联网络图
（从上至下从左至右依次为 2008—2011 年、2015 年和 2017 年）

由图 23 可见，在不同年份我国四类金融行业以及房地产部门间风险的关联形式和程度存在明显差异。总体而言，自 2009 年起，金融部门与房地产部门风险的关联渠道较多、且程度较强。其原因可能在于政府为应对 2008 年国际金融危机，向市场投放了 4 万亿元资金，意图刺激经济。但最终结果是大量资金流向了房地产市场，助推了房价的暴涨，以及"房地产—金融"的高度系统关联性。这一后果给金融风险的防范带来了极大挑战。此外，在不同年份净风险溢出程度最大的行业也有明显变化。例如，2008 年风险净溢出程度最大的行业为证券业，而 2010 年风险净溢出程度最大的行业变为信托业，2011 年又变为房地产行业，2015 年和 2017 年又分别变为证券业和银行业。而在 2009 年则同时存在两家风险净溢出程度较大的行业，包括房地产行业和保险业。

五、结论和展望

我国政府一直高度关注房地产市场杠杆比例过高、泡沫严重的现象，尤其是近年来，房地产行业过度繁荣、金融产品多样化速度加快，而与此同时，三线城市库存积累过多，金融监管体制的问题日益明显，控制好房地产市场更是成为防范系统性风险的必要条件。在2016年中国经济工作会议中就开始指出，化解房地产库存。要按照加快提高户籍人口城镇化率和深化住房制度改革的要求，通过加快农民工市民化，扩大有效需求，打通供需通道，消化库存，稳定房地产市场。要发展住房租赁市场，鼓励房地产开发企业顺应市场规律调整营销策略，适当降低商品住房价格，促进房地产业兼并重组，提高产业集中度。

在党的十九大召开后，习近平总书记反复强调，"金融安全是国家安全的重要组成部分，健全金融监管体系，要坚决守住不发生系统性金融风险的底线"。随后银监会也提出，要坚决打赢银行业风险防范化解攻坚战，深入整治银行业市场乱象，有效防控银行业信用风险，妥善化解地方政府隐性债务风险，有效防控房地产领域风险，进一步规范交叉金融业务，稳妥有序推进非法金融活动整治。2017年12月召开的中央经济工作会议围绕推动高质量发展的主线，从货币政策、供给侧改革、民生和对外开放等方面部署了2018年经济工作，提出了"三大攻坚战"，其中排在首位的仍然是防范化解重大风险。由此可见，今后几年的首要任务仍是防控金融风险。纵观历史，很多金融风险的累积与爆发往往与房地产市场泡沫相关。因此，我国必须重视房地产泡沫日趋严重对我国金融安全的隐患。

本课题通过分析我国房地产信贷网络拓扑结构及其动态变化，以及银行部门、金融部门、"房地产—银行"、"房地产—金融"间的系统关联性，发现相关行业（或机构）间的风险关联性形式复杂多变，多数行业（或机构）间的风险关联渠道较多且关联程度较高。这些现象给我国防范系统性金融风险，保证金融安全和经济增长带来了巨大挑战。

2008年国际金融危机表明，仅依赖微观审慎监管措施很难维护金融体系的稳定，需要更多地从宏观审慎监管的视角出发，并保证金融监管与其他经济政策的协调配合。然而，目前系统性金融风险防范主要集中于国外经验的引入，很难满足监管的实际需要。同时，随着我国金融创新的逐步发展，当前的分业监管体系也存在明显漏洞，在维护金融稳定方面存在较大缺陷。为此，有必要基于经验判断和政策实验，分别从微观、中观和宏观视角提出切合我国实际的系统性金融风险防范与金融监管框架建议。完善金融监管以防范经济高杠杆的关键是在一致预期与隐性担保存在的前提下，通过构建监管政策的协调配合机制来规范金融业务、约束金融机构，使其风险追逐行为所产生的外部成本内部化。具体而言，就是从微观行为约束、中观监管工具的制定和宏观金融监管与其他政策配合机制的设计三个维度控制经济高杠杆风险的生成与转移扩散，打破经济高杠杆风险的循环链。然后通过对不同阶层、不同部门承担违约损失和继续加杠杆的能力的分析，并结合央行宏观调控的可行性分析，来制定出有效的机制以平稳释放已存在的高杠杆。

参考文献

［1］李政，梁琪，涂晓枫．我国上市金融机构关联性研究——基于网络分析法［J］．金融研究，2016：95-110．

［2］武康平，皮舜，鲁桂华．中国房地产市场与金融市场共生性的一般均衡分析［J］．数量经济技

术经济研究，2004：24 - 32.

［3］王粟旸，肖斌卿，周小超. 外部冲击视角下中国银行业和房地产业风险传染性测度［J］. 管理学报，2012（7）：968 - 974.

［4］皮舜，武康平. 中国房地产市场与金融市场发展关系的研究［J］. 管理工程学报，2006（20）：1 - 6.

［5］肖斌卿，王粟旸，周小超，颜建晖. 债务网络、投资者行为与传染性风险：来自中国银行业与房地产业的研究发现［J］. 管理科学学报，2014（17）：139 - 150.

［6］范小云，王道平，刘澜飚. 规模、关联性与中国系统重要性银行的衡量［J］. 金融研究，2012（11）：16 - 30.

［7］赵晗，肖探，冉美丽. 房地产市场与金融市场联动关系的实证研究［J］. 财经科学，2012（297）：32 - 39.

［8］陶玲，朱迎. 系统性金融风险的监测和度量——基于中国金融体系的研究［J］. 金融研究，2016：18 - 36.

［9］黄聪，贾彦东. 金融网络视角下的宏观审慎管理——基于银行间支付结算数据的实证分析［J］. 金融研究，2010：1 - 14.

［10］Acemoglu, D. , Ozdaglar, A. , Tahbaz - Salehi, A. , 2015. Systemic Risk and Stability in Financial Networks. The American Economic Review 105, 564 - 608.

［11］Allen, F. , Gale, D. , 2001. Comparative Financial Systems：a Survey. Citeseer.

［12］Allen, F. , Gale, D. , 2004. Competition and Financial Stability. Journal of Money, Credit, and Banking 36, 453 - 480.

［13］Allen, L. , Bali, T. G. , Tang, Y. , 2012. Does Systemic Risk in the Financial Sector Predict Future Economic Downturns? Review of Financial Studies 25, 3000 - 3036.

［14］Baur, D. G. , 2012. Financial Contagion and the Real Economy. Journal of Banking & Finance 36, 2680 - 2692.

［15］Billio, M. , Getmansky, M. , Lo, A. W. , Pelizzon, L. , 2012. Econometric Measures of Connectedness and Systemic Risk in the Finance and Insurance Sectors. Journal of Financial Economics 104, 535 - 559.

［16］Blasques, F. , Bräuning, F. , Van Lelyveld, I. , 2015. A Dynamic Network Model of the Unsecured Interbank Lending Market.

［17］Bonaldi, P. , Hortaçsu, A. , Kastl, J. , 2015. An Empirical Analysis of Funding Costs Spillovers in the Euro - zone with Application to systemic Risk. National Bureau of Economic Research.

［18］Chan - Lau, J. A. , 2010. Regulatory Capital Charges for Too - Connected - to - Fail Institutions：A Practical Proposal. Financial Markets, Institutions & Instruments 19, 355 - 379.

［19］Cont, R. , Moussa, A. , 2012. Network Structure and Systemic Risk in Banking Systems. SSRN Working Paper.

［20］Costeiu, A. , Neagu, F. , 2013. Bridging the Banking Sector with The Real Economy：a Financial Stability Perspective. SSRN Working Paper.

［21］Demirer, M. , Diebold, F. X. , Liu, L. , Yilmaz, K. , 2015. Estimating Global Bank Network Connectedness.

［22］ Diebold, F. X., Yilmaz, K., 2014. On the Network Topology of Variance Decompositions: Measuring the Connectedness of Financial Firms. Journal of Econometrics 182, 119 – 134.

［23］ Elsinger, H., Lehar, A., Summer, M., 2006. Risk Assessment for Banking Systems. Management Science 52, 1301 – 1314.

［24］ Giesecke, K., Kim, B., 2011. Risk Analysis of Collateralized Debt Obligations. Operations Research 59, 32 – 49.

［25］ Giglio, S., Kelly, B., Pruitt, S., 2016. Systemic Risk and the Macroeconomy: An Empirical Evaluation. Journal of Financial Economics 119, 457 – 471.

［26］ Glasserman, P., Young, H. P., 2015. How Likely is Contagion in Financial Networks? Journal of Banking & Finance 50, 383 – 399.

［27］ Glasserman, P., Young, H. P., 2016. Contagion in Financial Networks. Journal of Economic Literature 54, 779 – 831.

［28］ Gofman, M., 2016. Efficiency and Stability of a Financial Architecture with Too – interconnected – to – fail Institutions. Journal of Financial Economics.

［29］ Grilli, R., Tedeschi, G., Gallegati, M., 2015. Markets Connectivity and Financial Contagion. Journal of Economic Interaction and Coordination 10, 287 – 304.

［30］ Herring, R. J., Wachter, S. M., 1999. Real Estate Booms and Banking Busts: an International Perspective. SSRN Working Paper.

［31］ Koop, G., Korobilis, D., 2015. Forecasting With High Dimensional Panel VARs. Manuscript Available at https://sites.google.com/site/garykoop/research.

［32］ Koop, G., Pesaran, M. H., Potter, S. M., 1996. Impulse Response Analysis in Nonlinear Multivariate Models. Journal of Econometrics 74, 119 – 147.

［33］ Martinez – Jaramillo, S., Alexandrova – Kabadjova, B., Bravo – Benitez, B., Solórzano – Margain, J. P., 2014. An Empirical Study of The Mexican Banking System's Network and Its Implications for Systemic Risk. Journal of Economic Dynamics and Control 40, 242 – 265.

［34］ Miao, J., Wang, P., 2014. Sectoral Bubbles, Misallocation, and Endogenous growth. Journal of Mathematical Economics 53, 153 – 163.

［35］ Nakajima, J., 2011. Time – varying Parameter VAR Model with Stochastic Volatility: An Overview of Methodology and Empirical Applications. Institute for Monetary and Economic Studies, Bank of Japan.

［36］ Pais, A., Stork, P. A., 2011. Contagion Risk in the Australian Banking and Property Sectors. Journal of Banking & Finance 35, 681 – 697.

［37］ Pesaran, H. H., Shin, Y., 1998. Generalized Impulse Response Analysis in Linear Multivariate Models. Economics letters 58, 17 – 29.

［38］ Primiceri, G. E., 2005. Time Varying Structural Vector Autoregressions and Monetary Policy. The Review of Economic Studies 72, 821 – 852.

［39］ Segoviano Basurto, M., Goodhart, C., 2009. Banking Stability Measures. IMF Working Paper.

［40］ Yang, J., Zhou, Y., 2013. Credit Risk Spillovers Among Financial Institutions Around the Global Credit Crisis: Firm – level Evidence. Management Science 59, 2343 – 2359.

银行竞争结构与僵尸企业：1998—2013 年

申　宇　任美旭　傅立立　朱可涵

【摘要】 本文研究了银行竞争对僵尸企业的影响，结果发现，银行竞争程度与僵尸企业之间存在明显的 U 形关系，过度竞争和竞争不足都会显著提高僵尸企业产生的概率。分时间段回归发现，当前银行竞争过度是僵尸企业产生的原因之一。进一步，本文发现，银行竞争和地级市僵尸企业比例之间存在 U 形关系，偏离最优银行竞争结构会增加僵尸企业比例，最优银行竞争结构在不同地区和不同企业类型上存在差异。从影响机制来看，银行过度竞争和竞争不足不仅降低了企业的生产效率，也降低了企业的盈利能力，低效率企业高度依赖银行和政府补贴是造成僵尸企业的原因。从政策层面来看，本文的研究为当前我国僵尸企业大量存在提供了一个可能的解释，为金融结构和经济增长之间的关系提供了微观解释机制，同时也为经济转型、金融安全政策的颁布提供参考依据。

一、引　言

党中央在 2017 年 7 月召开的第五次全国金融工作会议上明确提出要"抓好处置僵尸企业的工作"。僵尸企业阻碍经济增长，降低劳动生产率，抑制行业新生企业发展，加剧金融体系风险（Caballero 等，2008；Okada，2005；Fukao，2013；Fukuda 和 Nakamura，2011）。合理化解我国僵尸企业的风险，防范"灰犀牛"事件，对中国经济转型、维护国家金融安全具有重要的战略意义。

近两年来，国内学者对我国僵尸企业的成因和影响进行了初探性的研究，并取得了一些研究成果。例如，申广军（2016）发现偏离比较优势的企业更容易成为僵尸企业；蒋灵多和陆毅（2017）发现最低工资标准通过促使企业精减雇用人员，提高企业生产率、利润率并降低企业负债率，抑制僵尸企业的形成；谭语嫣等（2017）证实僵尸企业会对其他企业的投资产生挤出效应。然而，多数学者对我国僵尸企业的研究还停留在文字描述和简单统计方面（张栋等，2016；黄少卿和陈彦，2016；朱鹤和何帆，2016；聂辉华等，2016），鲜有研究从金融的视角分析僵尸企业的成因，特别是从银行竞争结构的角度。事实上，企业之所以成为僵尸企业，很大程度上得益于银行持续为濒临破产的企业提供信贷支持（Caballero 等，2008；Fukuda 和 Nakamura，2011），银行信贷是僵尸企业不可忽略的影响因素。例如，聂辉华等（2016）发现我国东部、西部地区僵尸企业比例较高，[①] 僵尸企业高发地区与我国银行业竞争结构高度重合：东部金融资源优厚，银行竞争激烈，而西部金融资源相对匮乏，银行垄断明显。那么一个自然的问题是，银行竞争是否会成为僵尸企业产生的一个原因？这是本文拟研究的主要内容。

2018 年 1 月，浦发银行成都分行爆出 775 亿元违规授信案件正是本文研究内容的实例。中国银监会披露的信息显示，浦发银行成都分行内控严重失效、片面追求业务规模的超高速发展以及合规意识淡薄等是爆发此次案件的主要原因。笔者根据实地调研、走访等方式，就浦发银行成都分行违规授信原因进行研究，发现银行竞争加剧也是银行冒险行为的主要原因之一。根据笔者了解到的情况，长期以来，浦发银行成都分行追求利润的动机和激励大大增强，来自收入盈利激励的强刺激和利润、业绩考核的巨大压力相伴相随，呈现越来越强的商业性和短期逐利性，尽快做大资产规模、做大收益和抢占市场的冲动十分强烈。浦发银行成都分行通过采取降低信贷标准等方式持续性地给一些劣质企业提供信贷支持，当不良贷款问题出现时，银行通过持续借贷或者通过成立空壳企业收购债权，再向空壳企业授信的方式化解不良贷款。浦发银行成都分行这种做法使得一些劣质企业可以长期获得银行信贷支持，从而产生大量的僵尸企业，危及金融体系的安全和稳定。

从理论上分析，有两种相互对立的假说来解释银行竞争和僵尸企业之间的关系。假说一，银行竞争不足容易产生僵尸企业。银行竞争不足，银行垄断势力较强，企业与银行的关联紧密，长期的银企关系有助于关系贷款的发放，特别是在企业面临困境时，关系贷款现象尤其明显（Rajan 和 Zingales，1998；Cetorelli 和 Gambera，2001）。当企业因为危机而处于破产边缘时，依靠银行的关系型信贷的支持，企业仍有可能从危机中恢复，而银行也可以从中分享企业的收益（Caballero 等，2008）。从而，银行竞争不足可能会促进僵尸企业的产生。假说二，银行竞争过度容易产生僵尸企业。当银行竞争过度时，相互之间争夺信贷市场的动机增强，银行往往采取降低信贷标准等方式抢占市场资源（Peterson 和 Rajan，1995；Ruckes，2004），这也为一些劣质企业或者濒临破产的企业提供了信贷机会，从而产生大量的僵尸企业。需要指出的是，也有研究指出中小银行在甄别中小企业的"软信息"方面更有优势，这些银行发放关系贷款也较明显（Stein，2002；Mian，2006；Berger 和 Black，2011），而中小银行迅速发展，导致银行竞争加剧，由关系型借贷引起的僵尸企业随之增加（Kysucky 和 Norden，2015）。由此可见，银行竞争与僵尸企业之间可能是非线性关系，在银行竞争不足和竞争过度之间，可能存在一个最优的银行竞争程度，此时僵尸企业产生的概率最低，偏离最优银行竞争结构，均会促进僵尸企业的产生。

本文以 1998—2013 年中国工业企业数据为样本，借鉴 Caballero 等（2008）、Fukuda 和 Nakamura（2011）、聂辉华等（2016）、谭语嫣等（2017）识别僵尸企业的方法，并手

---

① 聂辉华等（2016）统计结果显示，2005—2013 年中国僵尸企业比例最高的五个省份分别是：宁夏（17.06%）、山西（15.31%）、甘肃（15.09%）、云南（14.80%）、北京（13.95%），同期上海市、浙江省和江苏省僵尸企业比例也呈现出较高的特征。相反，一些中部省份如河南和湖南，僵尸企业比例反而较低。

工收集全国地级市所有商业银行分支机构数据，以地级市银行分布集中度衡量银行竞争程度，研究地级市银行竞争与僵尸企业的关系。横截面回归方法发现，地级市银行竞争越激烈，僵尸企业产生概率越高，而银行竞争不足也会促进僵尸企业的产生，地级市银行竞争程度与僵尸企业之间存在明显的 U 形关系。考虑到近年来我国经济发展迅速，僵尸企业占比逐步降低，同时银行业发展迅速，本文以 2004 年为基础，采用连续五年滚动回归的方式对本文结果进行分析。分时间段回归发现，银行竞争和僵尸企业之间的关系在每个时间段保持稳定。在 2008—2013 年[①]时间段内，绝大多数样本分布在最优银行竞争结构的左侧，表现出银行竞争过度是近年来我国僵尸企业产生的主要原因。同时，最优银行竞争结构右侧区域的样本主要分布在西部地区，说明西部地区银行业存在竞争不足的特征。

进一步，本文从三个层面分析适应于僵尸企业的最优银行竞争结构的特点。[②] 第一，本文研究发现地级市银行竞争与僵尸企业之间仍存在 U 形关系，偏离最优银行竞争结构会增加僵尸企业比例。第二，我国地区间经济分布不均衡，产业结构差异明显，金融发展程度不一致，对实体经济的影响迥异（林毅夫等，2009），因此本文对东部、中部和西部地区分样本分析，结果发现东部地区最优银行竞争结构低于西部地区（对应的东部地区最优银行竞争程度要高于西部地区），这一结果表明，化解东部地区僵尸企业危机，需要降低竞争水平，而对西部地区反而要促进银行的竞争。第三，考虑到不同产权性质的企业面临的融资约束不同，国有企业天然地受到地方政府和银行的"信贷保护"，更容易获得贷款（聂辉华等，2016），民营企业、外资企业都受到各种"信贷歧视"，本文发现国有企业和民营企业的最优银行竞争结构都高于外资企业。这也说明，降低国有、民营的僵尸企业，需要增加银行垄断程度，降低外资僵尸企业，则要提高银行的竞争程度。

考虑到银行竞争的内生性问题，本文以银监会 2009 年 143 号文放松银行分支机构设立管制作为外生冲击，进行稳健性分析，结果并不发生改变。然后，本文从企业自身以及企业和银行、政府之间的关系角度进行了机制分析，研究发现，越偏离最优银行业竞争结构的企业生产效率、盈利能力越低；同时，偏离最优银行业结构的企业，银行和政府补贴越多，这些高度依赖政府资源的企业往往成为潜在的僵尸企业。

本文从四个角度对基本结论进行稳健性分析：首先，本文参考蔡竞和董燕（2016）的研究，将所有的城市分成副省级城市、直辖市、同一省份内城市（除去副省级城市），然后使用同一类型城市银行竞争度均值作为工具变量，基本结果依然保持稳健。其次，Fukuda 和 Naka-mura（2011），以及聂辉华等（2016）的识别方法均没有将中国普遍存在的政府补贴因素考虑进去，从而对僵尸企业的识别产生误差，本文参考朱鹤和何帆（2016）、申广军（2016）的僵

[①] 由于中国工业企业数据库 2012 年数据样本存在问题，本文参考聂辉华等（2016）的做法，将 2012 年数据样本删除，并认为 2009 年和 2011 年为连续的两年。

[②] 本文以地级市银行分布集中度来表示银行竞争结构。银行分布集中度和银行竞争程度成反比，银行分布越集中，银行竞争越弱，也就是本文说的银行竞争不足；银行分布越分散，银行竞争也就越强，也就是本文所说的银行竞争过度。

尸企业识别方法，对僵尸企业进行识别，结果依然保持稳健。再次，学者在研究银行竞争问题时，通常采用银行业集中度指标或者中小银行资产占地级市银行资产总量作为银行竞争的代理变量（蔡竞和董燕，2016；方芳和蔡卫星，2016；林毅夫和姜烨，2006a，2006b；林毅夫和孙希芳，2008），本文分别采用地级市国商行分支机构占比以及地级市国商行金融资产占比作为银行分布集中度的代理变量进行分析，主要结论依旧保持稳健。最后，国外学者研究指出银行控制不良贷款的动机是僵尸企业产生的主要原因（Fukuda 等，2006；Fukuda 和 Nakamura，2011；Caballero 等，2008）。本文将省级不良贷款占比加入到基础模型，发现银行确实存在为控制风险而持续给企业提供信贷支持，使得僵尸企业产生概率增加的现象，然而在加入不良贷款比率之后，本文的主要结果依然保持稳健。

本文可能的理论贡献有以下几点：

（1）尽管聂辉华等（2016）、申广军（2016）从统计描述、比较优势分析了中国僵尸企业的成因，但从金融角度揭示僵尸企业的原因尚未研究。本文首次从银行竞争结构视角出发，研究发现银行竞争和僵尸企业之间存在明显的 U 形关系，偏离最优竞争结构会促进僵尸企业的产生，不仅丰富了我国僵尸企业的研究，更重要的是为金融视角研究僵尸企业提供了新的研究思路，完善了僵尸企业的研究框架。

（2）目前学术界对银行竞争结构对实体经济影响的关系并没有一致的结论。[①] 本文以僵尸企业为切入点，从银行竞争结构研究金融与实体经济的问题，并发现银行垄断和竞争都会增加僵尸企业，丰富了金融发展与经济发展的研究，也为金融与实体经济的关系提供了微观证据。

（3）目前我国学者研究银行竞争主要侧重于经济增长（林毅夫和孙希芳，2008；贾春新等，2008）、中小企业融资（姚耀军和董钢锋，2015；唐清泉和巫岑，2015）、企业创新（蔡竞和董燕，2016）、企业成长（方芳和蔡卫星，2016），但对僵尸企业的研究尚属空白。本文以僵尸企业为切入点，分析银行业结构制度性变迁与僵尸企业的关系，丰富了银行业与实体经济关系的研究，特别是银行的过度竞争与垄断地位带来的经济后果，本文的研究为银行经济学研究提供了新的思路。

本文的研究具有一定的政策意义。首先，本文发现过度竞争提高了中小银行的风险偏好，加剧了僵尸企业的问题，同时垄断银行结构产生的关系型贷款，也提高了僵尸企业的概率。因此，从防范僵尸企业的角度出发，地方银行监管机构要从控制银行业的竞争程度入手，规范与梳理新增银行网点数量，避免银行恶性竞争，同时也要有条件地鼓励银行业参与竞争，提高信贷质量。其次，本文发现银行业的关系贷款极易成为僵尸企业增加的原因，信贷资源配给可能被扭曲，也可能成为寻租、腐败的"温床"，因此银行要根据企业的信用质量、抵押资产、还

---

① Jayaratne 和 Strahan（1996）发现银行分支机构管制的放松使得银行竞争加剧，贷款质量提高，促进地区经济增长。贾春新等（2008）、Levine 等（2000）、Beck 和 Levine（2004）、Xu（2016）通过不同的方法衡量银行竞争，也发现银行竞争可以促进经济发展。然而，Valverdie 等（2003）在控制法律等因素后，他们发现西班牙的银行业竞争对经济增长没有明显的促进作用。也有文献指出，较高的银行业集中度反而会促进中小企业的发展（Jackson 和 Thomas，1995；Leroy，2016）。Guevara 和 Maudos（2011）发现，银行竞争和经济增长之间存在倒 U 形的关系。

款能力等全方位的监控来配置信贷资源。再次，本文发现，适应于东部地区和西部地区、国企和非国企的最优银行竞争结构存在差异，因此有关部门在化解僵尸企业问题时要根据不同的制度因素，考虑不同的产业结构和经济模式，出台不同的应对措施，不可以采取"一刀切"的方式解决僵尸企业的问题。最后，本文发现僵尸企业对应的最优银行竞争结构随时间逐步降低，因此有效降低僵尸企业比率，需要在银行业垄断程度较高的地区，加强中小企业的发展，可以采用信贷"负面清单"的方式控制银行的关系贷款，有效防范金融风险。

本文余下的部分安排如下，第二部分是文献回顾与假设检验提出，第三部分是数据与基本模型，第四部分是实证分析，第五部分是稳健性检验，最后一部分是结论与启示。

二、文献回顾

（一）僵尸企业及其危害

学术界基本认为，僵尸企业是日本经济"失去的十年"的主要原因之一（Caballero等，2008；Okada，2005；Fukao，2013；Fukuda 和 Nakamura，2011）。从微观层面来看，僵尸企业挤占了正常企业的投融资活动，是导致企业生产效率低下的重要原因。一方面，僵尸企业长期依赖银行的借贷生存，占据了大量的信贷资源，引起严重的资源错配问题，对正常企业的融资产生挤兑。另一方面，由于僵尸企业可以获得来自银行或政府的信贷补贴，经营成本相对较低，它们可以通过提高员工工资、降低产品价格等手段提高行业竞争程度，阻止潜在的进入者（Caballero等，2008）。

从宏观层面来看，僵尸企业可以抑制劳动力就业、降低行业资源配置效率以及引发系统性的金融风险。Caballero等（2008）发现，僵尸企业较多的行业虽然呈现出较低的"就业损失"，但也存在较低的"就业机会创造"。行业中僵尸企业比例的增加会对同行业中非僵尸企业就业增长率产生明显的抑制作用。Hoshi 和 Kim（2013）的研究也发现，行业的僵尸企业比例与行业就业创造存在显著的负相关关系。从僵尸企业和行业资源配置效率来看，僵尸企业的大量存在降低了行业的资源配置效率，对行业全要素生产率产生明显的抑制效应。谭语嫣等（2017）发现，僵尸企业占比越高，对省内企业投资挤出效应也就越明显。僵尸企业多是一些负债累累，依靠银行以及政府补助得以生存的企业，在经济波动加剧情况下，僵尸企业的贷款极有可能转化为银行的坏账，增加银行不良贷款，当大量的僵尸企业问题集中爆发时，可能引发系统性的金融危机。

（二）银行竞争结构和僵尸企业

学术界对僵尸企业成因主要从以下四个角度分析：（1）银行控制不良贷款的动机（Fukuda 等，2006；Caballero 等，2008；Fukuda 和 Nakamura，2011）。Caballero 等（2008）指出，日本银行业长期向处于危机中的企业提供信贷补贴，维持企业的生存，因为一旦企业破产，这些企业的贷款成为不良资产，危及银行的安全，同时银行持续向僵尸企业"输血"维持"僵而不死"的状态，有助于降低银行不良贷款准备，增加短期利润。（2）宽松的监管政策。学者发现，日本监管部门对僵尸企业的宽松监管政策，甚至鼓励

"僵尸借贷"，是日本僵尸企业产生的重要原因（Kawai 和 Morgen，2013；Hoshi 和 Kashyap，2010；Chernobai 和 Yasuda，2013）。（3）政企合谋。聂辉华等（2016）认为在地方官员的"GDP 锦标赛"背景下，地方政府为了"稳增长、稳就业"，持续地为濒临破产的企业"输血"，从而催生大量的僵尸企业。（4）企业缺乏自生能力。申广军（2016）从新结构经济学的角度，发现违背要素禀赋比较优势或者技术比较优势的企业更容易成为僵尸企业，这些企业生产效率低下，盈利能力差，长期受到政府资助。当然，政府补贴和保护也是我国僵尸企业产生的原因之一（张栋等，2016；黄少卿和陈彦，2016；朱鹤和何帆，2016）。

尽管有众多学者从不同角度分析了僵尸企业产生的原因，但都没有从融资的视角深入分析，Caballero 等（2008）指出，银行持续性给濒临破产的企业提供信贷是促成日本僵尸企业的主要原因，然而这一研究却忽视了银行竞争结构的影响。多数学者研究发现，银行竞争结构是影响银行借贷行为的主要因素（Peterson 和 Rajan，1995；Rajan 和 Zingales，1998；Cetorelli 和 Gambera，2004；林毅夫等，2009；Kysucky 和 Norden，2015）。银行竞争不足和银行竞争过度都会催生僵尸企业。

第一，当竞争不足时，银行垄断势力强，银行可以和企业建立长期的关系，通过关系型借贷促进企业的发展。当企业因为危机而处于破产边缘时，依靠银行的关系型信贷的支持，企业仍有可能从危机中恢复，而银行也可以从中分享企业的收益。Caballero 等（2008）指出银行持续性给僵尸企业提供贷款，一方面可以降低银行体系的不良贷款，另一方面也可能从未来企业的恢复和发展中获益。

Kysucky 和 Norden（2015）认为，企业规模大，对银行信贷风险影响严重，当企业处于困境时，不仅不去改善自身的经营状况，反而会据此向银行索取更多的信贷资金。Banerjee 等（2017）对意大利的企业在雷曼兄弟破产和欧债危机发生之后的行为进行研究发现，在面临危机时，银行会更倾向于向银企关系比较强的企业进行贷款，这些企业在获得贷款之后可以维持自身的投资和就业水平。进一步，Beck 等（2017）对不同经济周期关系型借贷对企业影响进行分析，他们发现在经济繁荣期，关系型借贷对缓解企业融资约束并没有明显的影响，相反在经济衰退期，关系型借贷可以有效缓解企业的融资约束，他们的结果表明关系型借贷可以有效地缓解经济衰退对企业的不利影响，促进企业摆脱困境。在中国银行体系之下，这种因关系型借贷而引起的僵尸企业问题可能更加严重。聂辉华等（2016）认为政企合谋是中国僵尸企业产生的主要原因，以 GDP 为主要指标的官员绩效考核制度使得政府持续性地给濒临破产的企业"输血"，而政府"输血"的主要方式之一就是通过银行体系不断给企业提供低于市场价格的信贷支持，在地方性商业银行尤其明显。因此，通过"银行—政府—企业"的间接性关系贷款可能催生大量的僵尸企业。从以上分析可知，银行竞争不足会通过关系型借贷促进僵尸企业的产生。

第二，当银行竞争过度时，银行为争夺市场份额会降低信贷标准，提高自身的风险偏好，这样一些经营不善的企业可以从银行获得信贷支持，从而促进了僵尸企业的产生。Peterson 和 Rajan（1995）指出，竞争型的银行结构促进了银行的"搭便车"行为，银行缺乏对企业优劣进行甄别的激励，从而会使得一些劣质企业获得银行信贷支持。Hellmann

等（2000）通过理论模型分析，发现银行竞争会加剧银行的冒险行为，而 Dell′Ariccia 和 Marquez（2006）利用银行贷款数据，研究发现随着银行竞争加剧，为了争夺市场份额，产生规模效益，银行会降低信贷标准，增加信贷投放，这也就成为金融体系风险积累的源泉。进一步，Ruckes（2004）的理论研究表明，银行信贷标准具有周期性，当经济形势向好时，银行竞争越强，银行越会降低信贷标准，资金流向问题企业的概率越高，从而使得一些问题企业获得信贷支持。近期的研究表明，在 2007 年美国次贷危机期间，银行竞争的加剧促使银行降低信贷标准，在危机发生时，大量问题企业的危机的集体爆发使得银行体系遭受巨大损失（Dell′Ariccia 等，2008；Maddaloni 和 Peydró，2011）。因此，竞争型的银行体系在风险偏好升高、信贷标准降低的情况下，会持续性地给濒临破产的企业提供信贷支持，从而也可能促进僵尸企业的产生。

从上面理论分析可以看出，银行竞争不足、竞争过度均会促进僵尸企业产生，那么处于竞争不足、竞争过度之间，可能存在一个最优的银行竞争结构使得僵尸企业产生概率最低。换句话说，银行业竞争结构与僵尸企业产生概率可能存在 U 形关系，偏离最优银行竞争结构，均会促进僵尸企业的产生。因此，本文提出假设 H1：

H1：在其他情况相同的情况下，银行竞争结构与僵尸企业产生概率之间是 U 形关系，即银行竞争不足、竞争过度都会提高僵尸企业产生的概率。

三、数据和基本模型

（一）数据选取

本文选取 1998—2013 年中国工业企业数据库数据，参考聂辉华等（2016）、申广军（2016）、谭语嫣等（2017）的研究，考虑到 2010 年的样本存在数据缺失、错误的情况，本文在处理时剔除了 2010 年的数据，并把 2009 年和 2011 年看作是连续的两年。同时，参考聂辉华等（2010）、方芳和蔡卫星（2016）以及谭语嫣等（2017）的研究对工业企业数据库的初始数据进行整理，并把一些关键指标存在问题或者缺失的数据进行剔除，[①] 最终数据样本包含 457 052 家企业，共 2 055 237 个样本。

（二）僵尸企业的识别

本文参考 Caballero 等（2008）、Fukuda 和 Nakamura（2011）、聂辉华等（2016）、谭语嫣等（2017）对僵尸企业进行识别，具体步骤如下：

1. 根据 CHK 方法计算最小利息支付。

$$R_{i,t}^* = rs_{t-1} \times BS_{i,t-1} + \left(\frac{1}{5}\sum_{j=1}^{5} rl_{t-j}\right) \times BL_{i,t-1} + rcb_t \times Bonds_{i,t-1} \tag{1}$$

---

① 参考聂辉华等（2010）、Brandt 等（2012）的做法，根据以下几个步骤进行数据筛选：（1）根据企业名称、企业代码、企业电话等指标对基础数据进行整理，得到初步的分析数据；（2）剔除企业总资产、净资产、销售收入、流动负债、长期负债以及应付利息缺失的样本；（3）剔除流动资产大于总资产、固定资产净值大于总资产、员工个数小于 8 人的样本。

式（1）中，*BS*、*BL* 和 *Bonds* 分别表示企业在 *t* 年末银行短期贷款（贷款期限在一年或一年以内）、长期贷款（贷款期限大于一年）以及债券总额。[①] *rs*、*rl* 和 *rcb* 分别表示 *t* 年市场平均短期最低利率水平、平均长期最低利率水平以及可转换债券的最低利率水平。[②] 也就是说 R^* 代表了在当前企业的债务水平下，企业以市场最低利率水平每年所需要支付的最低利息。假定企业实际支付的利息费用为 *R*，那么当企业实际支付的利息费用（*R*）小于在最低利息水平下企业应该支付的利息费用（R^*）时，则认为企业获得了来自银行的信贷补贴，即认定该企业为僵尸企业，否则，为正常企业。

2. 根据 Fukuda 和 Nakamura（2011）计算企业的息税前利润，根据谭语嫣等（2017）的方法以企业的营业利润作为息税前利润的替代指标。[③] 然后根据 Fukuda 和 Nakamura（2011）提出的"盈利标准"和"持续借贷"标准对僵尸企业进行识别，分别计两种指标识别的僵尸企业为 zom_fn 和 zom_tan。

3. 根据聂辉华等（2016）提出的"人大国发院标准"，定义"人大国发院标准"下僵尸企业识别指标为：如果一个企业在 *t* − 1 年以及 *t* 年连续两年被 CHK − FN 方法（谭语嫣等，2017）识别为僵尸企业，那么该企业在第 *t* 年被认定为僵尸企业。这样，本文就得到"人大国发院标准"下的两个僵尸企业识别指标，定义为 zom_nie1 和 zom_nie2。图 1 是按照四种不同的方法，2000—2013 年我国僵尸企业占比的变化趋势。

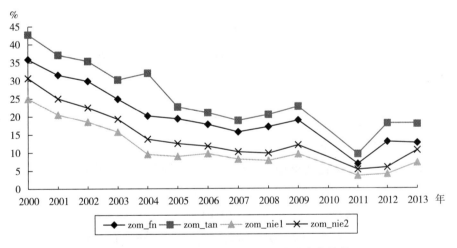

图 1　2000—2013 年我国僵尸企业占比变化趋势

---

① 由于中国工业企业数据库并不包含企业债券数据，因此本文在处理时参考聂辉华等（2016）的做法，将企业的债券总额视为 0，只考虑企业的流动负债和长期负债。其中，流动负债等于短期负债减去存货。

② 本文在计算平均短期最低利率时，在聂辉华等（2016）、黄少卿和陈彦（2016）的基础上，计算出短期平均利率之后再按照 90% 的优惠利率计算出平均短期最低利率；平均长期最低利率在计算时，采用了类似的做法。在计算出 1～3 年，3～5 年以及 5 年以上贷款基准利率的平均值之后，再乘以 90% 的优惠利率作为本文的长期最低利率，然后再以连续 5 年的均值作为本文的平均长期最低利率。

③ 参考谭语嫣等（2017），由于企业息税前利润中包含政府补贴等非营业收入，企业账面利润总额为正，从而导致误判为非僵尸企业，因此本文利用企业营业利润替代企业息税前利润，避免误判情况出现。

　　由图 1 可以看出，我国僵尸企业的占比整体上均呈现出逐步下降的趋势。四种识别方法下，谭语嫣等（2017）的方法所识别的僵尸企业比例最高，平均来看达到 24.4%。其中，四种图形均显示出，2009 年僵尸企业比例都出现明显的提升，可能的原因在于，2007—2008 年美国次贷危机引起全球经济金融震荡，中国实体经济也受到严重冲击，中央政府在 2008 年推出"四万亿"刺激计划，即便如此也并未让所有企业渡过难关，将本来应该在 2008 年爆发的僵尸企业问题推迟到 2009 年。与此同时，我们也发现 2011 年僵尸企业比例最低，2012 年、2013 年我国僵尸企业比例"双升"，这可能与我国产业结构升级、过剩产能行业例如钢铁产业结构调整、煤炭行业需求不足相关。同时也可以看出，本文按照聂辉华等（2016）的"人大国发院标准"修正的僵尸企业识别指标 zom_nie2 度量的僵尸企业比例各年走势基本和"人大国发院标准"一致，并略微大于"人大国发院标准"，表明本文对谭语嫣等（2017）识别标准进行的修正具有一定的合理性。

　　（三）银行竞争的度量

　　银行竞争的衡量多采用市场集中度和 HHI 指数。参考 Braggion 等（2016）、蔡竞和董燕（2016）的方法，本文手工收集全国所有银行网点分布，用每个银行在地级市内分支行数量占地级市银行分支机构总量的比重构造赫芬达尔指数（$BankHHI$）。具体的构造方法如下：

$$BankHHI_{c,t} = \sum_{k=1}^{N}(Branch_{i,t,c}/\sum_{k=1}^{N}Branch_{k,c,t})^2 \tag{2}$$

　　式（2）中，$BankHHI$ 表示 t 年城市 c 的银行业 HHI 指数；N 表示 c 城市在 t 年所有的银行数量；$Branch_{i,t,c}$ 表示第 t 年第 i 家银行在城市 c 的银行分支机构数目；$\sum_{k=1}^{N}Branch_{k,c,t}$ 表示在 t 年城市 c 总的银行分支机构数目。$BankHHI$ 指标越接近 1，表明该地区银行垄断势力也就越强，相应的银行竞争也就越小。

　　出于稳健性考虑，本文也从市场集中度和市场结构两个角度构造了地区银行竞争指数。参考方芳和蔡卫星（2016）、蔡竞和董燕（2016），本文以地级市层面国有四大行（中国工商银行、中国农业银行、中国银行和中国建设银行）分支机构数目占地区银行分支机构数目的比重构造银行集中度指标 BankCR4。同时，也采用林毅夫等（2008）的研究，以五大行金融资产占省级金融资产的比重构造银行竞争结构指标。

　　（四）基本回归模型

　　本文参考申广军（2016）和谭语嫣等（2017）的研究，建立如下模型来研究银行竞争和僵尸企业之间的关系：

$$Zombie_{i,t} = \beta_0 + \beta_1 BankHHI_{i,t} + \beta_2 BankHHI2_{i,t} + \beta\sum ControlVar$$
$$+ \beta_j\sum Indu_j + \beta_t\sum Year_t + \beta_n\sum Prov_n + \delta_{i,t} \tag{3}$$

　　式（3）中，$Zombie$ 表示僵尸企业的识别指标，本文分别用上述四种方法对僵尸企业进行识别，如果企业被识别为僵尸企业，那么 *Zombie* 等于 1，否则等于 0。*BankHHI* 和 *BankHHI*2 分别代表地级市层面银行竞争结构指标，以及该指标的平方项。

本文选择了公司层面的控制变量以及地级市层面的控制变量。公司层面的控制变量包括公司规模（*Size*）、资产负债率（*Lev*）、主营业务收入增长率（*Growth*）、资本报酬率（*ROE*）、流动性资产占比（*Liquid*）、国有股权比重（*Stateown*）、市场份额（*Mshare*）、是否是国企（*SOE*）、是否是外资企业（*Foreign*）、是否是出口企业（*ExportInd*）、是否是大规模企业（*ScaleBig*）、公司成立的年限（*Age*）以及公司成立年限的平方（Age^2）。地级市层面的控制变量，包括人均地区生产总值（*AveGdp*）、地区生产总值增速（*Gdpg*）、地区贷款占 GDP 的比重（*FinDeep*）、固定资产投资增速（*FixInv_g*）、第一二产业占比（*FirstInd* 和 *SecondInd*）、财政支出占 GDP 的比重（*FinExp*）。同时，本文控制了行业效应、年份效应以及省份效应。本文采用 Probit 模型对模型（3）进行估计。

（五）主要变量的描述性统计

表 1 列示了本文主要变量的描述性统计，为了控制极端值的影响，本文对公司层面的控制变量（连续变量）和地级市层面控制变量采取 0.1% 的缩尾处理。四个僵尸企业识别指标均值分别为 19.1%、24.4%、9.5%、12.5%，四种指标之间存在比较大的差异，整体来看，谭语嫣等（2017）的方法标准更为宽松，而"人大国发院标准"条件则比较严格。银行集中度指数（*BankHHI*）均值为 0.199，最大值为 0.713，说明各个地区银行竞争差距很大。资产负债率（*Lev*）均值为 0.547，中位数为 0.552，而最大值达到 2.595，说明有些企业已经达到了资不抵债的地步。衡量公司的成长能力的指标营业收入增长率（*Growth*）以及衡量公司盈利能力的指标资本收益率（*ROE*）均值分别达到 44.5%、28.5%，说明整体而言，工业企业成长能力比较好，资本盈利能力也比较强，但二者的标准差均超过 1，也表明企业之间成长性和盈利能力差距很大。国有股权占比均值为 10.3%，最大值为 100%。同时，样本中国有企业和外资企业占比分别为 9.6% 和 15.8%。市场份额（*MShare*）均值为 0.01%，最大值为 1.4%，说明企业产品市场竞争比较大。[①]地级市层面的控制变量，平均地区生产总值增速为 13.9%，固定资产投资增速均值为 24.4%，均比较符合样本期间内我国经济发展状况。

表 1   主要变量的描述性统计

variable	mean	sd	p25	p50	p75	max	N
zom_fn	0.191	0.393	0.000	0.000	0.000	1.000	2 055 237
zom_tan	0.244	0.430	0.000	0.000	0.000	1.000	2 055 237
zom_nie1	0.095	0.293	0.000	0.000	0.000	1.000	2 055 237
zom_nie2	0.125	0.331	0.000	0.000	0.000	1.000	2 055 237

---

①   在计算产品市场份额时，本文根据行业类别进行分类，分别计算每个行业每年销售收入总额，然后用单个企业的年销售额除以市场销售总额，以此来计算该公司产品的市场份额。由于该数据比较小，本文在此基础上乘以 100。

variable	mean	sd	p25	p50	p75	max	N
BankHHI	0.199	0.077	0.138	0.184	0.243	0.713	2 055 237
BankHHI2	0.046	0.040	0.019	0.034	0.059	0.508	2 055 237
Size	10.279	1.475	9.224	10.124	11.150	16.291	2 055 237
Lev	0.547	0.296	0.331	0.552	0.752	2.595	2 055 237
Growth_R	0.445	1.433	−0.047	0.173	0.497	22.816	2 055 237
ROE	0.285	1.355	0.022	0.109	0.308	23.657	2 055 237
Liquid	0.529	0.277	0.335	0.562	0.753	1.000	2 055 237
StateOwn	0.103	0.289	0.000	0.000	0.000	1.000	2 055 237
SOE	0.096	0.294	0.000	0.000	0.000	1.000	2 055 237
Foreign	0.158	0.365	0.000	0.000	0.000	1.000	2 055 237
ExportInd	0.267	0.442	0.000	0.000	1.000	1.000	2 055 237
ScaleBig	0.130	0.336	0.000	0.000	0.000	1.000	2 055 237
Mshare	0.015	0.063	0.001	0.004	0.010	1.405	2 055 237
Age	2.176	0.700	1.792	2.197	2.565	4.174	2 055 237
Age2	5.224	3.105	3.210	4.828	6.579	17.426	2 055 237
AverGdp	10.725	0.707	10.329	10.789	11.201	13.056	2 055 237
Gdpg	0.139	0.137	0.108	0.132	0.154	0.384	2 055 237
FinDeep	1.287	0.597	0.844	1.171	1.652	8.894	2 055 237
FixInv_g	0.244	0.311	0.109	0.187	0.301	0.464	2 055 237
FirstInd	0.042	0.047	0.012	0.024	0.053	0.580	2 055 237
SecondInd	0.517	0.094	0.464	0.525	0.577	0.904	2 055 237
FinExp	0.117	0.050	0.084	0.104	0.139	0.861	2055237

四、实证分析

（一）基础回归结果

本文采用 Probit 模型，检验银行竞争对僵尸企业的影响，具体的回归结果报告在表 2 中，其中第（1）～（4）列分别为四种僵尸企业识别方法回归结果。

表 2　　　　　　　　　最优银行竞争结构和僵尸企业主回归结果

	(1)	(2)	(3)	(4)
	zom_fn	zom_tan	zom_nie1	zom_nie2
BankHHI	−2.218 ***	−2.041 ***	−2.179 ***	−1.955 ***
	(−30.28)	(−28.93)	(−24.32)	(−23.31)
BankHHI2	2.221 ***	1.961 ***	2.364 ***	2.082 ***
	(17.96)	(16.38)	(15.68)	(14.61)

续表

	(1)	(2)	(3)	(4)
	zom_fn	zom_tan	zom_nie1	zom_nie2
Size	0.010 ***	0.056 ***	0.029 ***	0.075 ***
	(8.69)	(51.35)	(20.86)	(58.51)
Lev	1.622 ***	1.906 ***	1.488 ***	1.673 ***
	(314.08)	(352.78)	(252.43)	(280.87)
Growth	−0.131 ***	−0.132 ***	−0.121 ***	−0.127 ***
	(−49.08)	(−54.96)	(−33.38)	(−38.87)
ROE	−0.147 ***	−0.147 ***	−0.087 ***	−0.091 ***
	(−60.75)	(−64.27)	(−52.37)	(−56.08)
Liquid	−0.196 ***	−0.141 ***	−0.226 ***	−0.153 ***
	(−38.17)	(−28.59)	(−36.07)	(−26.43)
StateOwn	0.126 ***	0.100 ***	0.143 ***	0.115 ***
	(14.31)	(11.61)	(14.37)	(12.21)
SOE	0.183 ***	0.168 ***	0.203 ***	0.184 ***
	(21.39)	(20.07)	(21.19)	(20.23)
Foreign	0.397 ***	0.267 ***	0.336 ***	0.204 ***
	(114.58)	(78.68)	(79.83)	(50.94)
ExportInd	−0.007 **	0.017 ***	−0.019 ***	0.002
	(−2.50)	(6.25)	(−5.28)	(0.52)
ScaleBig	−0.114 ***	−0.120 ***	−0.122 ***	−0.115 ***
	(−27.34)	(−30.62)	(−24.44)	(−25.51)
Mshare	−1.589 ***	−1.463 ***	−1.505 ***	−1.422 ***
	(−30.94)	(−39.85)	(−22.26)	(−29.35)
Age	−0.352 ***	−0.288 ***	0.239 ***	0.357 ***
	(−53.11)	(−44.07)	(27.81)	(43.28)
Age2	0.101 ***	0.091 ***	0.007 ***	−0.012 ***
	(69.23)	(63.35)	(4.01)	(−6.97)
AverGdp	0.030 ***	0.033 ***	0.007	0.013 ***
	(8.24)	(9.53)	(1.60)	(3.39)
Gdpg	−0.130 ***	−0.077 ***	−0.146 ***	−0.073 ***
	(−10.73)	(−8.14)	(−9.39)	(−6.53)
FinDeep	0.012 ***	0.009 ***	0.010 **	0.012 ***
	(3.88)	(3.05)	(2.57)	(3.51)
FixInv_g	0.027 ***	0.008 *	0.028 ***	0.003
	(6.52)	(1.95)	(5.71)	(0.71)

续表

	(1)	(2)	(3)	(4)
	zom_fn	*zom_tan*	*zom_nie*1	*zom_nie*2
FirstInd	0.326 ***	0.415 ***	0.217 ***	0.293 ***
	(7.76)	(10.09)	(4.33)	(6.20)
SecondInd	−0.300 ***	−0.326 ***	−0.307 ***	−0.331 ***
	(−16.24)	(−18.16)	(−13.73)	(−15.71)
FinExp	0.260 ***	0.326 ***	0.161 ***	0.218 ***
	(8.12)	(10.52)	(4.15)	(6.03)
_cons	−0.685 ***	−1.231 ***	−1.817 ***	−2.457 ***
	(−14.67)	(−27.27)	(−32.90)	(−47.20)
Year/Indu/Prov	Yes	Yes	Yes	Yes
Chi^2	230 759.45	275 732.75	172 247.63	195 722.80
R^2_P	0.19	0.21	0.21	0.21
N	2 055 237	2 055 237	2 055 237	2 055 237

注：（1） * 表示 10% 的显著性水平；** 表示 5% 的显著性水平；*** 表示 1% 的显著性水平。

（2） 结果经过 White 异方差稳健性调整，下同。

由表 2 可以看出，银行竞争结构指标（*BankHHI*）系数为负，并且四列中均在 1% 的水平下显著；银行竞争结构指标的平方项（*BankHHI*2）系数均在 1% 的水平下显著为正。这一结果表明，银行竞争和僵尸企业之间存在明显的正 U 形关系，银行竞争不足和竞争过度都会提高僵尸企业产生的概率，存在一个最优的银行竞争结构使得僵尸企业发生概率降为最低，证实假设 1 是成立的。

根据四个回归结果所计算出的最优竞争结构依次为 0.4993、0.5204、0.4609、0.4695，四种衡量方法计算的均值为 0.4875。图 2 依据表 2 的银行竞争和僵尸企业之间的关系，模拟了二者的关系图，并统计了在各个银行竞争指数区间内样本的比例。可以看出，无论银行竞争不足和竞争过度均会促进僵尸企业产生，存在一个最优银行竞争结构可以极大限度地降低成为僵尸企业的概率。

其次，根据样本的统计结果可以发现，在最优银行竞争结构（取以上四种方法的均值，为 0.4875）右边样本比例为 0.41%，绝大多数样本落在最优银行竞争结构左侧。最优点左侧区域，越远离最优点，银行竞争越激烈，这一结果也表明，在样本区间内中国大部分地区的银行竞争激烈，银行竞争程度加剧提高了僵尸企业的比率。

公司层面的控制变量，公司资产规模（*Size*）以及资产负债率（*Lev*）均和僵尸企业显著正相关。这表明公司资产规模越大，资产负债率越高，成为僵尸企业的可能性也就越大。公司的成长性（*Growth*）、资本报酬率（*ROE*）、资产流动性比率（*Liquid*）、市场份额（*Mshare*）在四列回归结果中均为负并且在 1% 的显著水平下不为 0，说明公司的成长性越

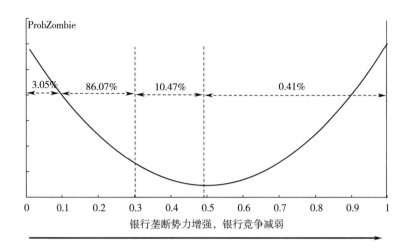

图2　银行竞争和僵尸企业之间关系的模拟图

好、资本盈利能力越强、资产的流动性越好、市场占有率越高公司成为僵尸企业的可能性也就越小。国有股权占比（*StateOwn*）越大，成为僵尸企业的可能性也就越大，从三个界定企业特征的虚拟变量可以看出，国有企业和外资企业成为僵尸企业的可能性都要比民营企业大，对出口企业而言，四列的结果并不一致。对于企业年龄而言，在第（1）、（2）列可以明显看出，企业年龄和僵尸企业之间存在明显的正 U 形关系，但在第（3）、（4）列却不存在这样的效应，这可能和不同识别方法下所识别僵尸企业不一致，导致结果上产生偏差。

地级市层面的控制变量，人均地区生产总值越高（*AverGdp*）、贷款占地区生产总值比重越大（*FinDeep*）、固定资产投资增速越快（*FixInv_g*）、第一产业产值占比越高（*FirstInd*）以及财政支出占国民收入比重越大的地区，越容易促进僵尸企业的产生。而地区生产总值增速（*Gdpg*）和第二产业占国民收入比重（*SecondInd*）则对僵尸企业有明显的抑制作用。

（二）分时段回归分析

在第一部分，本文从横截面的角度对银行竞争和僵尸企业之间的关系进行了分析，进一步，本文从时间序列的角度对两者之间的关系进行分析。从 2003 年开始，我国银行业进入新一轮的改革，中国银监会的成立促进了银行监管，启动国有商业银行的股份制改革，推进中小银行的发展，鼓励外资银行参与竞争（方芳和蔡卫星，2016），这一系列的改革措施促进了我国商业银行竞争环境的改善。为保证估计的准确性，本文选择 2004 年为起点，利用连续五年滚动回归的方式，对每个时间段内进行稳健性检验。用四种方法回归得到的从 2004 年到 2013 年连续五年滚动回归的结果如表3 所示。

表3　　　　　　　　　　　　　　　分时间段回归

Panel A	(1)	(2)	(3)	(4)	(5)
	2004—2008 年	2005—2009 年	2006—2011 年	2007—2012 年	2008—2013 年
	zom_fn	zom_fn	zom_fn	zom_fn	zom_fn
BankHHI	-1.918 ***	-2.122 ***	-2.349 ***	-2.762 ***	-2.809 ***
	(-19.36)	(-21.52)	(-23.20)	(-26.64)	(-26.26)
BankHHI2	1.855 ***	2.042 ***	2.367 ***	2.930 ***	3.007 ***
	(10.93)	(12.25)	(14.16)	(17.49)	(17.37)
N	1 085 837	1 187 438	1 129 650	1 129 205	1 098 037
Panel B	zom_tan	zom_tan	zom_tan	zom_tan	zom_tan
BankHHI	-1.420 ***	-1.714 ***	-1.957 ***	-2.425 ***	-2.651 ***
	(-14.41)	(-17.49)	(-19.64)	(-24.15)	(-26.04)
BankHHI2	1.087 ***	1.381 ***	1.760 ***	2.397 ***	2.785 ***
	(6.38)	(8.24)	(10.57)	(14.59)	(16.73)
N	1 085 837	1 187 438	1 129 650	1 129 205	1 098 037
Panel C	zom_nie1	zom_nie1	zom_nie1	zom_nie1	zom_nie1
BankHHI	-1.503 ***	-2.108 ***	-2.696 ***	-3.020 ***	-2.900 ***
	(-12.15)	(-17.63)	(-22.34)	(-23.01)	(-21.42)
BankHHI2	1.499 ***	2.241 ***	3.103 ***	3.480 ***	3.380 ***
	(7.02)	(11.03)	(15.56)	(16.57)	(15.47)
N	1 085 837	1 187 438	1 129 650	1 129 205	1 098 037
Panel D	zom_nie2	zom_nie2	zom_nie2	zom_nie2	zom_nie2
BankHHI	-0.951 ***	-1.634 ***	-2.225 ***	-2.606 ***	-2.613 ***
	(-8.03)	(-14.01)	(-18.86)	(-20.74)	(-20.66)
BankHHI2	0.750 ***	1.535 ***	2.371 ***	2.874 ***	3.049 ***
	(3.63)	(7.61)	(11.90)	(13.95)	(14.70)
N	1 085 837	1 187 438	1 129 650	1 129 205	1 098 037
Control	Yes	Yes	Yes	Yes	Yes
Year/Ind/Prov	Yes	Yes	Yes	Yes	Yes

　　表3 中 PanelA、PanelB、PanelC、PanelD 被解释变量分别为四种方法所识别的僵尸企业指标，这里本文只列示了主要的解释变量银行竞争（BankHHI）、银行竞争的平方的系数和对应的 t 统计量，限于篇幅，控制变量结果并未报告。从表3 的结果可以看出，无论用哪种方法识别僵尸企业，银行竞争都和僵尸企业之间存在明显的正 U 形结构，二者的这种关系并未随着时间的变化而改变，进一步表明本文的结果是稳健的。

　　进一步，本文对 2008—2013 年时间段内地级市银行竞争指数（BankHHI）大于平均最优值的城市进行统计（表3 中第五列计算的最优比例分别为：0.4670、0.4671、0.4290和0.4285，均值为0.4479），结果见表4。从表4 中可以看出，总共有 13 个城市银行竞争指数大于最优点，其中，东部地区 1 个，中部地区 4 个；西部地区 8 个；西部地区样本总量占银行竞争指数大于最优银行竞争结构均值的比例接近 65%，这也说明，最优点右侧区域的样本主要在西部地区。

表 4　　　　地级市银行竞争指数（BankHHI）大于最优银行竞争结构均值的样本

地区	城市名称	样本数量		
东部地区	宿迁市	798		
中部地区	抚州市		988	
	周口市		473	
	商丘市		366	
	亳州市		157	
西部地区	巴中市			378
	南充市			1 688
	广安市			363
	资阳市			1 876
	安康市			239
	商洛市			212
	铜仁市			213
	贺州市			88
总量		798	1 984	5 057
占比		10.18%	25.31%	64.51%

（三）地级市层面的分析

本文的基础回归发现，银行竞争结构和僵尸企业之间呈现出明显的正 U 形关系，银行竞争不足和竞争过度均会提高僵尸企业产生的概率，那么从地级市层面来考虑，银行竞争不足和竞争过度均可能会提高地级市僵尸企业比重，所以银行竞争结构和僵尸企业之间的 U 形关系自然会使得银行竞争结构和地级市僵尸企业比例之间也会存在 U 形结构。

为了对此进行验证，本文从地级市层面进行分析。具体地，本文分别计算四种僵尸企业识别方法下，各个地级市每年的僵尸企业占样本中地级市企业总数的比重，然后以地级市为基准，研究地级市层面银行竞争结构和僵尸企业之间的关系。本文采用固定效应模型进行分析，被解释变量为地级市层面僵尸企业比重，解释变量为银行竞争（$BankHHI$）、银行竞争的平方（$BankHHI2$），控制变量为模型（3）里的地级市层面的控制变量，采用控制年份的固定效应模型，回归结果见表 5。

表5 地级市层面银行竞争结构和僵尸企业比例之间的关系

	(1)	(2)	(3)	(4)
	fnr	*tanr*	*nie1r*	*nie2r*
Bank*HHI*	− 0. 814 ***	− 1. 093 ***	− 0. 515 ***	− 0. 757 ***
	(− 4. 32)	(− 5. 16)	(− 3. 33)	(− 4. 42)
Bank*HHI2*	0. 835 ***	1. 099 ***	0. 586 **	0. 819 ***
	(3. 17)	(3. 68)	(2. 59)	(3. 36)
Gdpg	− 0. 021	− 0. 019	− 0. 017	− 0. 018
	(− 1. 12)	(− 0. 99)	(− 1. 35)	(− 1. 22)
AverGdp	− 0. 008	− 0. 012	− 0. 005	− 0. 007
	(− 1. 07)	(− 1. 25)	(− 0. 94)	(− 1. 07)
FixInv_g	0. 002	0. 000	− 0. 000	− 0. 001
	(0. 54)	(0. 10)	(− 0. 06)	(− 0. 38)
FinDeep	0. 016 ***	0. 020 ***	0. 009 **	0. 012 ***
	(2. 85)	(3. 12)	(2. 07)	(2. 67)
FirstInd	− 0. 008	0. 002	0. 005	0. 019
	(− 0. 09)	(0. 02)	(0. 06)	(0. 24)
SecondInd	− 0. 214 ***	− 0. 264 ***	− 0. 125 ***	− 0. 174 ***
	(− 4. 68)	(− 5. 09)	(− 3. 67)	(− 4. 48)
FinExp	− 0. 100 **	− 0. 110 **	− 0. 083 **	− 0. 098 ***
	(− 2. 44)	(− 2. 47)	(− 2. 43)	(− 2. 63)
_cons	0. 635 ***	0. 805 ***	0. 410 ***	0. 534 ***
	(7. 67)	(8. 06)	(6. 77)	(7. 38)
Year	Yes	Yes	Yes	Yes
Adj_R^2	0. 63	0. 67	0. 62	0. 65
F	111. 80	191. 36	76. 80	103. 64
N	2689	2689	2689	2689

从表5可以看出，银行竞争结构指标（Bank*HHI*）系数为负，并且四列中均在1%的水平下显著；银行竞争结构指标的平方项（Bank*HHI2*）系数均在1%的水平下显著为正。这表明，在地级市层面，银行竞争结构和僵尸企业比例之间存在U形结构，存在一个最优银行竞争结构可以最大限度地降低地级市僵尸企业的比例。

（四）地域分析

中国东部、中部和西部地区在经济发展、产业结构等方面都有很大的不同，那么在不同区域，最优银行竞争结构是否存在差异？[①] 从稳健性角度出发，本文分区域进行回归，回归

[①] 本文东部地区包括北京、上海、天津、浙江、广东、福建、江苏、河北、山东、海南和辽宁11个省或直辖市；中部地区包括河南、湖北、湖南、安徽、江西、山西、黑龙江和吉林8个省份；西部地区包括四川、重庆、贵州、云南、甘肃、宁夏、广西、新疆、西藏、青海、陕西和内蒙古12个省或直辖市。

结果如表6所示。表6中 PanelA、PanelB、PanelC 分别表示东部、中部、西部三个地区分样本回归结果，主要报告了核心变量的系数以及 t 统计量，限于篇幅，控制变量并没有列出。

表6 最优银行竞争结构在不同区域的特点

Panel A	东部地区			
	(1)	(2)	(3)	(4)
	zom_fn	zom_tan	zom_nie1	zom_nie2
BankHHI	− 3.358 ***	− 3.342 ***	− 3.174 ***	− 2.717 ***
	(− 30.49)	(− 31.76)	(− 23.65)	(− 21.51)
BankHHI2	4.418 ***	4.460 ***	4.337 ***	3.751 ***
	(20.76)	(21.77)	(16.89)	(15.31)
N	1 508 780	1 508 780	1 508 780	1 508 780
Panel B	中部地区			
	(5)	(6)	(7)	(8)
	zom_fn	zom_tan	zom_nie1	zom_nie2
BankHHI	− 0.367	− 0.002	− 0.239	− 0.110
	(− 1.36)	(− 0.01)	(− 0.74)	(− 0.36)
BankHHI2	− 0.551	− 1.085 **	− 0.602	− 0.835
	(− 1.18)	(− 2.37)	(− 1.08)	(− 1.57)
N	349 765	349 765	349 765	349 765
Panel C	西部地区			
	(9)	(10)	(11)	(12)
	zom_fn	zom_tan	zom_nie1	zom_nie2
BankHHI	− 1.296 ***	− 1.385 ***	− 1.584 ***	− 1.673 ***
	(− 7.29)	(− 8.22)	(− 7.31)	(− 8.51)
BankHHI2	0.691 ***	0.842 ***	1.251 ***	1.438 ***
	(2.89)	(3.79)	(4.24)	(5.47)
N	196 692	196 692	196 692	196 692
Control	Yes	Yes	Yes	Yes
Year/Ind/Prov	Yes	Yes	Yes	Yes

从表6中可以看出，对东部地区和西部地区而言，银行竞争和僵尸企业之间存在明显的正 U 形结构，而对于中部地区，在四种僵尸企业的衡量方法下，除了回归（6），在回归（5）、（7）、（8）中均没有发现银行竞争和僵尸企业之间存在明显的关系。这里一个可能的原因是，中部地区无论是银行竞争程度，还是僵尸企业比例，都处于东部和西部的过渡地带，从而，无法观测到银行竞争和僵尸企业之间存在的明显的关系。①

———————

① 本文的样本中，东部、中部和西部银行竞争指数（BankHHI）均值分别为 0.2251、0.2683 和 0.2879；而以"人大国发院标准"计算的僵尸企业比例分别为 8.68%、10.5% 和 13.75%。在这里，本文从表面上对中部地区存在的差异进行了分析，而其背后的真实原因还有待学者进一步的研究。

根据 PanelA、PanelC 结果，分别计算东部地区最优银行竞争结构指标为 0.3800、0.3746、0.3659、0.3622；而西部地区最优银行竞争结构指标分别为 0.9378、0.8224、0.6331、0.5817。可以看出，无论以何种方式度量僵尸企业，西部最优银行竞争结构（银行竞争程度）均大于（小于）东部地区，与全样本最优结果指标 0.4875 比较，西部地区最优银行竞争结构垄断地位明显。东西部地区在最优银行竞争结构的不同很可能是因为东西部地区产业结构存在差距，中部地区民营经济发达，而西部地区产业结构相对单一，多以国有企业为主。[①]

五、结论与启示

近年来，我国僵尸企业问题引起公众广泛关注，僵尸企业在日本经济中出现的诸如制约经济发展、产业升级，甚至危害金融安全问题，是我国经济转型的前车之鉴。银行持续给濒临破产的企业借贷是僵尸企业大量存在的重要原因，然而银行信贷与银行竞争紧密相关，本文以此为切入点，选取中国工业企业 1998—2013 年微观数据，研究银行竞争与僵尸企业的关系。

横截面回归方法发现，地级市银行竞争越激烈，僵尸企业产生概率越高，而银行竞争不足也会促进僵尸企业的产生，地级市银行竞争程度与僵尸企业之间存在明显的 U 形关系。分时间段回归发现，在 2008—2013 年时间段内，绝大多数样本分布在最优银行竞争结构的左侧，表现出银行竞争过度是近年来我国僵尸企业产生的主要原因。同时，最优银行竞争结构右侧区域的样本主要分布在西部地区，说明西部地区银行业存在竞争不足的特征。进一步的分析表明，地级市银行竞争结构和僵尸企业比例之间也存在 U 形关系，偏离最优银行竞争结构会增加僵尸企业比例，分地区、企业性质来看，东部地区最优银行竞争结构明显高于西部地区，而国有企业和民营企业则明显高于外资企业。

以银监会 2009 年 143 号文放松银行分支机构设立管制作为外生冲击、控制内生性问题、考虑地区金融风险、替换僵尸企业识别指标以及分时间段检验，结果依然成立。本文从企业自身以及企业和银行、政府之间的关系角度进行了机制分析，研究发现，偏离最优银行业结构会降低企业的生产效率以及盈利能力，偏离最优银行业结构的企业接受到更多的来自银行和政府的补贴。

本文研究具有以下启示：

（1）本文发现，当前我国绝大多数地区存在银行竞争过度的状态，银行竞争过度使得银行风险偏好上升，信贷识别标准降低，从而导致僵尸企业大量存在。这一方面要求银行监管部门对银行竞争行为进行规范，另一方面也要求银行自身加大对企业的识别力度。

（2）近年来，我国商业银行不良贷款比率呈现出逐年上升的趋势，银行体系维持僵尸企业的生存不仅消耗了大量的信贷资源，同时也加剧了银行体系的风险，监管部门加快清

---

① 在本文的中国工业企业数据库样本中，东部地区和西部地区国有企业占比分别为 12.58% 和 25.80%。

理僵尸企业，保持金融体系的安全和稳定成为当前重要任务。

（3）我国各个省份金融发展不平衡导致我国僵尸企业出现东部地区和西部地区偏高，而中部地区相对较少的状态，这就要求国家在配置金融资源时，要适时将金融资源由东部地区向西部地区转移，从而更好地促进经济的发展，同时遏制僵尸企业的产生。

（4）不同地区和不同企业类型所对应的最优银行竞争结构存在差异，这就要求相关部门在处理我国僵尸企业问题时不能采取"一刀切"的措施，要根据地区金融发展状况、企业性质区别对待。

参考文献

［1］蔡卫星.分支机构市场准入放松、跨区域经营与银行绩效［J］.金融研究，2016（6）：127－141.

［2］蔡竞和董艳.银行业竞争与企业创新——来自中国工业企业的经验证据［J］.金融研究，2016（11）：96－111.

［3］方芳和蔡卫星.银行业竞争与企业成长：来自工业企业的经验证据［J］.管理世界，2016（7）：63－75.

［4］龚强，张一林，林毅夫.产业结构、风险特性与最优金融结构［J］.经济研究，2014（4）：4－16.

［5］黄少卿，陈彦.中国僵尸企业的分布特征与分类处置［J］.中国工业经济，2017（3）：24－43.

［6］贾春新，夏武勇，黄张凯.银行分支机构、国有银行竞争与经济增长［J］.管理世界，2008（2）：7－14.

［7］蒋灵多，陆毅.最低工资标准能否抑制新僵尸企业的形成［J］.中国工业经济，2017（11）：118－136.

［8］李志赟.银行结构与中小企业融资［J］.经济研究，2002（6）：38－45.

［9］林毅夫，姜烨.经济结构、银行业结构与经济发展——基于分省面板数据的实证分析［J］.金融研究，2006（1）：7－22.

［10］林毅夫，姜烨.发展战略、经济结构与银行业结构：来自中国的经验［J］.管理世界，2006（1）：29－40.

［11］林毅夫，孙希芳.银行业结构与经济增长［J］.经济研究，2008（9）：31－45.

［12］林毅夫，孙希芳，姜烨.经济发展中的最优金融结构理论初探［J］.经济研究，2009（8）：4－17.

［13］聂辉华，江艇，张雨潇，方明月.我国僵尸企业的现状、原因与对策［J］.宏观经济管理，2016（9）：63－68.

［14］申广军.比较优势与僵尸企业：基于新结构经济学视角的研究［J］.管理世界，2016（12）：13－24.

［15］石璋铭，谢存旭.银行竞争、融资约束与战略性新兴产业技术创新［J］.宏观经济研究，2015（8）：117－126.

［16］谭语嫣，谭之博，黄益平，胡永泰.僵尸企业的投资挤出效应：基于中国工业企业的证据［J］.经济研究，2017（5）：175－188.

［17］唐清泉，巫岑.银行业结构与企业创新活动的融资约束［J］.金融研究，2015（7）：116－134.

［18］姚耀军，董钢锋，中小企业融资约束缓解：金融发展水平重要抑或金融结构重要？——来自中

小企业板上市公司的经验证据 [J]. 金融研究, 2015 (4): 148 – 161.

[19] 张栋, 谢志华, 王靖雯. 中国僵尸企业及其认定——基于钢铁业上市公司的探索性研究 [J]. 中国工业经济, 2017 (11): 90 – 107.

[20] 张成思, 刘贯春. 最优金融结构的存在性、动态特征及经济增长效应 [J]. 管理世界, 2015 (1): 66 – 77.

[21] 朱鹤, 何帆. 中国僵尸企业的数量测度及特征分析 [J]. 北京工商大学学报 (社会科学版), 2016 (4): 116 – 126.

[22] Banerjee, Ryan and Gambacorta, 2017, Leonardo and Sette, Enrico, "The Real Effects of Relationship Lending" (September 27, 2017). Bank of Italy Temi di Discussione (Working Paper) No. 1133. Available at SSRN: https://ssrn.com/abstract = 3048284.

[23] Beck, Thorsten and Degryse, Hans and de Haas, Ralph and van Horen, Neeltje, 2017, "When Arm's Length Is Too Far. Relationship Banking Over the Business Cycle" (January 1, 2017). Journal of Financial Economics, Forthcoming. Available at SSRN: https://ssrn.com/abstract = 2467029.

[24] Berger A. N., and L. K. Black, 2011, "Bank Size, Lending Technologies, and Small Business Finance." Journal of Banking and Finance, 35 (3): 724 – 735.

[25] Caballero, R. J., and T. Hoshi, A. K. Kashyap, 2008, "Zombie Lending and Depressed Restructuring in Japan". The American Economic Review, 98 (5): 1943 – 1977.

[26] Cetorelli, N., and M. Gambera. 2001, "Banking Market Structure, Financial Dependence and Growth: International Evidence from Industry data." The Journal of Finance 56, Vol. 2: 617 – 648.

[27] Cetorelli, N., 2004, "Real Effects of Bank Competition." FRB of Chicago Working Paper No. 2004 – 03. Available at SSRN: https://ssrn.com/abstract = 505982.

[28] Chernobai, A., and Y. Yasuda, 2013, "Disclosures of Material Weaknesses by Japanese Firms After the Passage of the 2006 Financial Instruments and Exchange Law." Journal of Banking and Finance, 37 (5): 1524 – 1542.

[29] Dell'Ariccia, G., and R. Marquez, 2006, "Lending Booms and Lending Standards." The Journal of Finance, 61 (5): 2511 – 2546.

[30] Dell'Ariccia. G., D. Igan, and L. Laeven, 2008, "Credit Booms and Lending Standards: Evidence from the Subprime Mortgage Market." CEPR Discussion Paper No. DP6683. Available at SSRN: https://ssrn.com/abstract = 1141005.

[31] Fukao, K. 2013, "Explaining Japan's unproductive two decades". Asian Economic Policy Review, 8 (2): 193 – 213.

[32] Fukuda, S., M. Kasuya, and K. Akashi, 2006. "The Role of Trade Credit for Small Firms: An Implication from Japan's Banking Crisis", Working Paper.

[33] Fukuda, S., and J. I. Nakamura, 2011, "Why did 'Zombie' Firms Recover in Japan?". The World Economy, 34 (7): 1124 – 1137.

[34] Hellmann, T. F., K. C. Murdock, and J. E. Stiglitz, 2000, "Liberalization, Moral Hazard in Banking, and Prudential Regulation: Are Capital Requirements Enough?" American Economic Review, 147 – 165.

[35] Hoshi T., Y. Kim, 2013, "Macroprudential Policy and Zombie Lending in Korea".

［36］ Hoshi, T. , and A. K. Kashyap, 2010, "Will the U. S. Bank Recapitalization Succeed? Eight Lessons from Japan. " *Journal of Financial Economics*, 97 （3）: 398 – 417.

［37］ Kawai, M. , and M. Peter, 2013, "Banking Crises and 'Japanization': Origins and Implications. " ADBI Working Paper 430. Available at SSRN: https: //ssrn. com/abstract = 2303596.

［38］ Kysucky V, and L. Norden, 2015, "The Benefits of Relationship Lending in a Cross – country Context: A Meta – analysis. " *Management Science*, 62 （1）: 90 – 110.

［39］ Maddaloni, A. , and J. L. Peydró, 2011, "Bank Risk – taking, Securitization, Supervision, and Low Interest Rates: Evidence from the Euro – area and the US Lending Standards. " *Review of Financial Studies*, 24 （6）: 2121 – 2165.

［40］ Mian, Atif. 2006. "Distance Constraints: The Limits of Lending in Poor Economies. " *The Journal of Finance*, 61 （3）, 1465 – 1505.

［41］ Okada, Y. , 2005, "Competition and Productivity in Japanese Manufacturing Industries. " *Journal of the Japanese and International Economies*, 19 （4）: 586 – 616.

［42］ Petersen, M. , and R. Rajan. 1994. "The Benefits of Lending Relationship: Evidence from Small Business data. " *The Journal of Finance* 49, Vol. 1: 1367 – 1400.

［43］ Petersen, M. , and R. Rajan, 1995, "The Effect of Credit Market Competition on Lending Relationships. " *The Quarterly Journal of Economics*, 110 （2）: 407 – 443.

［44］ Rajan, R. , and L. Zingales. 1998, "Financial Dependence and Growth. " *American Economic Review* 88, Vol. 3: 559 – 587.

［45］ Ruckes, M. , 2004, "Bank Competition and Credit Standards. " *Review of Financial Studies*, 17 （4）: 1073 – 1102.

［46］ Stein, J. , 2002, "Information Production and Capital Allocation: Hierarchical vs. Decentralized Firms. " *The Journal of Finance*, Vol. 57, 1891 – 1921.

特朗普新政对我国经济金融安全的影响研究

欧阳俊 李 凤 余 鹏 秦 芳

【摘要】 随着新兴经济体崛起，美国相对实力逐渐走向衰落。与此同时，伊斯兰极端势力兴起，文明冲突成为现实。在此背景下，"新悲观主义"开始在美国蔓延，越来越多的美国人把目光投向自身，更多关注自己的利益。特朗普新政就是对美国社会这一心态变化的响应。昔日亨廷顿预言不同文明之间将发生冲突，追问"到底谁是美国人"，强调美国属于美国人、西方文明只属于西方的时候，就已为今日特朗普新政奠定了意识形态基础。在这个意义上，特朗普新政是美国西方文明的传承者为捍卫西方文明而在经济领域发动的全球性国家经济竞争。

特朗普新政主张"美国优先"，意味着放弃作为大国的国际发展责任。主张以"公平贸易"替代自由贸易，意味着对外政策基调从全球主义转向重商主义，更强调国家间的竞争而非合作，谋求对贸易伙伴差别化征收"贸易税"以更多分享贸易红利。反对"大政府、高福利"，意味着对内政策从民粹主义重回新经济自由主义，更强调经济效率而非社会公平，试图通过放松政府监管、降低企业个人税率、推进医疗改革等举措提高政府效率，降低经济运行的制度成本，吸引更多资本回流。

美国是现行世界经济秩序的主要构建者和维护者，其战略转向必将重塑世界经济和全球治理格局。一是多边治理机制面临边缘化风险。对美国而言，多边机制已成"鸡肋"，转向双边既可以消除多边机制下不对称的优惠安排，又可以充分发挥自身的谈判优势。二是国家间政策竞争加剧。美国政策变动存在巨大的外溢效应，此次推出经济新政，势必会被各国竞相研究、学习和模仿，避免在国际竞争中失去先手。三是全球经济金融风险加大。随着特朗普新政全面推行，现有世界经济秩序将被打破，国际市场逐渐碎片化，全球经济金融将进入高风险时代。不发达国家处境将更加艰难，世界也将变得越来越不安全。

中国是美国最大的贸易逆差来源，是美国制造业最大的竞争对手，自然也就成为特朗普贸易政策的首要目标。预计美方将不断祭出各种壁垒，采取单边贸易保护措施，以期缩小甚至消灭对华贸易逆差。如果应对不当，中国对外出口大滑坡、国际收支状况逆转不久将成为大概率事件。一旦出口滑坡、外资撤离，中国经济增速势必将遭受重压，经济转型困难增多，金融市场波动加剧，严重影响到国家经济金融安全。

应对特朗普新政应从长计议。首先，要认清形势、乐观应对，不可心存侥幸。特朗普新政是基于现实的理性选择，是美国利益的体现，是美国以捍卫西方文明展开的国家经济竞争，即使特朗普不能完成任期也会被继续推行下去。其次，要坚持市场化改革，扩大对外开放，基于自身应对挑战。如不能尽快降低制度成本，一旦对发展中国家非对称保护被削减甚至取消，中国四十年改革开放取得的优势可能会慢慢消耗殆尽。具体来说，当前要克服一切困难减轻企业负担，要努力抑制过度金融，同时减少对于过度不合理多边机制的支持。此外，推进区域合作机制发展，要特别控制规模，注意成本与收益的平衡。

一、序言

美国是全球经济的中心，也是当下全球经济治理和经济秩序的主要创建者和维护者。如果美国经济政策取向发生根本性变动，全球经济治理和经济秩序可能将随之重塑。因此，美国总统的经济政策走向和影响历来得到方方面面的高度重视。长期以来，美国政商各界持续呼吁总统的政策态度要清晰、可预测，避免各方面误判，引起不必要的贸易纠纷和贸易战争。2017 年以来，这样的关注和焦虑更为加剧，原因自然是特朗普胜选就任美国第 58 届、第 45 任总统。特朗普在美国总统竞选过程中已提出一系列迥异于前任的经济政策构想，就任后陆续推行。

国际政策方面：（1）公平贸易。2017 年 1 月 23 日，特朗普上任伊始就宣布退出跨太平洋伙伴关系协定（TPP）。3 月 1 日，特朗普政府向美国国会提交了首份贸易政策年报。报告明确指出美国将"捍卫贸易政策主权"，贸易争端解决将优先适用国内法，且不受制于世界贸易组织（WTO）的裁决；即便成员国间针对分歧作出的裁决与美国的主张相背离，"也不会自动改变美国国内的法律制度和商业惯例"。3 月 10 日，特朗普政府宣布即将启动北美自由贸易协议重新谈判程序。（2）"穆斯林禁令"。1 月 27 日，特朗普签署"关于难民和移民政策的行政命令"，宣布在未来 90 天内禁止向伊拉克、叙利亚、伊朗、苏丹、索马里、也门和利比亚 7 个伊斯兰国家的普通公民发放签证。在受到地方法院多次挑战后，特朗普政府又先后推出两版新的禁令。其中第三版禁令于 12 月 4 日经美国最高法院裁定全面生效。12 月 2 日，特朗普政府宣布退出联合国《全球移民协议》。

国内政策方面：（1）美国医保法案。1 月 20 日，特朗普签署第一道行政命令，要求联邦政府部门"减轻奥巴马医保的负担"。5 月 4 日，美国众议院通过《医保法案》，旨在取代奥巴马的《平价医疗法案》。7 月 28 日，美国参议院否决共和党提出的《医保法案》。10 月 12 日，特朗普政府宣布停止给予参与医保市场的保险公司补贴。（2）放松管制。上任伊始，特朗普就要求每新增一条规则必须同时废除两条旧规则。3 月 28 日，特朗普签署了一项内容广泛的"能源独立"的行政命令，要求对能源清洁计划进行评估。6 月 1 日，特朗普政府宣布退出《巴黎气候协定》。10 月 12 日，特朗普政府宣布退出联合国教科文组织。（3）减税与就业法案。12 月 22 日，特朗普签署《减税与就业法案》，将企业所得税税率由 35% 下调至 21%。

特朗普执政后一系列行为显示，"美国优先"并非仅仅是其竞选时蛊惑人心的口号，他正在为未来四年美国对内对外经济政策确立新的基调。由于特朗普此前无政治经验、当选出乎意料，目前各方面对其政策走向无系统研究，特别是美国主流经济学界对其研究不足，多数停留于媒体充满感性的评论，缺乏关于特朗普新政的主要内容、内在的经济学逻辑以及对于全球经济治理和经济秩序影响的严肃学术性研究。大选前，370名经济学家联名呼吁民众不要给特朗普投票，宣称"如果当选，特朗普将会对美国民主制度、美国经济机构的运转以及美国的繁荣构成特殊的威胁"。新政府执政后，斯蒂格利茨等数位诺贝尔经济学奖得主继续炮轰特朗普新政，称"我们的当选总统所提出的这种政策是那些不会起作用的政策"，并警告说"特朗普的经济政策可能会引起美国经济严重衰退"。克鲁格曼更是坚定的特朗普反对者，在他眼里特朗普及其团队简直就是邪恶代言人，"已经智穷计尽失去自控"。这些评论集中于特朗普的贸易政策、财政政策，虽然不乏洞见但系统性不足，且存在结论先行、不够理性中立的缺憾。

国内的有关专家学者研究准备虽也不充分，但对待特朗普相对客观中立。自特朗普上台伊始，就开始对其新政内容和潜在影响展开研究。2017年1月，中国人民大学国家发展与战略研究院举办"特朗普新政与中国战略再定位"报告发布会，发布了13个主题研究报告，涉及政治、社会、经济、外交四大领域，具体分析了特朗普当选的多重因素、特朗普政府可能实行的全球战略和对华政策，并提出了具有战略意义和现实针对性的政策建议。其后，郑永年等学者也相继发表了关于特朗普当选、特朗普新政的研究成果。但是，这些关于特朗普经济新政的研究，很大程度上都没能完全摆脱国际主流经济学者观点的影响，对于其背后的经济学逻辑研究不够深入，同样存在结论先行的问题。随着特朗普新政的广泛实施，美国对外经济贸易政策调整步伐加快，经济全球化进程将可能停滞甚至出现逆转，不仅对世界经济与全球治理格局带来深远影响，也会给中国国家经济金融安全造成冲击。对此，我们必须予以高度关注。

国内外关于国家经济金融安全的相关研究很多且有相对成熟的理论体系，在国家经济金融安全的含义、国家经济金融安全的地位和作用、国家经济金融安全问题产生的根源等领域都有大量研究成果。但是，这些研究多以全球化为预设背景前提，关注重点在于全球化与国家经济金融安全的关系，少有考虑在类似特朗普新政背景下开展有关研究。我们认为，研究特朗普新政对我国经济金融安全的影响，需要梳理特朗普政府的各项政策举措，就其基本特征和其背后的经济学逻辑进行研究，对其给全球经济治理和国际经济秩序带来的潜在影响进行分析。因此，本课题将不再继续以全球化为预设前提，而是考虑到特朗普新政可能给国际经济秩序与全球经济治理带来的变化，考虑到特朗普新政对于中美双边经贸关系的直接影响，通过跟踪观察国际经济和贸易的发展变化，结合中国经济金融发展情况，与时俱进地分析新的国际政治经济形势下中国国家经济金融安全状况，就新形势下中国国家经济金融安全面临的风险进行深入诊断，提出切实可行的维护国家经济金融安全的对策。

本文第二部分对特朗普新政的主要内容进行了详细梳理和分析。我们认为，特朗普新政主张"美国优先"，意味着放弃作为大国的国际发展责任。主张以"公平贸易"替代自由贸易，意味着对外政策基调从全球主义转向重商主义，更强调国家间的竞争而非合作，谋求对贸易伙伴差别化征收"贸易税"以更多分享贸易红利。反对"大政府、高福利"，意味着对内政策从民粹主义重回新经济自由主义，更强调经济效率而非社会公平，试图通过放松政府监管、降低企业个人税率、推进医疗改革等举措提高政府效率，降低经济运行的制度成本，吸引更多资本回流。

本文第三部分对特朗普新政的背景与影响进行了研究。我们认为，随着新型经济体崛起，美国相对实力逐渐走向衰落。"新悲观主义"开始在美国蔓延，特朗普新政就是对美国社会这一心态变化的响应。美国是现行世界经济秩序的主要构建者和维护者，其战略转向必将重塑世界经济和全球治理格局。主要产生三方面影响：一是多边治理机制面临边缘化风险。对美国而言，多边机制已成"鸡肋"，转向双边既可以消除多边机制下不对称的优惠安排，又可以充分发挥自身的谈判优势。二是国家间政策竞争加剧。美国政策变动存在巨大的外溢效应，此次推出经济新政，势必会被竞相研究、学习和模仿，避免在国际竞争中失去先手。三是全球经济金融风险加大。随着特朗普新政全面推行，现有世界经济秩序将被打破，国际市场逐渐碎片化，全球经济金融将进入高风险时代。不发达国家处境将更加艰难，世界也将变得越来越不安全。

本文第四部分分析了特朗普新政对中国经济金融安全的影响。我们认为，中国是美国最大的贸易逆差来源，是美国制造业最大的竞争对手，自然也就成为特朗普贸易政策的首要目标。预计美方将不断祭出各种壁垒，采取单边贸易保护措施，以期缩小甚至消灭对华贸易逆差。如果应对不当，中国对外出口大滑坡、国际收支状况逆转不久将成为大概率事件。一旦出口滑坡、外资撤离，中国经济增速势必将遭受重压，经济转型困难增多，金融市场波动加剧，严重影响到国家经济金融安全。

本文第五部分提出了维护中国经济金融安全的政策建议。首先，要认清形势、乐观应对，不可心存侥幸。特朗普新政是基于现实的理性选择，是美国利益的体现，是美国以捍卫西方文明展开的国家经济竞争，即使特朗普不能完成任期也会被继续推行下去。其次，要坚持市场化改革，扩大对外开放，基于自身应对挑战。如不能尽快降低制度成本，一旦对发展中国家非对称保护被削减甚至取消，中国四十年改革开放取得的优势可能会慢慢消耗殆尽。具体来说，当前要克服一切困难减轻企业负担，要努力抑制过度金融，同时减少对于多边机制的支持。此外，推进区域合作机制发展，要特别控制规模，注意成本与收益的平衡。

二、特朗普新政的主要内容

（一）国内经济政策

特朗普推出的国内经济政策主要涉及减税与就业、基础设施建设、简政放权、医疗保险等四个方面。

1. 减税与就业法案。《减税与就业法案 2017》（以下简称税改法案），最终版本于2017 年 12 月 15 日公布，12 月 20 日分别在参、众两院通过，12 月 22 日特朗普签署后正式生效。税改法案内容主要涉及个人所得税、企业所得税以及国际税收征管等三个方面。

（1）个人所得税。个人所得税调整为有限期调整，期限为 2018 年 1 月 1 日至 2025 年 12 月 31 日。

①税率调整（SEC. 11001）。个人所得税仍保持原有的 7 档累进税率制，但各档的收入划分标准以及税率则都有不同程度的调整。从表 1 税改前后美国个人所得税税率比较来看，应税年收入低于 9 525 美元的单身税率保持不变，157 500 ~ 194 500 美元的单身税率上调了 4 个百分点，200 000 ~ 424 950 美元的单身税率上调了 3 个百分点，处于其他收入阶层的单身面临的税率都有不同程度的下降，平均降幅约 3 个百分点；应税年收入低于 19 050 美元的家庭税率保持不变，400 000 ~ 424 950 美元的家庭税率上调了 2 个百分点，处于其他收入阶层的家庭面临的税率都有不同程度的下降，平均降幅约 3 个百分点。从美国家庭收入分布来看，99% 以上家庭税率有所下调或者至少保持不变。

表 1　　　　　　　　　　　　税改前后美国个人所得税税率比较

单身				家庭联合申报			
税改前		税改后		税改前		税改后	
税率（%）	收入（美元）	税率（%）	收入（美元）	税率（%）	收入（美元）	税率（%）	收入（美元）
10	0 ~ 9 525	10	0 ~ 9 525	10	0 ~ 19 050	10	0 ~ 19 050
15	9 525 ~ 38 700	12	9 525 ~ 38 700	15	19 050 ~ 77 400	12	19 050 ~ 77 400
25	38 700 ~ 93 700	22	38 700 ~ 82 500	25	77 400 ~ 156 150	22	77 400 ~ 16 500
28	93 700 ~ 195 450	24	82 500 ~ 157 500	28	156 150 ~ 237 950	24	165 000 ~ 315 000
33	195 450 ~ 424 950	32	157 500 ~ 200 000	33	237 950 ~ 424 950	32	315 000 ~ 400 000
35	424 950 ~ 426 700	35	200 000 ~ 500 000	35	424 950 ~ 480 050	35	400 000 ~ 600 000
39.6	426 700 及以上	37	500 000 及以上	39.6	480 050 及以上	37	600 000 及以上

注：表中所列收入为应税收入。

资料来源：https：//www. congress. gov/bill/115th – congress/house – bill/1/text。

②通货膨胀调整（SEC. 11002）。税改前，税率分档标准依据 CPI – U 进行调整。税改后，税率分档标准根据 Chained – CPI – U 进行调整。Chained – CPI – U 与普通 CPI – U 的区别在于，后者反映的是城镇一般物价变化，前者衡量的是城镇居民生活成本变化。由于物价上涨时，人们往往会更多选择低价商品，导致 Chained – CPI 上涨速度通常低于一般 CPI 上涨速度。

③抵扣与退税。

● 标准抵扣（SEC. 11021）。税改后，夫妻合计标准抵扣额由此前 12 700 美元调升至 24 000 美元，单身人士由此前 6 350 美元调升至 12 000 美元，取消此前每一纳税者（受供养者）4 150 美元的免税额度。

● 住房支出抵扣（SEC. 11043）。税改后，新购第一、第二套住房房贷中利息在所得税计算时予以抵扣的部分上限为 75 万美元，此前为 100 万美元。

● 合格商业收入（Qualified Business Income）抵扣（SEC. 11011）。美国法律规定，

独资企业、合伙企业、S 类企业、房地产投资企业等税负转递企业（pass–through entity）自身不缴纳所得税，转由其所有者缴纳。此次税改，在个人所得税方面，新增合格商业收入抵扣条款。《减税与就业法》SEC. 119A 条规定，应税收入低于 157 500 美元（家庭联合报税为 315 000 美元）的纳税人，允许全部合格商业收入的 20% 予以税前抵扣，剩余部分按 29.6% 的税率纳税。本条规定存在限期，有效期自 2018 年 1 月 1 日至 2025 年 12 月 31 日。

- 州和地方所得税、销售税和财产税支出抵扣（SEC. 11042）。税改后，州和地方所得税、销售税和财产税抵扣上限为 10 000 美元。

- 教育支出抵扣（SEC. 11032. 529）。税改后，此项抵扣维持原有规定不变。

- 灾害损失抵扣（SEC. 11028，SEC. 11044）。税改后，仅允许经总统宣布的灾难中所受损失在税前予以抵扣。

- 赡养支出抵扣。税改后，给予离婚配偶的赡养支出不再允许税前抵扣，同时相应的赡养费收入也不再计税。

- 搬迁支出抵扣（SEC. 11048、SEC. 11049）。税改后，因工作需求而进行的搬迁费用及报销收入均不再允许税前抵扣。

- 杂项收入抵扣（SEC. 11045、SEC. 11046）。税改后，不再允许杂项收入在税前抵扣。

- 抚养孩子支出抵免（SEC. 11022）。税改后，对于联合报税且应税收入不超过每年 400 000 美元存在赡养人口的家庭，每个未成年孩子可享受 2 000 美元的税收抵免（此前为 1 000 美元），其中可返还金额上限为 1 400 美元；每个其他赡养人口享受 500 美元退税（此前不享有任何退税）。与此同时，享受低劳动收入退税的收入阈值由此前 16 666 美元提高到 20 000 美元。

- 替代性最低税（SEC. 12003）。税改后，单身（未婚或者丧偶）替代性最低税免征额由 50 600 美元提升至 70 300 美元，联合申报家庭免征额由 78 750 美元提升至 109 400 美元。

（2）遗产税。SEC. 11061 规定，遗产税起征点由此前的 500 万美元提升至 1 000 万美元（各年份的具体免征额根据 Chained–CPI–U 进行调整），遗产税税率保持 40% 不变。本项规定有效期为 2018 年 1 月 1 日至 2025 年 12 月 31 日。

（3）企业所得税。《减税与就业法》关于企业所得税的调整是永久性的，自 2018 年 1 月 1 日起生效。此次关于企业所得税税改的内容主要涉及以下方面。

①企业替代性最低税。SEC. 12001 条规定，取消企业替代性最低税。

②企业所得税税率。SEC. 13001. 21（A）规定，将企业所得税税率由 35% 下调至 21%，为 1939 年以来最低税率。与此同时，相关的抵扣减免或者被取消或者被下调。如，将企业分红所得抵扣比例由 70% 下调至 50%。又如，SEC. 13308 规定，取消企业游说费用支出税前抵扣。

③设备投资费用化。SEC. 13201 规定，2017 年 9 月 27 日之后 2024 年 1 月 1 日之前投

入使用的企业设备投资，可在当年 100% 计入费用，在税前抵扣；2023 年 12 月 31 日之后 2025 年 1 月 1 日之前投入使用的，80% 计入当年费用；2024 年 12 月 31 日之后 2026 年 1 月 1 日之前投入使用的，60% 计入当年费用；2025 年 12 月 31 日之后 2027 年 1 月 1 日之前投入使用的，40% 计入当年费用；2026 年 12 月 31 日之后 2028 年 1 月 1 日之前投入使用的，20% 计入当年费用。

④小企业条款。SEC. 13101 规定，对于小企业，不超过 100 万美元的设备投资均可在当年作为费用在税前抵扣。SEC. 13102 规定，允许营业收入不超过 2 500 万美元（此前为 500 万美元）的企业采用现金收付法记账。

（4）国际税收。《减税与就业法》生效后，美国将从全球征税体制改为属地征税，并实行境外收入税收抵扣减免机制。SEC. 14101 规定，美国企业来自境外分支机构的股息收入部分（出售所持境外企业股份收入被视为股息收入）可在税前予以抵扣。SEC. 14103 规定，对于美国企业滞留在海外以资产形式存在的收入实行一次性征税，其中现金类资产按 15.5% 税率征收，固定资产按 8% 的税率征收。

2. 基础设施建设。完善和修缮美国境内基础设施是特朗普竞选承诺之一。执政后，特朗普继续在各个场合抨击其前任忽视基础设施建设，宣传他的基础设施重建计划，一再向公众承诺将投资 1 万亿美元修缮美国败落的机场、港口、桥梁、隧道、铁路、高速公路以及市政工程等基础设施。2017 年 12 月 18 日，特朗普就华盛顿州火车出轨事故发推特称，"华盛顿州刚刚发生的火车事故充分说明为什么尽快批准我们最近将提交的基础设施计划比以前任何时候都更为迫切。我们在中东撒了 7 万亿美元，而我们的公路、桥梁、隧道、铁路等都破烂不堪！不能再这样了！"

虽然截至目前，特朗普政府仍未拿出基础设施建设计划，但已承诺基础设施建设法案将是税改法案后白宫最优先考虑事项，将在 2018 年 1 月提交国会讨论①。按照特朗普的设想，此次大规模修缮基础设施将采取联邦政府牵头、地方政府和企业共同参与的形式，联邦政府将为此筹资 2 000 亿美元，借此撬动私人部门出资 8 000 亿美元②。为加快项目实施，特朗普承诺将进一步简化基础设施建设项目审批程序，将审批时间从目前的 10 年缩短为 2 年。

美国基础设施已不再先进，加强基础设施建设是特朗普争议最少的政策。根据美国联邦高速公路安全管理局数据，美国 60 000 座桥梁（约占总数的 10%）存在问题。据美国市政工程师协会统计，美国主要公路中 32% 处于不健康状态。据 AAA 估计，仅仅道路坑洞每年就让美国司机损失 30 亿美元。联邦民航管理局称，由于机场拥挤导致延误，每年造成 310 亿美元的损失。而 ASCE 则给美国基础设施的评级为 D + 。特朗普表示，关于基础设施建设立法，他将会寻求与民主党的合作。

---

① https：//www.bloomberg.com/news/articles/2017 - 12 - 07/trump - is - said - to - ready - infrastructure - plan - for - january - release.

② https：//www.whitehouse.gov/articles/president - trumps - plan - rebuild - americas - infrastructure/.

3. 简政放权

（1）清理政府管制文件。特朗普 2016 年 1 月 22 日发表的《与美国选民的约定》中，承诺"每新出台一条管制措施，就取消两条既有的管制措施"。上任伊始，他就签署了一项行政命令推动此项承诺落地，要求任何新出台规制措施导致的商业成本增加必须为取消管制带来的成本减少所平衡①。在他提交的 2018 年度财政预算中，也坚持要求各管理部门实现管制成本的净减少。2017 年 12 月 14 日，特朗普向公众再次承诺"每出一条新规将取消两条旧规"，并在任内把联邦法典从 18.5 万页减至 2 万页，恢复到 1960 年的水平。他甚至亲自挥动"金剪刀"，举行"剪彩仪式"，以此向政府的繁文缛节高调宣战。作为总统，这样的举动实在是异类，但他的雄心壮志却让人不得不佩服。即使在美国，触碰政府部门的"奶酪"，也不是件容易的事，需要很大的勇气。

（2）放松环境保护要求。特朗普一向对环境保护不重视，认为严格的环境保护削弱了美国企业的竞争力，竞选中甚至声称全球气候变暖是个骗局。他上台后任命俄克拉何马州前总检察长普鲁伊特为环保署长，后者一贯反对奥巴马政府遏制气候变化的努力，并下令美环保署删除气候变化网页。3 月 28 日，特朗普签署了一项内容广泛的"能源独立"的行政命令，要求对能源清洁计划进行评估，以促进美国石油、煤炭和天然气行业的发展。②这道命令废除了要求联邦政府在制定规则时优先考虑气候变化问题的指令，不再要求环境评估时纳入考虑气候变化因素，也不需要测算"碳排放社会成本指数"，完全推翻了前任奥巴马应对气候变化的努力。同时，这道命令还要求联邦政府机构迅速查明任何可能压制包括核电在内的能源资源生产的行动，然后采取措施暂停、修改或撤销这些政策，除非它们已获合法授权，并且对于公共利益或促进发展来说是必要的。在特朗普政府所提交的 2018 年度财政预算中，环保署预算被削减三分之一，并计划解雇 3200 名工作人员。6 月 2 日，特朗普更是正式宣布退出《巴黎气候协定》，引起全球一片哗然。

（3）精简药品审批程序。2017 年 1 月 31 日，特朗普与美国药品研究和制造商协会（PhRMA）、默克（Merck）、诺华（Novartis）、强生（Johnson & Johnson）、新基（Celgene）等公司 CEO 会面时称，将优化药品的审批程序、简化流程，取消 75% ~ 80% 的 FDA 规则、指导意见、法规。③从发表的文章及公开演讲来看，新任 FDA 局长 Scott Gottlieb 同样倾向放松药品领域的管制，主张在不降低标准的情况下加快新药的审批进程。④虽然 Scott Gottlieb 并未完全按照特朗普所说的去做，但他正在全面影响 FDA 的行为，改变对新技术的审评方式，加快新药和仿制药的审评上市速度，放松对一些不必要的移动医疗器械的监管。在他看来，FDA 需要按照国会立法意图实现严格监管和鼓励竞争之间的平衡，

---

① http：//thehill. com/regulation/administration/315688 – trump – cut –75 – percent – of – regs.

② http：//finance. sina. com. cn/stock/usstock/c/2017 – 03 – 27/doc – ifycstww1190569. shtml？cre = tagspc&mod = g&r = user&pos =4_7.

③ http：//raps. org/regulatoryDetail. aspx？id =26745.

④ http：//china. caixin. com/2017 –04 –06/101074884. html.

降低药品价格。自其上任后，美国新药审批速度明显加快。2017 年批准 46 种新药上市，创下 20 年来的历史最高纪录，超过 2016 年批准数量的两倍，多款药品的审评时间比 FDA 承诺的批准时间更短。[①]

（4）放松金融监管要求。2017 年 2 月 3 日，特朗普签发总统令，指示财政部对包括《多德—弗兰克法案》在内的既有金融管制措施进行检视，判断其是否不利于企业提升竞争力，并在 120 天内提交一份金融监管改革可行性报告。[②] 6 月 12 日，美国财政部发布金融监管改革报告，提出了 100 多项改革建议，提出放松 2008 年国际金融危机后出台的银行及其他金融机构管制措施，特别是那些对小银行和地区银行影响大的措施，并部分取消独立监管机构的权力。[③] 财政部所提及的政策建议中，80% 以上无须经国会批准就可以实施。10 月 6 日，美国财政部建议取消对金融机构高管与员工薪资差异披露的要求，并降低企业首次上市的门槛。[④]

4. 医疗保险法案。废除奥巴马《平价医疗法案》也是特朗普与选民的约定之一，也是他就任后着力推动的事项之一。2017 年 1 月 20 日，他签署第一道行政命令，要求联邦政府部门"减轻奥巴马医保的负担"。在他推动下，美国众议院于 5 月 4 日通过《医保法案》，旨在取代奥巴马的《平价医疗法案》。《美国医保法》草案取消"奥巴马医改"对高收入、保险公司征税的规定，取消对未购买医保公民的处罚，允许对高龄等人群提高保费，将"奥巴马医改"中以收入为依据发放补贴转为根据投保者年龄进行税收抵免，在 2020 年后减少对各州扩展医疗补助项目的支持等。该法案还给各州更大的自主权，如"奥巴马医改"禁止保险公司以申请者患有疾病为由拒绝其申请或者变相提高保费，新法案将这一监管权力下放到各州，各州可以自行"豁免"这一规定。不过，这一方案在参议院受到的争议太大，不仅遭到民主党参议员的一致反对，还遭到部分共和党参议员的反对。该法案虽然几经修改，但 2017 年 7 月 28 日在参议院表决时，因 3 名共和党参议员跳票，最终以 49∶51 被否决。

通过立法途径废除奥巴马医疗法案未果，特朗普转而试图通过行政手段达成这一目标。2017 年 10 月 12 日，特朗普签署一道行政命令，从五个方面对奥巴马医疗法案进行修正。[⑤] 一是允许民众跨州购买医疗保险，也允许跨州销售医疗保险产品。二是放松对于医疗保险计划的期限限制，此前奥巴马法案规定不能超过三个月。三是允许雇主在税前列支健康报销安排的支出。四是要求开展限制保险公司与医疗机构的合作。五是责令相关机构

---

① https：//www. bloomberg. com/news/articles/2017 – 10 – 06/flurry – of – drug – approvals – has – wall – street – eyeing – pharma – profits.

② https：//www. cnbc. com/2017/02/03/trump – signs – executive – order – on – financial – regulation. html.

③ https：//www. washingtonpost. com/news/wonk/wp/2017/06/12/treasury – calls – for – scaling – back – banking – rules – citing – need – for – growth/？utm_term = . 347212d50a47.

④ https：//www. washingtonpost. com/news/wonk/wp/2017/10/06/trump – administration – calls – for – rolling – back – obama – era – financial – regulations/？utm_term = . 3c18ddcb7db7.

⑤ https：//www. thebalance. com/how – could – trump – change – health – care – in – america – 4111422.

加强医疗行业竞争研究。与此同时，特朗普以国会没有拨款为由，宣布暂时停止向保险公司提供补贴。而一旦联邦政府停止发放补贴，保险公司就会将保费提高20%。为避免保费大幅上涨，一些参议员开始提出交换条件，游说特朗普恢复对于保险公司的补贴。但直到11月，特朗普才答应恢复支付保险公司补贴，换取参议员对税改法案的支持。

最终，特朗普还是通过立法途径从根本上废除了奥巴马医疗法案。12月22日生效的《减税和就业法》取消了奥巴马《平价医疗法》强制购买医疗保险的规定。税改法案SEC.11081规定，自2019年1月1日起，不再对未能满足最低保险项目要求的共担责任的行为进行罚款。① 强制所有人参与医疗保险是奥巴马《平价医疗法》的核心内容，这一条被取消意味着该法案被实质性废除。

（二）国际经济政策

国际经济政策主张主要是收紧移民政策，同时以公平贸易替代自由贸易。

1. 移民政策

（1）"穆斯林禁令"。2017年1月27日，特朗普签署"关于难民和移民政策的行政命令"，宣布在未来90天内禁止向伊拉克、叙利亚、伊朗、苏丹、索马里、也门和利比亚7个伊斯兰国家的普通公民发放签证。由于所针对的全是伊斯兰国家，该命令也被称作是"穆斯林禁令"。与此同时，还暂停原有的难民接纳项目120天，无限期中止奥巴马任内启动的叙利亚难民安置计划，把本财年计划接收难民数量减至5万人，减幅逾50%。"穆斯林禁令"一出台，就遭到各方强烈抗议，并立即被西雅图联邦法院以涉嫌种族歧视为名叫停。在与对抗地方法院挑战过程中，特朗普政府又先后推出两版新的禁令。在最后的版本中，伊拉克和苏丹不再被列入，但同时增加了乍得以及朝鲜和委内瑞拉两个非伊斯兰国家。12月4日，美国最高法院裁定禁令全面生效。

（2）美墨边境墙。在美国和墨西哥边境修建隔离墙是特朗普与选民的约定，其目的是为了阻止墨西哥及其他南美非法移民。就任后，特朗普继续推进，但因遭到各方反对而进展缓慢。直到2017年11月，才开始样本墙的测试，而建设资金却仍无着落。与此同时，特朗普政府加强了非法移民遣返执法，通过美墨边界偷渡的人数大幅减少。此外，9月5日，特朗普政府宣布结束庇护80万年轻无证移民不被遣返的"童年入境者暂缓遣返行动"。但特朗普政府给国会6个月的时间，让国会可以采取行动决定是否让那些人继续留在美国。

（3）移民制度综合改革。特朗普在多个场合批评当前美国以"依亲移民"为主的移民制度不够合理，主张建立类似加拿大、澳大利亚实施的基于美德的移民制度（merit - based immigration），基于教育背景、工作经历、技能水平以及语言能力决定是否接受移民申请。特朗普在2017年2月在国会演讲时提到，"加拿大、澳大利亚等许多国家采取基于美德的移民制度。其基本原则是，寻求移民的人必须有能力财务自立。……放弃现行的低

---

① https：//www.congress.gov/bill/115th - congress/house - bill/1/text.

技术移民体制，代以基于美德的移民制度，我们将获益良多。不仅将剩下无数的美元，提高工人工资，帮助困难家庭（包括移民家庭）步入中产阶级"。① 8 月，特朗普政府推出了《移民制度改革与经济发展法案》（RAISE），旨在通过控制绿卡发放将合法移民数量削减 50%。

2. 贸易与投资政策

（1）公平贸易。特朗普显然不满意其前任的贸易政策，下决心完全逆转过去的做法。特朗普提出以公平贸易替代自由贸易。2017 年 3 月 1 日，特朗普在国会演讲时称，"坚信自由贸易，但必须是公平贸易"。至于何为"公平贸易"，特朗普并没有明确定义。但从其各个场合的表态来看，他认为当前国际贸易不公平，最重要的证据是美国存在巨大的贸易逆差。这意味着，对于特朗普而言，所谓公平贸易就是短期内寻求削减对外贸易逆差直至实现贸易平衡，长期而言追求对外贸易顺差最大化。特朗普在 11 月访问日本时，再次对此进行了确认。他表示，美国希望发展"自由且互惠的贸易"，"以迅速而且十分友好的方式"削减逆差、实现贸易平衡。

（2）双边谈判。与其前任重视多边机制不同，特朗普更看重双边机制，对于多边机制明显持排斥态度。2017 年 1 月 23 日，他上任伊始就宣布退出跨太平洋伙伴关系协定（TPP）。3 月 1 日，特朗普政府向美国国会提交了首份贸易政策年报。报告明确指出美国将"捍卫贸易政策主权"，贸易争端解决将优先适用国内法，且不受制于世界贸易组织（WTO）的裁决；即便成员国间针对分歧作出的裁决与美国的主张相背离，"也不会自动改变美国国内的法律制度和商业惯例"。3 月 10 日，特朗普政府宣布即将启动北美自由贸易协议重新谈判程序。与此同时，特朗普先后施压日本、韩国开展双边谈判。

（3）贸易保护。特朗普当政后，针对贸易伙伴的贸易保护措施较之其前任明显增多。截至 2017 年 11 月末，美国商务部共发起 79 起反倾销和反补贴调查，较上年同期增加 65%。其中，中国是美国贸易保护措施的重点针对对象。8 月 14 日，特朗普签署行政备忘录，指示美国贸易代表莱特希泽针对"中国不公平贸易行为"发起调查，以确保美国的知识产权和技术得到保护。这意味着莱特希泽或将援引美国《1974 年贸易法》第 301 条，对中国发起"301 调查"。11 月 28 日，美国商务部自行发起针对从中国进口的普通合金铝合板反倾销和反补贴调查，这也是美国时隔 25 年首次自行发起类似调查。以上仅仅是美国加强贸易保护的重大案例。与过去不同的是，即使美国政治上的盟国，也未能免遭特朗普贸易保护措施的伤害。12 月 20 日，美国商务部就波音公司与其加拿大竞争对手庞巴迪之间的贸易争端作出裁决，将对庞巴迪生产的 C 系列喷气式飞机征收 300% 的关税。

---

① https：//www. whitehouse. gov/briefings – statements/remarks – president – trump – joint – address – congress/.

三、特朗普新政的背景与影响

（一）时代背景

美国实力相对衰落，文明冲突成为现实，导致"新悲观主义"蔓延，使得美国人开始反思亨廷顿的预言。随着二者效应叠加，孤立主义倾向开始在美国社会抬头，越来越多的美国人把目光投向自身，更多关注自己的利益。特朗普新政就是对美国社会这一心态变化的响应。

1. 美国相对衰落。当前，美国处于相对实力衰落的阶段。尽管军事上仍遥遥领先，但长期致力于对外制度和文化输出，让美国在经济上、政治上付出了惨重代价，无论相对经济实力还是国际政治影响力都明显在走下坡路。

（1）经济实力相对下降。本世纪以来，美国经济实力呈相对下降趋势。首先，表现为美国GDP的全球占比下降。图1左图（为以现价美元计算的美国GDP占全球的比重以及与中国GDP的比）清楚显示了这一点。2016年，美国GDP占全球GDP的比重为24.2%，较2000年下降了7.6个百分点。2000年，美国GDP是中国的8.5倍，到2016年仅为中国的1.7倍。图1之右图显示，如果按购买力平价PPP计算，变化更为显著。美国GDP占全球的比2000—2016年下降了7个百分点，美国、中国GDP之比由2000年的2.78降至2016年的0.86。2013年，美国经济规模首次为中国所超越，目前不到中国经济规模的9成。

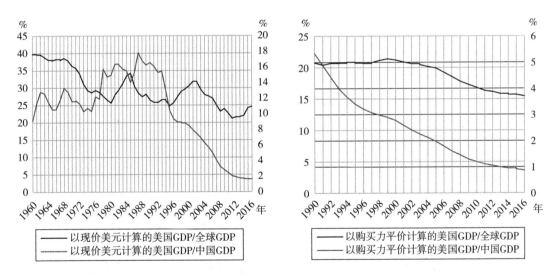

数据来源：世界银行数据库。

图1 美国相对经济规模变化

其次，表现为美国贸易规模占全球贸易的比重下降。图2左图为美国货物出口额（现价美元）占全球货物出口总额的份额（黑线）及美中货物出口额之比（灰线，右轴），右图为美国货物进口额（现价美元）占全球货物进口总额的份额（黑线）及美中货物进口额之比（灰线，右轴）。从图2可以看出，无论进口还是出口，美国占全球的比重本世纪

以来都明显呈下降趋势。2000—2016 年，美国货物出口总额占全球的比重由 12.3% 下降
至 9.1%，进口总额占比由 19.1% 下降至 13.6%。与中国相比，美国货物出口额 2007 年
以后就被中国超越，目前不到中国出口总额的 70%；美国进口额虽然仍大于中国，但二者
之比已从 2000 年的 5.6 倍下降至 2016 年的 1.4 倍。

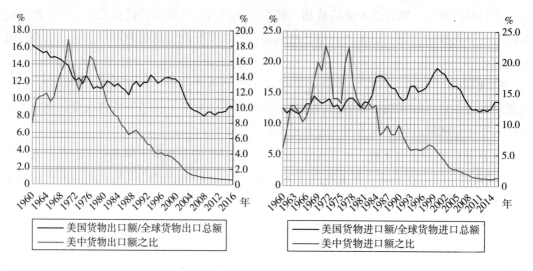

数据来源：国际货币基金组织数据库。

图 2 美国进出口相对规模变化

再次，表现为美国国内制造业的空心化。第二次世界大战后的美国，曾经是最大制造
业国和最大的实体经济，德国、日本根本不能与之比拟。但近 30 年来美国经济转型为金
融和服务业为主，制造业岗位却不断流向海外，这使得美国从前以制造业闻名的城市，例
如汽车城底特律、钢铁城匹兹堡、西部矿山油井等，现在几乎变成了鬼城。美国公布的最
新数据表明：制造业扩张速度回落至近年最慢，其中就业信心下滑。美国的金融和高科技
有其很强的竞争力，经济学上表现为"绝对优势"（Absolute Advantage）。但这种经济形态
只能制造比尔·盖茨、巴菲特和加博斯这类少数寡头巨富，却同时让更多的美国人失去了
养家糊口的工作，制造了更大的贫富差距。因此，美国整体经济和增长速度无法与中国、
印度及其他人口大国那些实体经济相竞争。美国的 GDP 整体是上升的，但其拉动因素主
要是服务业，工业增加值占 GDP 的比重是下降的，制造业就业人数同样呈减少趋势。

最后，还表现为金融体系稳定性下降。美国以投资银行为主体的市场主导型金融体
系，具有天然的资本运营能力，实现了资本的市场化流动及有效配置，支撑美国经济结构
调整和产业升级。[①] 投资银行与生俱来的"金融创新"品质，通过融资证券化和资产证券
化提供了经济快速增长所需的更高流动性和信用催化，并借此主导五次并购浪潮，淘汰
落后产能，推动经济结构优化。同时，投资银行体系顺利化解高新技术和中小企业的融资

---

① BIS：美元主导的全球货币金融体系不稳定，http：//finance. huanqiu. com /roll/2016 - 05/8918722. html。

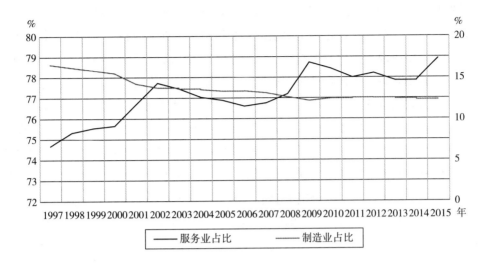

数据来源：美国商务部数据库。

图 3　美国制造业在经济中的地位变化

困难，通过风险投资支撑技术创新和产业升级，培育其迅速成长为美国经济的新支柱。因此，投资银行体系及其创新对于美国的崛起具有巨大的引领和推动作用。然而，美国投资银行体系虽具有极强的创新能力，却"稳定性"不足，存在脱离实体经济和金融泡沫化的风险。这是由资本的"逐利性"决定的。为追求高额利润，资本必须走在实体经济前面，它"先入为主"却又"抢先退出"。美国经历工业化、产业化后的利润率下降，无法满足资本的"逐利欲望"，资本就放弃介入实际生产，专门从事于借贷、投资等非实物资金运作，于是产业资本就变异为金融资本。被金融资本绑架的美国义无反顾地走上"工业化—去工业化—金融化"道路，最终金融脱离实体经济并泡沫化，造成次贷危机。

（2）政治影响力相对衰落。首先，表现为民主政体的国际市场萎缩。美国坚定地相信，民主是其软力量的核心，要维持美国的霸权，就要把民主的核心价值推广到世界各地。但美国不切实际的做法，使得这种软力量实际上已经变成沉重负担。[①] 一方面，由于国家之间的利益冲突，一些国家民主政府上台后，不仅没有采取措施加强与美国的合作，反而加速推进了美国所建立起来的地缘政治秩序的解体，导致其地缘政治利益的收缩。譬如，埃及就是一个典型的例子。埃及一直是美国、以色列在中东的盟友，但其本质是个阿拉伯国家，民族利益与美国和以色列存在难以调和的冲突。为了推行民主制度和自由价值，美国鼓励在埃及的"阿拉伯之春"运动。但穆兄会通过民主选举执政后，行动背离了美国在当地的利益，从盟友变成敌对力量。最终，美国政府不得不默许埃及军方推翻民选的摩尔西，抛弃自己倡导民主的初衷。另一方面，现存主权国家和政府在美国的帮助下被推翻后，民主制度并不能很快建立，民主的力量不足以填补权力空白，导致长期处于混乱

---

① 郑永年. 美国衰落的五个因素 ［J］. 领导文萃，2015（14）：32 - 36.

状态，极端政治力量趁势崛起，演变成为西方所说的"失败国家"，严重伤害了民主制度的吸引力。伊拉克、利比亚就是典型的案例。萨达姆、卡扎菲政权被推翻后，伊拉克、利比亚四分五裂，中央政权难以有效提供公共秩序，极端宗教势力"伊斯兰国"（ISIS）在混乱中成立，给中东各国人民带来深重灾难，也让欧美国家饱受恐怖主义袭击之苦。

其次，西方联盟逐渐趋于不稳定。联盟政治一直是西方和美国国际关系的重要一环。但是，没有免费的午餐，结盟有巨大的成本。美国必须在一定程度上满足结盟的要求，来增进它们各自的利益；并在一定情况下，甚至被同盟所绑架。美国和同盟尽管有共同利益，但两者的利益不能等同起来。在很多时候，同盟国为了增进自身的利益，把美国卷入在内，给美国造成巨大困境。联合国大会最近的一次投票结果充分反映了这一趋势。2017年12月6日，特朗普宣布承认耶路撒冷为以色列首都，并将启动美驻以色列使馆从特拉维夫迁往耶路撒冷的进程，激起伊斯兰世界广泛而激烈的抗议。12月21日，联合国大会召开第十次紧急特别会议讨论土耳其和也门提出的有关耶路撒冷地位问题的决议。尽管美国驻联合国大使尼基·黑利在投票前的联合国大会演讲中公开威胁不支持美国者，但决议仍以128票赞成、9票反对、35票弃权通过，强调任何声称已改变圣城耶路撒冷性质的行动都是无效的，必须予以撤销。其中英、法、德、日等美国长期的盟友也都投了赞成票，联盟内部裂痕开始公开化。

（3）面临衰落长期化风险。历史上，美国不止一次曾面临衰落的危机。上世纪30年代，国际经济危机爆发后，各国纷纷采取以邻为壑的保护主义政策，整个资本主义世界陷入深度衰退，美国一度滑向崩溃的边缘。70年代，面对美国在越南战场上的溃败，布雷顿森林体系的崩溃，石油危机导致的经济滞胀，与苏争霸中的全面守势，汤因比等学者惊呼"美国衰落"。80年代，在日本经济飞速增长、欧共体日益独立、美国经济持续低迷的背景下，以《大国的兴衰》作者保罗·肯尼迪为代表的学者开始唱衰美国，预测美国将会重蹈英国、西班牙曾走过的老路，因过度扩张而最终走向衰落。

我们知道，历史上关于美国衰落的预言都落空了。无论是上世纪30年代经济大萧条还是七八十年代国际经济地位的下降，都没有发展成为美国的长期衰落，相反度过困难时期后的美国变得更为强大。究其原因，可以说很多，但重要的是两方面。一方面，美国有着得天独厚的自然条件、相对稳定的体制因素、富有活力的创新精神以及强大的科技力量等，给美国经济社会长期发展提供了基本保障。另一方面，在重重忧患意识压力下，坚持自己的制度和文化，并适时采取变革和革新措施，则为美国经济快速摆脱衰落困境提供了动力和支撑。

如今，美国再次走到衰落的边缘，且面临的问题更为复杂，面临的挑战更大。从外部环境来看，随着新兴经济体集体崛起，美国面临比以往任何时候都更大的竞争压力。从内部环境来看，长期实行文化多元化，美国社会已被严重撕裂，制度成本急剧上升，加之经济过度金融化，制造业严重空壳化，美国经济的国际竞争力早已不复从前。在此情况下，美国想要再次免予长期衰退，必须有刮骨疗毒的决心，走一条新的道路。

2. 文明冲突加剧。国际金融危机爆发后，奥巴马政府未能有效遏制美国经济实力相对下滑的势头，这是催生特朗普新政的直接原因。不过，昔日亨廷顿预言不同文明之间将发生冲突，追问"到底谁是美国人"，强调美国属于美国人、西方文明只属于西方的时候，就已经为今日特朗普新政奠定了意识形态基础。在这个意义上，特朗普新政是美国西方文明的传承者为捍卫西方文明而在经济领域发动的全球性国家经济竞争。

苏联解体后，世界地缘政治经济格局发生巨变，美国成为唯一的超级大国，国际影响力升至历史巅峰。冷战胜利让美国人对自身的制度文化空前自信，充满了道德优越感。在这样的社会氛围之下，当选的美国总统往往具有全球主义理想情结，相信西方文明是普世文明，相信全球都将不断向西方文明进步。在他们眼中，美国的使命是领导自由世界，美国的利益就是向世界输出美国文化、美国制度。为此，美国一方面大力推行自由贸易，试图通过经济全球化推动全球西方化；另一方面借助国际多边组织和盟友力量，到处指手画脚，充当国际人权警察。

长期致力于制度和文化输出，不仅损耗了美国实力，而且给美国制造了大量的敌人。这些敌人不仅存在于与西方文明不同根源的其他文明，也存在于与西方文明同根的拉美国家。极端伊斯兰主义的崛起固然有其自身文化基因的因素，美国干预对于中东稳定局势的破坏也为其创造了萌芽的条件。与此同时，制度和文化的弱点也开始反噬美国社会自身。早在冷战结束不久后，亨廷顿就敏锐地发现了美国乃至西方文明潜藏的危机。他指出，西方通过经济全球化把现代化教给了世界，但西方人口比例日益萎缩，西方文化凝聚力因价值多元化主张而不断削弱，造成西方文明的相对实力不可逆转地下降，最终可能毁灭西方文明本身。亨廷顿强调西方文明为西方所独有而非普世的文明，言下之意就是让西方国家要更多关注自己。

"9·11"事件后，亨廷顿关于文明冲突的预言成为现实。而 ISIS 的出现，让美国人开始对国际事务感到无力。与此同时，本土政治正确性泛化不断撕裂美国社会，盎格鲁—新教文明影响日益衰退。在此背景下，最初只限于知识阶层传播的"新悲观主义共识"开始在美国蔓延，并在国际金融危机爆发后蔚然成为潮流。美国人曾一度寄希望于奥巴马，希望第一位黑人总统能团结美国走出衰落的阴影。但奥巴马深受"政治正确"牵绊，不仅未能弥合种族分歧，还加剧了美国社会的分裂，其全球主义情结更阻碍了提振美国竞争力的努力。在失望情绪中，美国人把目光转向了特朗普。特朗普毫无从政经验，其个性行为也饱受争议，美国人选择他而非希拉里，是期待他能带来一场革命，带领美国走一条新的道路。

特朗普对此作出了积极回应。从言论和主张来看，特朗普深受亨廷顿的影响，尽管其本人可能未曾意识到这一点。与冷战后所有前任相比，特朗普更忠实于美国的盎格鲁—新教传统，对西方文明的前途更为悲观。他强调"美国优先"，不再是优先输出西方文化与制度，而是优先考虑美国国家安全和经济利益。特朗普透过华沙演讲直接而清晰地发布竞争宣言，"西方现在要为捍卫西方文明而努力"。

(二) 理论依据

自由贸易的困境在于市场跨越国界之外与政府功能囿于国境之内的矛盾,不能对贸易中受损者进行跨越国界的补偿,影响了贸易增进全球福利的效率。公平贸易实质上要求贸易参与方共享双边贸易带来的消费者和生产者剩余增加,在形式上表现为贸易主导方对贸易伙伴强制征收贸易税。

1. 后全球化时代的重商主义。自由贸易,在当下的世界是个具有神圣意味的词语。自由贸易,意味着贸易是双方的自愿行为而不是通过战争、掠夺实现的交易,意味着商品与要素可以跨国界无障碍地流动,在主流经济学家看来等同于更广大的市场、更高的经济效率,能带给贸易双方互惠互利,带给世界整体福利增进。二战结束以来,特别是 WTO 成立以来,在自由贸易的旗帜下,各国不断推动市场全球化,降低各种关税、非关税贸易壁垒,按照比较优势原则进行全球资源配置,国际贸易与世界经济得以长期持续增长,许多国家因此实现了经济空前繁荣。不能不说,这在人类历史上是个奇迹。由此,自由贸易成为一个迷思,成为帕累托改进的代名词,遵循自由贸易原则的全球化也因此被视为人类的未来。在此氛围之下,反对自由贸易甚至隐隐被与反人类相提并论。即使强势如特朗普也不得不与之划清界限,公开宣称"我不反对自由贸易,我是自由贸易最大的支持者"。

然而,帕累托改进从来只是人类的理想,自由贸易并不真的总能带来互利共赢,总存在零和博弈的残酷一面。的确,自由贸易扩展了市场的边界,有助于提高资源配置效率,可以创造更多的消费者剩余和生产者剩余。从全球福利改进来讲,自由贸易无疑是理想的安排。但对于国家而言,重商主义才是理性的选择,因为自由贸易在增进全球福利的同时,并不总能带来自身福利改进。自由贸易也扩大了市场竞争范围,增强了市场竞争强度。但凡竞争总有成功者和失败者,自由贸易带来的剩余更多为胜利者所享有,失败者甚至可能因为自由贸易受到绝对损失。也就是说,自由贸易对于某些国家某些群体意味着机遇,对于另外一些国家另外一些群体却意味着灾难。基于比较优势原则的国际分工,可能使得一些国家难以摆脱农业国、资源国命运,经济上永远处于附庸地位。原本在不开放国内市场中可以生存的部门,市场开放后可能会变成劣势部门而在竞争中失败,形成大量固化失业人口。既然自由贸易带来不了理想的帕累托改进,不能总是实现互利共赢,就存在重商主义的合理性。

过去,人们以为只有落后国家才会在自由贸易中受损。但理论上,在全球化背景下,即使发达国家同样可能是自由贸易的牺牲者。对此,萨缪尔森 (2004)[1]、戈莫瑞和鲍莫尔 (2000)[2] 分别从不同角度进行了论述。2006 年,托马斯·帕里对上述学者关于比较优

[1] Samuelson, P. 2004. "Where Ricardo and Mill Rebut and Confirm Arguments of Mainstream Economists Supporting Globalization," Journal of Economic Perspectives, 18, Summer.

[2] Gomory, R. E., and W. J. Baumol. 2000. Global Trade and Conflicting National Interest, Cambridge, Massachusetts: MIT Press.

势论述进行了总结，并在此基础上对贸易和贸易政策进行了重新思考。[①] 其基本结论有三条：（1）在全球化背景下，要素高度流动，技术可伴随着投资在不同国家间迅速转移，将全球生产可能性边缘不断外推，有助于全球经济发展。然而，并非所有的国家都能从中获益。"固然自由贸易带来的技术进步有时会惠及贸易双方，但也有可能一国因自由贸易而实现的技术进步只惠及其自身，而对其贸易伙伴造成持久贸易收益减少的伤害。"[②] 在全球化过程中，发达国家通常作为技术输出国，则会受到贸易收益减少的持久伤害，相对实力竟持续下降。（2）比较优势是一个动态的概念，不仅受到资源禀赋影响，制度政策本身也是比较优势的越来越重要的来源。理论上，贸易伙伴国可以通过各种国家补贴（包括价格补贴、资源的集中等各种方式）、压低汇率等方式，人为地创造比较优势，通过不正当价格竞争手段将贸易对手挤出某个领域，实现该领域独占后重新提升价格弥补此前损失。（3）在全球化背景下，跨国企业的利益与国家利益并非总是一致，更多的时候存在矛盾。为追求利润最大化，企业会选择跨国转移生产，但这往往会导致国家就业和税收损失。而伴随着生产跨国转移的技术转移，也会损害国家的技术竞争优势，影响国家长远竞争力。

虽然萨缪尔森贵为美国首位诺贝尔经济学奖获得者，但自由贸易的迷思是如此深入人心，他的预言在过去十几年被人们有意无意地忽略了。历史证明了萨缪尔森的伟大。他的预言在美国真实地发生了。本世纪以来，美国货物出口占世界货物贸易总额的比重由12%下降至9%，货物贸易逆差则由4 800亿美元上升至7 500亿美元。上世纪最后十年，美国货物占墨西哥进口市场份额一直保持在70%以上，而截至2015年已经一路下降至50%以下。

从新兴经济体来看，这种变化是合理的，证明全球化有利于世界经济发展。对于全球主义者而言，这种变化令人欢欣鼓舞，意味着人类福利的整体增进。但对美国而言，这些冰冷数据的背后是其传统制造业的日益衰落。"生锈的工厂像墓碑一样布满我们国家的土地……"特朗普描述的图景虽有迎合支持者而夸大事实之嫌，却也是对美国传统制造业现状痛苦的描述。事实上，美国传统制造业就业本世纪已经减少了500万个，而工人实际工资十几年没有明显增长。在国际竞争中失利的传统制造部门从最初的失落转而愤怒，进而反对导致他们工作机会流失的全球化，要求重新改写国际贸易规则。

特朗普敏锐地捕捉到这股力量和这一呼求，并凭借这一力量入主白宫。他坚持认为美国没有从当下的全球化中得到好处，从而寻求与贸易伙伴进行谈判，要求更多分享贸易带来的生产者和消费者剩余，最终实现贸易平衡甚至贸易顺差。显然，这一思路与重商主义一脉相承，只是在全球化背景下显得更为突兀。一国之内，通过税收和转移支付，损市场赢家补市场输家，是司空见惯且被视为理所当然的现象。优势部门补贴劣势部门，通过赎

---

① Thomas I. Pally. 2006. "Rethink Trade and Trade Policy: Gormory, Baumol, and Samuelson on Comparative Advantage". Public Policy Brief, The Levy Economics Institute of Bard Colleage.

② Samuelson, P. 2004. "Where Ricardo and Mill Rebut and Confirm Arguments of Mainstream Economists Supporting Globalization," Journal of Economic Perspectives, 18, Summer.

买使劣势部门同意对外开放，也是各国常见的做法。但对于国际贸易，这显然是个颠覆性的要求，颠覆了人们的传统认知。按照自由贸易的理论，参与贸易的 A 国和 B 国双方自愿达成交易，A 国显然没有理由要求 B 国补偿，因为 A 国和 B 国都从贸易中各自获得好处。现在的情况是，A 国认为 B 国获得的超过了应该得到的。B 国需要考虑的是，如果不和 A 国贸易，情况将会如何？如果比较起来，和 A 国贸易确实会带来利益增加，那么 B 国确实有可能从获得的利益中支付一部分给 A 国。对 A 国而言，争取到贸易给 B 国带来的利益分享，这可能是"公平待遇"；但对 B 国而言，这将是昂贵的"贸易税"。特朗普的"公平贸易"，实质上是重商主义，需要通过其贸易伙伴差别化征收"贸易税"来实现。

2. 经济自由主义。全球主流舆论一边倒地称特朗普的胜利是民粹主义的胜利，特朗普新政是民粹主义政策。这是误解或者曲解，特朗普不是民粹主义者。关于民粹主义，并无统一的定义，但有两个可以辨识的特征。一方面，民粹主义认为自身失败是他者的责任，行动上表现为对他者的排斥。极端的表现是，试图通过消灭他者来达成自己的目标。另一方面，民粹主义强调多数人的福祉，行动上表现为对少数人权利的漠视。极端的表现是，试图以集体福祉为名剥夺个人财产权利。民粹主义经济政策往往过度强调个体经济安全，造成民众越来越多地出现福利依赖，严重破坏制度安排的激励功能，导致制度成本节节上升。

以此标准，特朗普新政与民粹主义唯一相同之处在于二者都认为自身失败有他者的责任，除此之外几乎没有共同之处。一方面，面对美国在全球化过程中实力衰退，特朗普强调通过制度改革提升竞争力赢得竞争，而非试图消灭竞争对手，甚至称赞竞争对手做了正确的事。另一方面，强调通过促进就业解决个体的经济安全焦虑，而非增加福利损害制度安排的激励功能，为此不惜与穷人开战要废除奥巴马《平价医疗法》。给特朗普扣上民粹主义者的帽子，或者因为对于民粹主义的本质不了解，或者因为故意曲解民粹主义。毕竟一旦特朗普等同于民粹主义，反对特朗普就有某种道德优越感，而反特朗普本身是所有进步主义、全球主义媒体的基本立场。虽然这些媒体自称自由主义，它们的行为却背叛了自由主义。

事实上，特朗普不仅算不上民粹主义者，而且是盎格鲁—新教传统的笃信者。他不止一次宣称，大政府、高福利不是美国传统。作为盎格鲁—新教传统的笃信者，特朗普相信经济自由主义才能带来光明的未来。在共和党人全国代表大会上，他告诉共和党领袖"要让民众摆脱福利依赖，重新返回工作"[①]。故此，他上任伊始就着手清理对企业的不必要管制，推动废除奥巴马医疗法案。其目的就是减少民众福利依赖，降低企业经营成本，提高企业经营效率。12 月 14 日，特朗普向公众再次承诺"每出一条新规将取消两条旧规"，并在任内把联邦法典从 18.5 万页减至 2 万页，恢复到 1960 年的水平。他甚至亲自挥动"金剪刀"，举行"剪彩仪式"，以此向政府的繁文缛节高调宣战。作为总统，这样的举动

---

① https：//www.cnbc.com/2017/01/26/heres - how - president - trump - has - it - wrong - on - welfare.html。

实在异类，但他的雄心壮志却让人不得不佩服。即使在美国，触碰政府部门的"奶酪"，也不是件容易的事，需要很大的勇气。更何况，特朗普还在努力去动医保这块更大的"奶酪"。把政府医疗支出降下来，是每个国家特别是福利国家梦寐以求的目标。但对于减轻政府的医疗保障责任，支持者恐怕就不会太多。人人都希望政府提供完全的医疗保障。问题是，谁来保障国家有足够的实力为每个公民提供充分的保障？近年来，美国制度成本持续上升，国家竞争力相对下降。"让美国再次强大"，要削减制度成本、提高企业效率，就不得不从政府监管、医保费用等具体事项着手。只是，做减法虽十分必要，但注定不会受欢迎。特朗普推动废除奥巴马法案失败，原因大概在此。

此次税改法案出台是美国 31 年来首次修订税收法案，也是特朗普执政以来在国会取得的最大成功。与此同时，这也是美国历史上最饱受争议的立法之一。对于该项立法的评价，共和、民主两党之间有着严格的党际划线。对于特朗普而言，税改法案是送给美国人民的圣诞礼物。但对于民主党籍参议员桑德森而言，该法案是"美国历史上最大的盗窃"。在参、众两院表决时，201 名民主党籍众议员和 48 位民主党籍参议员悉数投了反对票。亲民主党的媒体，如 CNN、ABC、NBS、《纽约时报》《华盛顿邮报》等，一边倒地唱衰税改法案，认为该法案不仅对中低收入阶层不公，而且也达不到增加就业、提升经济增速的目的，只会导致国家财政赤字暴涨。根据亲民主党智库税收政策中心（Tax Policy Center，TPC）估计，特朗普的税改计划将使未来十年内国家税收削减 1.5 万亿美元。而支持特朗普的保守媒体，如 FOX、国会山等，则持几乎完全相反的立场，认为该法案遵循了"美国优先"原则。据美国国会预算局测算，税改法案生效后，10 年内将为 GDP 增长贡献 0.8 个百分点。如撇开政治偏见，我们得承认，美国税改遵循了经济自由主义原则。一方面，通过减税降低制度成本，有助于恢复和提升美国国际竞争力。另一方面，为控制财政赤字过快上升，将刚性约束政府福利支出，有助于减轻民众的福利依赖。

曾几何时，美欧专家强烈建议拉美诸国践行"华盛顿共识"，核心就是实行经济自由主义，要求减少政府干预，降低福利依赖。如今来看，美欧自己同样需要坚持经济自由主义，把促进公平置于提高效率的基础之上，否则无法赢得国际竞争。令人意想不到的是，特朗普在这个时候推出自由主义经济政策，竟遭到众多奉行自由主义的经济学家的批评。

（三）对世界经济及全球治理的影响

特朗普要求贸易伙伴"公平对待美国"，其本质就是要改变国际贸易规则，想方设法保护美国利益。从退出 TPP、重新谈判北美自由贸易协定、和中国进行"百日计划"、对中国展开"301 条款"调查这一系列行动来看，美国人在尚未建立一整套"公平贸易"规则之时，已经在破坏既有自由贸易的成果。

1. 多边治理机制边缘化风险。在某种意义上，对美国而言，世界贸易组织（WTO）已是"鸡肋"。特朗普多次宣称，WTO 对谁都有利，就是对美国不利。从多边转向双边，这对美国而言是一举两得。一方面，抛弃多边贸易机制可以自然而然地消除多边机制下各种对发展中国家的贸易优惠安排。另一方面，聚焦双边谈判可以充分发挥美国自身的谈判优势。在多边贸易机制下，缺少解决双边贸易不平衡的办法，而集体谈判使得美国既无法主导谈判进程，又因为与不同国家相比的优势产业不同，利益关注点多面广，难以提出普适性的贸易条件。一揽子要求所有贸易伙伴补偿自己，除了得罪政治军事上的盟国，引得国际舆论一片哗然，基本无实现可能。如果转而进行双边谈判，鉴于美国强大的经济实力，少有国家可以不屈服于其要求，能帮助美国在最短时间内攫取最多利益。

显然，特朗普执政后，美国政府的确开始明显与多边组织保持距离，越来越多地尝试通过双边谈判解决贸易问题。2017 年 1 月 23 日，特朗普上任伊始就宣布退出跨太平洋伙伴关系协定（TPP）。3 月 1 日，特朗普政府向美国国会提交了首份贸易政策年报。报告明确指出美国将"捍卫贸易政策主权"，贸易争端解决将优先适用国内法，且不受制于世界贸易组织（WTO）的裁决；即便成员国间针对分歧作出的裁决与美国的主张相背离，"也不会自动改变美国国内的法律制度和商业惯例"。3 月 10 日，特朗普政府宣布即将启动北美自由贸易协议重新谈判程序。据媒体报道，有 WTO 官员抱怨，美国人已经 11 个月缺席 WTO 谈判。12 月 10 日至 13 日，在阿根廷首都布宜诺斯艾利斯举行的世贸组织第十一届部长级会议开幕前夕，美国在准备草案期间拒绝在最终公报中使用"多边贸易体制的中心地位"和"支持发展必要性"等字眼，且仍在抵制 WTO 上诉机制启动法官候选人遴选程序。由于美国不积极参与推动，阿根廷 WTO 部长会议未能取得任何实质性成果，WTO 上诉机构因法官空缺面临停摆。

特朗普不仅仅不满 WTO，认为其缺乏效率，伤害美国利益，对 IMF、世界银行及其他全球治理机制也多有抱怨。事实上，"退群"成了特朗普 2017 年对外政策的关键词。美国政府 6 月 2 日宣布退出《巴黎气候协定》，10 月 12 日宣布退出联合国教科文组织，12 月 2 日宣布退出联合国《全球移民协议》。

2. 国家间政策竞争加剧。经济要素分为资本、劳动和制度三类，国际经济竞争实质上就是资本、劳动和制度的竞争。在经济全球化初期，资本跨国流动存在限制，国际经济竞争以资本竞争为主，在全球经济中占主导的发达国家通常是具备充裕资本国家。随着经济全球化深入发展，资本跨国流动障碍逐步消失，除少数地域性产品或服务外，生产组织地域性限制越来越小，国际经济竞争逐步集中于劳动力竞争。如今，要素流动高度自由，技术可伴随着投资和劳动力在不同国家间迅速转移。在此背景下，制度竞争成为国家竞争的中心，制度成本优势成为国家竞争优势的最重要部分。只有对人员和资本友好的制度，才能吸引到更多的劳动力和资本流入。从经济方面来看，税收成本压力一般来说是资本和人员流动的重要考虑因素。

即使经济实力相对下滑，但美国迄今仍旧是全球最大的经济体，也是全球最具竞争力的经济体之一，其政策变动不仅影响其自身，还存在巨大的外溢效应，一直是其他国家高度关注的对象。长期以来，美国任何一项新的政策出台，都可能被竞相研究、学习和模仿。此次，特朗普政府推出经济新政，其主要目的是降低美国制度成本，吸引资本和技术回流，重振美国经济，必然会受到其他更大的关注。事实上，特朗普税改法案尚未通过，日、德、英、法、印等国就已开始酝酿更大幅度的减税。据《日本经济新闻》12 月 5 日报道①，日本政府正在讨论积极加薪和投资的企业的所得税税率降至 25%，甚至更大幅度。德国于 2017 年 1 月宣布进行税制改革，通过减税为企业和经济发展每年减负 150 亿欧元。英国 4 月新财年生效的一系列减税措施，已经将企业所得税和资本利得税调低。法国 7 月宣布，2018 年强制性征税金额将减少约 70 亿欧元。同月，印度在全国范围内推行统一的商品和服务税。可以说，全球减税竞争已经开始。面对美国大幅度减税的压力，谁都害怕因自己的税率高导致资本和人才流失，在国际竞争中失去"先手"。

当然，不同国家国情不同，制度性成本可以调整的空间也不一样。对另一些国家而言，全面跟进美国的政策未必适当，可在其他领域加以改革创新。但是不管采取什么措施，如果不能有效降低制度成本，提高制度效率，改善营商环境，在此次美国发动的国家经济竞争中很难取得好的结果。

3. 全球经济金融风险加大。在很大程度上，现代世界经济是围绕美国市场和美元建立起来的。世界经济增长在很大程度上得益于美国私人消费的增长，而美国消费增长以美国贸易赤字持续增加为代价。1995 年至 2015 年，美国累计贸易赤字 9 万亿美元，对同期世界经济增长（不包括美国）的直接贡献率为 27%。这意味着，如果美国苛求对外贸易平衡，既有的全球经济循环将被打破。在新的全球经济循环体系建立之前，世界经济增长将不可避免受到严重抑制。与此同时，美国通过大量贸易逆差来保持资本账户顺差，进而实现其国际收支平衡，而他国资本流入、购买美元资产，长期以来构成美元主导的国际货币体系的基本运转模式。二战以来，无论是"布雷顿森林体系""牙买加体系"，还是当前美元主导的货币体系，"特里芬两难"问题始终存在。如果美国苛求对外贸易平衡，原有的国际货币循环体系将会被打破，美元将丧失其国际货币体系中的唯一货币基础地位，"货币集团"林立的时代将再次出现，势必使得全球金融市场长期陷入动荡和不稳定状态。

此外，美国是现行全球多边贸易体制的最初倡导者和推动者，如今依旧是维持 WTO 有效运转的基本力量。如果美国一意孤行，退出世界贸易组织，多边贸易体制必将全面崩溃。这意味着，全球统一市场不复存在，全球经济将重新碎片化。随着各国竞相出台贸易保护措施，国际贸易将重新回到丛林状态，不仅全球贸易增长会受到冲击，世界经济也将陷入危险境地。人们曾以为全球化会终结人类内斗的历史，但没想到全球经济竟可能因为发达国家认为"吃亏"了而难以维持既有秩序，甚至可能跌回弱肉强食的丛林世界。事实上，特朗普认为美国在全球贸易体系中未被公平对待，就是因为他相信既有贸易协定"不公平"在于存在太多对于发展中贸易伙伴的非对称保护，让美国企业在国际竞争中处于不利地位。因此，为实现其"公平贸易"主张，特朗普很可能首先会朝美国所签订的多双边贸易协定中有利于发展中国家的条款开刀。这样的变化对不发达国家无疑是个噩耗。可以想象，缺乏竞争力的它们，未来的日子将多么艰难。更让人担心的是，随着越来越多的人

① http://www.ftchinese.com/story/001075371? dailypop.

重新陷入贫困，世界也将变得越来越不安全。

四、特朗普新政对中国经济金融安全的影响及对策

（一）中美经贸合作发展现状

1. 双边贸易不平衡

自 2001 年中国加入世界贸易组织（WTO）后，中美经贸关系步入快速发展阶段，尽管中美两国发展模式有异，但在开放的市场环境下，两国企业间的合作领域不断拓展并更为深入。数据显示，中美双边贸易额一直以来持续快速增长，从 1979 年的 25 亿美元增长到 2016 年的 5 196 亿美元，38 年间增长了 211 倍。中国对美国出口一直维持在较高水平，截至 2015 年末，中国对美国出口比重为 18%（见图 4）；中国从美国进口保持增长态势，特别是国际金融危机后，中国从美国进口占中国进口额的比重不断增加，截至 2015 年末达到 8.95%（见图 4）。截至目前，美国已成为中国第一大出口市场、第二大贸易伙伴、第四大进口来源地，而中国已超过加拿大成为美国最大贸易伙伴。

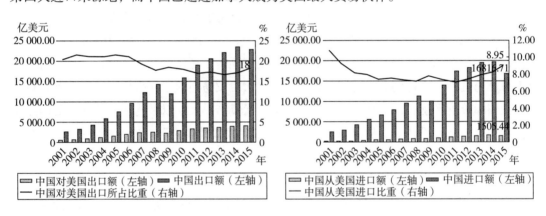

数据来源：美国商务部网站。

图 4　中美双边贸易发展

但从结构来看，中美贸易长期严重失衡。对中国而言，对美贸易顺差是其最主要顺差来源，占其顺差总额的比重虽呈现出较大波动，但总体保持在较高水平。据国家统计局统计，截至 2015 年末，中国对美贸易顺差约为 2 600 亿美元，占中国总体贸易顺差的43.36%。对美国而言，对华贸易逆差是美国最大的逆差来源。美国商务部统计数据显示，2016 年美国在商品贸易中对中国的贸易逆差为 3 470 亿美元，占整体商品贸易逆差 7 343亿美元的 47%。结构上，中国对美国出口商品种类众多且总体技术含量较低，而美国对中国出口产品种类只集中在少数大宗商品及高技术含量产品，由此造成中美贸易的结构性失衡。截至 2016 年末，中国对美国的出口额约为 4 630 亿美元，涉及服装、手机、电脑产品、家电、渔业、珠宝、电信设备、玩具、游戏等类产品；而美国对中国出口的 40% 来自中国游客赴美旅行、大豆、飞机及汽车出口四大行业。

近年来，美国对华直接投资持续增长，中国对美国的直接投资也已进入快速增长期。

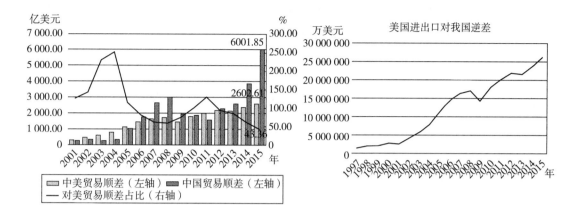

数据来源：美国商务部网站，中国国家统计局网站。

图5　中美贸易不平衡状况

数据显示，截至2015年末，中国实际利用美国 FDI 流量为20.89亿美元，占当年实际利用外资总额的1.65%（见图6）；中国对美 FDI 流量为80.29亿美元，占当年 OFDI 总额的5.51%（见图6）。中国企业对美投资过去五年增长迅速，并在2015年首次超过了美国企业在中国投资，对美国 FDI 由净流入转为净流出。

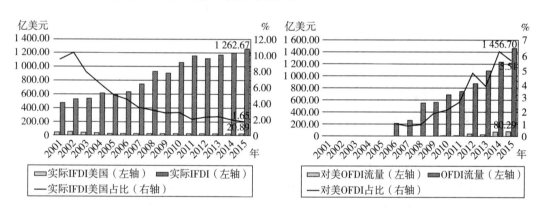

图6　中美双边投资状况

然而，目前的双边投资规模与双方巨大的经济体量相比显然不相称，与各自对外投资规模相比也很不相称。

2. 贸易壁垒不对等。中美之间出现长期贸易不平衡，主要在于双边经济结构的差异，但不对等贸易壁垒因素的影响也不容低估。加入 WTO 以后，中国一直在按照承诺大幅削减对外贸易壁垒，但总的来看无论关税壁垒还是非关税壁垒仍比美国高出很多。

（1）关税壁垒差异。我们利用世界银行的数据（1996—2005年）对中美平均关税水平测算结果显示，2001—2006年，中美关税税率差异迅速由12个百分点下降至6.2个百分点。此后，下降速度逐步趋缓，双边关税税率差异保持在6%左右。2015年，中国对外平均关税为9.8%，比美国对外平均关税高5.7个百分点。比较中美工业品最惠国加权平均关税税率，我们得到类似的结果。2001—2006 年，两国工业品关税税率差异由 9.9 个百分点下降至 1.9 个百分点。此后，一直维持在此水平附近，2015 年为 2.1 个百分点。

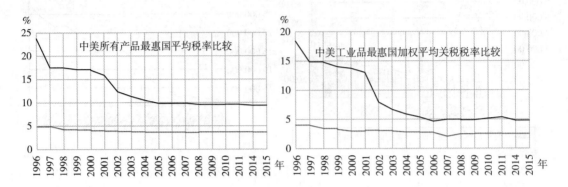

数据来源：世界银行数据库。

图 7　中美平均最惠国关税税率比较

公平地说，仅比较关税在很大程度上低估了中美进口环节税率差异大小。按照目前的税制，除关税之外，中国征收的进口环节税还包括消费税和增值税。根据《2013 年中国海关进出口税则》，我国对进口的 212 种商品征收消费税，平均税率为 10.7%，其中对雪茄烟、小轿车等进口消费品征收的消费税税率达到 40%，香水、化妆品等为 30%，酒类为 20%，手表为 20%，珍珠、宝石类为 10%。此外，我国还征收进口增值税，税率分为 13% 和 17% 两档。由于进口环节不存在退税问题，进口增值税成为实际意义上的关税。而美国在进口环节没有特别征收消费税和增值税，如果加上此两个税种，中美之间进口环节税率差异就更加明显。事实上，即使比较印度、巴西、俄罗斯等发展中国家，如果考虑到进口环节增值税和消费税，中国进口环节总税负也明显偏高。[①]

（2）非关税壁垒差异。按照加入 WTO 的承诺，我国到 2005 年 1 月 1 日取消 400 多个税号产品的非关税措施，包括汽车及其关键件、光盘生产设备两类商品的进口配额管理，并且还剩下限制进口的化学品、易制毒化学品和消耗臭氧层物质等三类特殊商品。自 2005 年 9 月起，开始施行的进口许可制度，包括关税配额、非自动进口许可和自动进口许可。2006 年，公布《禁止货物进口目录（第六批）》，进口限制政策的主要目的是进行环境保护、淘汰落后产能。截至 2012 年，我国还保留粮食、食糖、羊毛、棉花等产品的进口配额限制。在进口商品的检验检疫管理方面，加入 WTO 后，借鉴其他国家技术性贸易措施的做法，按照 WTO/TBT 协议的要求一方面修订了原有的进口检验检疫制度，另一方面逐步制定了新的进口商品技术性规范的管理办法。与中国相比，美国除高科技出口限制外，进口方面的贸易壁垒并不太多。

3. 发展中国家特殊与差别待遇。中美之间存在较大的不对等贸易壁垒，部分原因在

[①] 程建. 我国进口的特征及影响因素研究，博士学位论文，对外经贸大学，2014。

于 WTO 框架下发展中国家特殊与差别待遇。作为发展中国家，中国加入 WTO 之后享受了发展中国家的特殊与差别待遇。

（1）发达成员方为了促进发展中成员方全面参与 WTO 和融入世界经济，而积极采取有利于发展中成员方经济发展的一些优惠措施。①认识到发展中成员方出口产品多样化的重要性和产品出口的实际困难，发达成员方对来自发展中成员方的出口产品提供优惠关税，提高国内市场准入程度，帮助发展中成员方获得出口市场及贸易利益。②发达成员方在海关评估、装运前检验、争端解决等方面向发展中成员方提供技术援助，帮助发展中成员方进行 WTO 参与能力建设。③WTO 有大量条款要求其成员在履行协议时，应充分地考虑发展中成员方和最不发达成员方的利益，如"在履行市场准入承诺时，发达成员方应充分考虑发展中成员方的特殊需要和环境，以提高对他们有特殊利益的农产品市场准入机会"等。

（2）主要是考虑到发展中成员方落后的经济发展水平和特殊性，而允许发展中成员方采取有差别的优惠待遇。①允许发展中成员方的承诺、行动以及贸易政策工具的运用有更大的灵活性。②发展中成员方为保护国内工业可采取更多例外措施，如为建立特殊工业可采用关税保护，因国际收支可以运用数量限制等。③除了反倾销和装运前检验措施外，WTO 其他协定基本都有过渡期的规定，如补贴与反补贴措施规定发展中成员方和最不发达成员方分别有 5 年和 8 年的过渡期。④此外，最不发达成员方还可享有更加特殊的差别待遇。

（二）特朗普新政对中国经济金融安全的影响

中国是美国最大的贸易逆差来源，是美国制造业最大的竞争对手，自然也就成为特朗普贸易政策的首要目标。特朗普对华贸易政策目标只有一个，就是缩小甚至消灭对华贸易逆差。在要求得到满足之前，预计美方将不断祭出各种壁垒，采取单边贸易保护措施。由于对美依存度更高，中国经济更难承受双边贸易战。而且，随着多边机制不断边缘化，中国越来越难以有效利用 WTO 遏制美方单边行为。在此环境下，面对美国的单边贸易保护措施，中国的理性选择将是被迫不断作出让步。在新一轮双边较量中，除施压中方进一步放开农产品和服务市场外，美方还可能要求中国主动限制对美出口，甚至对部分重要商品实行配额制。更糟糕的是，如果答应美方自我限制出口，欧盟将很可能跟随美国步伐提出同样的要求，而中国政府同样很难拒绝。欧盟和美国是中国两个最大的市场，一旦对它们出口大幅下降，很难通过其他市场予以弥补。不仅如此，作为自由贸易规则的大赢家，面对存在逆差的其他贸易伙伴，中国很难要求它们主动限制出口。可以预见，中国对外出口大滑坡、国际收支状况逆转不久将成为大概率事件，中国经济金融安全也将面临冲击。

1. 中国经济增速将受重压。经济结构不断演进是推动经济持续发展的根本力量。在开放条件下，所处发展阶段不同，在全球经济中所扮演的角色不同，所面临的国际国内经济环境不一样，经济新部门出现的条件不相同，经济结构演进动力和机制也就各有差异。

根据发展阶段及在全球经济中的角色，经济体分为领先者和追赶者。作为追赶者，只要存在或者能创造出从事新部门生产的比较优势，新部门就可能出现，带动经济持续增长。其原因在于：（1）追赶者投资新部门所需的劳动力、原材料、人造资本、技术和资金等要素投入均可以从境外获得；（2）投资新部门所需的产品市场可从领先者市场中找到。追赶者可以通过创新来打破既有的稳态均衡结构，也可以通过引进国外资本和外国技术来打破既有的稳态均衡。

中国在世界经济中长期处于追赶者的地位，中国经济持续快速增长首先得益于美欧等国为中国产品提供了广阔市场，对美顺差对于促进中国经济增长扮演着重要角色。根据美国商务部统计，自1985年起，中国对美货物与服务贸易开始出现顺差，当年顺差规模为600万美元。截至2016年，中国对美货物与服务贸易顺差增至3 327亿美元，31年增长55 000多倍。1985—2016年，中国对美货物与服务贸易顺差累计额为45 779亿美元，占同期中国GDP增长额的42%。本世纪以来，中国对美货物与服务贸易顺差占中国GDP的比重平均为6.0%，是同期中国贸易顺差的1.4倍。也就是说，扣除对美贸易顺差，中国对其他国家和地区货物和服务贸易为净逆差。2017年第一至第三季度，中国对美货物与服务顺差为2 586亿美元，预计全年为3 500亿美元，约占中国GDP的3%。

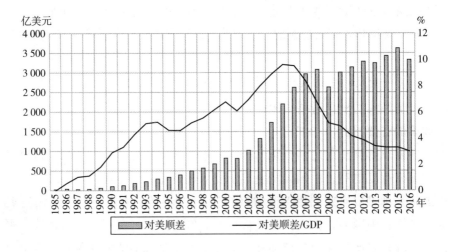

数据来源：①进出口数据来自美国商务部网站，其中2003年以前数据为货物贸易数据；
　　　　　②中国GDP数据来自世界银行数据库。

图8　对美贸易顺差对中国经济增长的贡献

从前面的分析，我们知道，特朗普对华贸易政策追求的是在其任期内最终实现贸易平衡。而考虑到中美经济依存的不对称性，中美贸易壁垒的差异，中美经济竞争能力的差异，在很大程度上可以相信，除非美国国内不能达成一致，否则能够找到足够的办法，最终实现对华贸易平衡的目标。假定特朗普将完成两个任期，也就是说未来7年，美国对华贸易逆差要逐步削减至0。这意味着，平均每年美对华贸易逆差要削减500亿美元，相当于每年直接导致中国GDP增速下降至少0.4个百分点。如果考虑到对外贸易对经济的间接影响，如果美国未来 7 年实现了对华贸易平衡，中国经济增速平均每年至少下降 1 个百分点。

2. 中国经济转型困难增多。资金和技术匮乏曾长期困扰中国经济发展。改革开放后很长一段时间内，引进利用外资是我国解决资金和技术匮乏的最主要途径，在促进我国经济结构演进、经济转型方面起着不可替代的作用。1978 年，日本松下电器落户中国，成为 1949 年后大陆第一家外资企业。"现在搞建设，门路要多一点，可以利用外国的资金和技术，华侨、华裔也可以回来办工厂"，1979 年 1 月，邓小平与几位工商界领导人的谈话将引进利用外资列为中国改革开放最重要内容之一。同年 7 月，五届全国人大二次会议通过了《中华人民共和国中外合资经营企业法》，随后又陆续制定了《外资企业法》《中外合作经营企业法》以及有关实施条例和细则，为外国企业来华投资创造了宽松、稳定的良好投资环境。自此以后，外国企业纷纷来华投资办厂，到 2014 年中国首次成为全球最大的 FDI（吸引外资）接收国，截至 2017 年累计实际利用外资超过 2 万亿美元。

很大程度上，中国对外开放正是通过利用外资实现的，外资企业大量涌入对我国经济发展和经济转型起到巨大促进作用。[①] 首先，弥补了国内建设资金不足的问题。改革开放初期，外资占固定资产投资比重不大，1990 年以前长期保持在 5% 左右。1992 年邓小平南方谈话后，我国利用外资进入快速增长期，1994 年占固定资产投资的比重一度达到 17.08%。跨国公司巨额资金大量涌入，极大缓解了国内重大项目资金短缺的压力，促成一批重点工程早日开工建设。其次，推动中国发展成为世界制造基地。继日本松下落户中国后，可口可乐、IBM、通用电气、摩托罗拉相继进入中国，目前全球 500 强企业几乎全部在华设有分支机构，涉及领域从最初家电行业到如今几乎所有重要产业。伴随着这些跨国企业而来的先进的管理和技术，通过模仿效应、竞争效应、联系效应及培训效应，带动中国技术不断更新换代、产业结构不断调整优化。最后，极大促进我国对外贸易发展。2011 年以前，以外资独资、中外合资和中外合作企业（简称"三资"企业）为主体的加工贸易一直占据我国出口的半壁江山。2005—2015 年，外资企业货物进出口总额达 16.8 万亿美元，占同期我国货物进出口总额的 51%；累计形成货物顺差 1.5 亿美元，占同期货物贸易顺差总额的 52.7%。即使 2016 年，外资企业货物进出口占比仍超过 40%，顺差所占比重接近 50%。

国际金融危机后，发达国家纷纷提出再造制造业计划，推出系列吸引资金回流的政策。与此同时，中国因为环保要求提高、外资优惠取消等方面的原因，在华投资成本逐渐上升。一些跨国企业开始离开中国，或者转向其他地区或者回流本国，中国实际利用外资增长开始减速，至 2012 年外资流入固定资产的资金首次出现负增长。2016 年，外资企业投入固定资产的资金为 2 270 亿元，较上年减少 20%，连续 5 年下降，不到 2011 年峰值的 40%。此外，特朗普政府推出税改法案，将企业所得税税率由 35% 大幅调低至 21%，减

[①] 祁欣. 不求为我所有，但求为我所用——中国经济发展与外资 30 年 [J]. 中国外资，2008（8）.

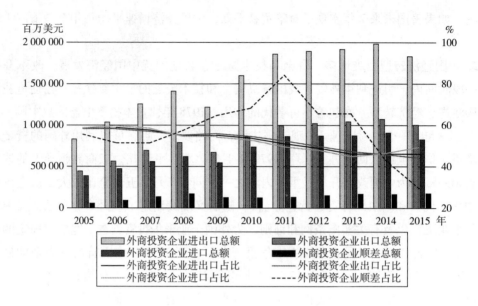

数据来源：国家统计局 http：//data. stats. gov. cn/easyquery. htm？cn = C01。

图 9　外商投资企业对进出口的贡献

少美企境外资金回流成本，同时不断放松政府对市场的管制，其目的在于改善美国营商环境，增强对跨国公司的吸引力。英、法、德、日也都相继出台减税措施，印度也推出了系列投资利好政策。如果中国不能及时采取相应措施，将有很大可能性出现外资加速流出的现象。外资流出一方面削弱了中国自身的国际竞争力，另一方面增强了竞争对手的竞争力，势必会影响中国经济未来发展潜力。不仅如此，外资企业管理和技术水平普遍高于国内企业，一直是中国产业发展升级的重要引领者。外资企业大规模退出，也不利于中国顺利推进经济发展模式转变和升级。

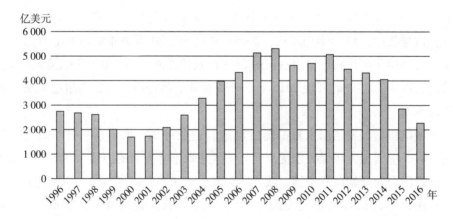

数据来源：国家统计局 http：//data. stats. gov. cn/easyquery. htm？cn = C01。

图 10　固定资产投资中利用外资

3. 中国金融市场波动加剧。特朗普新政对中国金融安全的影响存在于三个方面。一是对我国货币发行基础造成冲击。1994 年以前，中央银行对商业金融机构再贷款一直是基础货币发行的主渠道。由于缺乏基础货币发行准备，基础货币发行随意性较大，常常由于企业和地方倒逼出现货币超发，导致物价过快上涨。汇率并轨后，央行通过购进外汇增加外汇储备投放基础货币迅速增加。加入 WTO 后，我国外贸出口和顺差迅猛增长，国际投资和投机资本持续涌入，国际收支顺差持续扩大，通过购进外汇增加外汇储备投放货币成为央行发行基础货币的主渠道。由图 11 可以看出，2001 年以后，每 1 美元对应的 M_1 货币量持续下降，2006 年开始稳定在 10 元以下。但 2015 年情况发生变化，外汇储备开始下降，单位外汇对应的货币发行量大幅上升。如果未来 7 年，对美贸易顺差逐渐消失，我国外汇储备规模将可能收缩 40% 左右。在此期间，中国人民银行将不得不改变基础货币发行渠道，由此将造成货币市场不稳定。

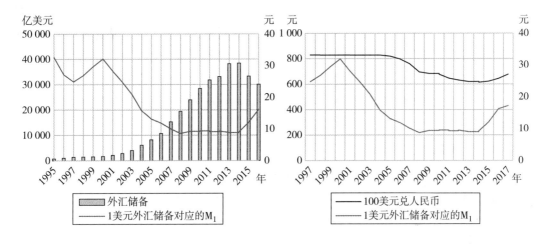

数据来源：国家统计局 http：//data. stats. gov. cn/easyquery. htm？ cn = C01。

中国人民银行 http：//www. pbc. gov. cn/diaochatongjisi/116219/116319/3245697/3245856/index. html。

图 11 外汇储备、M_1 与外汇储备的比以及汇率

二是对人民币汇率稳定性将造成冲击。特朗普早在竞选期间就认定中国为汇率操纵国，指责中国人为压低人民币汇率以获取贸易优势。虽然美国财政部近期拒绝认定中国为汇率操纵国，但难保未来不会要求人民币升值。同时，在缩减顺差和外资净流出的压力下，人民币本身面临贬值的压力。2017 年 11 月末，每 1 美元外汇储备对应 17.2 元人民币，已经超过 2004 年的水平，而那时候汇率还是 1 美元兑 8.27 元人民币（见图 11）。这意味着，未来人民币有可能同时面临着升值和贬值的压力。如果接受特朗普政府关于人民币升值的要求，中国人民银行将不得不出手干预外汇市场（讽刺的是，这也是悖论），抛售美元购进人民币。考虑到市场人民币贬值预期，这样的行为与西西弗斯朝山上滚石头一样，最终等到外汇储备耗尽人民币崩溃才算终结。

三是金融市场流动性、利率和汇率风险管理难度加大。一方面，货币发行方式改变将导致货币市场波动。理论上，央行可以通过四种渠道投放（回收）基础货币，分别是在二级市场购进（出售）国债、向商业金融机构发放（回收）再贷款、购进（出售）黄金、购买（出售）外汇储备。黄金市场规模太小，已经不足以满足央行基础货币吞吐的需要。如果货币发行不能锚定外汇储备变化，那么只能借助再贷款和公开市场操作吞吐基础货币，货币市场参与者将发现不仅流动性管理将变得越来越困难，利率管理也变得更为困难。另一方面，汇率走势不清将加大外汇市场波动。如果资金出入不加管控，未来国际游资进出的频率和规模将会加大。如果资金进出加以严格管控，将可能造成国际资本抽逃。无论哪一种情形出现，都会加大外汇市场不稳定性。考虑到中国金融机构粗放的风险管理模式，一旦货币市场、外汇市场风险失控，将可能引发一场金融灾难。

五、维护中国经济金融安全的政策建议

一位口无遮拦、政策激进、毫无从政经验的房地产大亨在美国总统大选中一路过关斩将，成功竞选总统，成为选举最大的一匹黑马。与此同时，欧洲右翼、极右翼反全球化政党也开始纷纷走上前台。这一现象的出现到底反映了什么问题？是"文明的冲突"，还是西方主流价值的迷失？对于正在复兴中的中国而言，未来 20 年至关重要。作为这个地球上第二大经济体，如何维护好和平发展的环境？如何避免大国之间相互竞争的"修昔底德陷阱"？

（一）认清趋势、乐观应对

特朗普当选美国总统是个偶然事件，但是，美国战略转向是个必然事件。即使暂时因各种掣肘推进缓慢，甚至特朗普不能完成任期，被世人称之特朗普新政的系列"美国优先"政策措施依旧会推行下去，当然也可能会冠以其他名义。因为这是美国利益的体现，是美国以捍卫西方文明展开的国家经济竞争。美国最新发布的《国家安全战略》以"有原则的现实主义"为出发点，重申经济安全即国家安全。报告称当前的世界正迎来更激烈的竞争，美国必须在竞争中保护国家利益，并将中国和俄罗斯定位为竞争对手，充分体现了美国人日益强烈的国家竞争意识。

对此务必保持清醒头脑。历史告诉我们，文明之间、国家之间的良性竞争有助于人类社会良性发展。但是，如果文明之间的竞争失控，人类将会被带入战争的深渊。如何管控竞争力度、避免战争悲剧，考验着各个文明领袖的智慧。当前，中国正处于民族复兴的关键时期，需要良好的外部环境。面对这场文明之间、国家之间的竞争，要着眼长远、有所准备，既不过分计较短期得失，又能充分发挥自身优势，团结一切可团结的力量，想方设法疏导和分散世界的压力，努力引领国家竞争朝向良性、可控的方向发展，为人类命运共同体作出新的中国贡献。

与此同时，要充分利用自身优势乐观应对。对以国家为单位的竞争，中国具有一定优势。虽然经济基础与技术储备与西方国家尚有一定差距，但共产党领导下的民主集中制，使得中国能做到集中力量办大事，具有西方国家难以比拟的动员能力。反而是美国，能否做到为西方文明而展开国家竞争，目前仍是疑问。长期文化多元化，使得欧美社会陷入严

重分裂，其内部对于文明竞争的认识存在严重分歧。缺乏共识的民主，使得欧美政府难有作为，无法充分发挥国家竞争潜能。特朗普目前的处境就是典型。与此同时，中国还具有道义优势，不仅那些渴望通过全球化发展自己的非西方国家会支持中国，欧美内部全球主义者也会是中国的同盟。此外，中华文明独具的包容和融合特性，也会减少其他文明的敌对情绪。

（二）坚持市场化改革、扩大对外开放

比较拉丁美洲和东亚诸国的经验得失，我们会发现，维护政治秩序基本稳定，采取激励有效的制度安排，保持与发达经济体的紧密联系，是实现经济持续增长的三个基本前提。对于中国，上述结论同样成立。三十多年改革开放的历史，实质上是一部建立和完善激励有效的制度安排的历史，是一部不断拉近和巩固与美国等发达市场紧密联系的历史。通过市场化改革使得过去完全由政府控制的劳动力、资本、土地等要素逐步释放到社会中，得以流动起来，民众有更多机会参与经济活动；同时打破了"大锅饭"，建立了基于投入和产出贡献的分配制度，让民众在自利的同时实现利他，有更大积极性参与经济活动。通过对外开放使得中国得以参与国际经济循环，才能接触国际先进技术、广阔市场，充分发挥自身的劳动力优势、市场规模优势，分享经济全球化带来的红利。当前，中国特色社会主义进入新时代，我国社会主要矛盾已经转化为人民日益增长的美好生活需要和不平衡不充分的发展之间的矛盾，但解决矛盾的基本思路不能变，要继续坚持市场化改革，不断扩大对外开放。

面对世界经济和全球治理格局变化，中国必须坚持市场化改革，通过改革进一步降低制度成本，提高劳动生产率，练好内功迎接挑战。一方面，要正确理解做大做强国有企业。国有企业是社会主义市场经济的支柱，做大做强是应有之义。但做大做强国企必须在市场竞争中完成，决不能走回头路，通过政府保护和资源要素的堆积来实现。另一方面，要进一步明晰政府的经济职能。一般来说，政府不会比市场更懂得经济发展趋势，政府不会比市场能更有效配置资源，政府更不会比市场能创造更有效的激励。因此，提升国家竞争力，需要减轻政府的经济职能，控制资源要素向政府集中。当然，我国市场经济发育还不成熟，短期内政府还得承担较多的经济职能。为避免政府干预严重影响经济效率，需为各级官员探讨制定科学的考核体制机制，激励他们为提高经济竞争力而努力。如不能尽快通过深化改革降低制度成本，提升经济效率，一旦现行国际投资贸易制度安排中对于发展中国家非对称保护被大幅削弱甚至取消，中国三十多年改革开放取得的优势可能会慢慢消耗殆尽。

与此同时，还要进一步扩大对外开放，加强与美国等发达国家经济的联系。经过三十多年的高速发展，中国已经成为世界第二大经济体，有一定的厚度和弹性，可在较大范围内自我调整。但也要清醒看到，在最终走出"中等收入国家陷阱"之前，中国在世界经济中仍就属于跟随者，经济发展仍旧依赖于发达国家的资金、技术和市场。在很长一段时间内，发达经济体更多扮演的是中国经济合作者的角色，而非竞争者的角色。相反，尽管广大发展中国家在政治上与中国有较多共同话语，存在抱团对抗西方强权的需要，但在经济上更多的是中国经济的国际竞争对手而非合作伙伴。事实上，美欧之外，我国对多数其他主要贸易伙伴存在贸易逆差。在此背景下，要审慎对待美欧国家贸易保护主义举措，尽量避免对抗升级，贸易谈判站队时要特别谨慎，要和其他发展中国家保持一定距离。对于中国而言，只要能够继续参与发达国家经济循环，即使短期要付出一些成本，从长期来看一定是收益更多。

（三）三点具体建议

1. 减轻企业负担。尽管各方测算的方式不同，测算结果也有差异，但是中国企业税负高于美国是大多数观察者的共识。坦率地讲，中国产品今天在国际市场仍具有竞争力，对美欧贸易尚能保持顺差，除了相对它们我国劳动力成本仍旧低廉、环境保护投入仍旧太少外，实行出口环节退税、征收税率远高于美欧的进口环节税也起着重要作用。从中国自身情况来看，劳动力低廉优势已经难以持续，增加环境保护投入也刻不容缓。反观欧美，特朗普新政在着力降低美国企业负担，英、德、法、日也紧随美国降税以提升自己的竞争力。如果美欧再取消对发展中国家优惠，要求中国降低进口环节税率，那么中国产品与服务不仅可能不再存在竞争优势，甚至因为自身税负过高而处于劣势地位。要避免在即将到来的国家间竞争中落败，中国政府必须克服一切困难减轻企业负担。当前，可考虑逐步降低增值税税率，待时机成熟后予以取消，将税制从以流转税为主转向以直接税为主。当然，减轻企业负担意味着短期内财政收入将会减少，需要尽可能多地削减非必要政府支出。

2. 抑制过度金融。前面提及，特朗普新政将给中国金融监管部门造成两难。在这种情况下，根本无法通过市场手段实现对于金融市场特别是外汇市场的有效管控。采用行政手段固然可以实现管控，但同时也会造成市场扭曲，使得市场丧失其固有功能，最终导致市场萎缩。对此，应转换思路，可考虑全面开放包括货币市场、信贷市场和外汇市场在内的所有金融市场，开放资本账户，实行人民币完全可兑换及浮动汇率制。通过完全市场化的金融改革，来化解美国提出的人民币升值要求和市场带来的人民币贬值压力之间不可调和的矛盾。与此同时，要实施金融抑制措施减少投机性金融活动，扭转已经走得太远的过度金融化趋势，使金融脱节回归融资中介功能。借此，一方面减轻因投机造成的金融市场动荡，另一方面降低金融动荡对实体经济的冲击。

3. 减少对多边机制的支持。从前面的分析我们知道，随着特朗普经济新政逐步推行，经济全球化将可能出现停滞甚至逆转，多边经济贸易机制将可能走向逐渐边缘化的趋势。在对外政策设计时，需充分考虑到这些变化，更多关注双边和区域贸易安排，减少对于WTO、IMF 和世界银行等多边机制的资源投入。换句话说，如果美欧不打算维持既有多边治理机制，我们也不要为维护这些机制过多投入资源。发展区域合作，要从现实主义出发，不能为区域化而区域化。理论上，区域贸易安排属于区域一体化的一种形式，必须考虑一体化的成本和收益。区域一体化的收益既体现为公共产品区域共享的规模经济效应，也体现在公共产品多元化供应的范围经济效应，一体化规模越大收益越大，但边际收益递减。区域一体化面临政治、经济、文化差异，一旦出现公共产品偏好冲突，公共产品供应过程中就会产生弥合区域异质性的成本，且随一体化规模扩大边际成本递增。[①] 因此，在推进区域贸易合作安排时，要特别注意避免盲目追求涵盖国家数量、人口和经济规模。

---

① 欧阳俊，邱琼. 区域一体化的政治经济学分析：加勒比共同体案例 [J]. 拉丁美洲研究，2016 (5).